BOLSILLO
ZETA

Título original: *Plato, not Prozac!*

Traducción: Borja Folch

1.ª edición: enero 2006

para el sello Zeta Bolsillo
Bailén, 84 - 08009 Barcelona (España)
www.edicionesb.com

Publicado por acuerdo con HarperCollins Publishers, Inc.

Diseño de colección: Ignacio Ballesteros

Printed in Spain
ISBN: 84-96546-85-3
Depósito legal: B. 48.881-2005

Impreso por LIBERDÚPLEX, S.L.
Ctra. BV 2249 Km 7,4 Polígono Torrentfondo
08791 - Sant Llorenç d'Hortons (Barcelona)

MÁS PLATÓN Y MENOS PROZAC

LOU MARINOFF

BOLSILLO
ZETA

Para quienes siempre supieron que la filosofía
era buena para algo, pero nunca supieron
decir exactamente para qué

Es la razón por sí misma lo que hace la vida feliz
y agradable, al expulsar todas las ideas y opiniones falsas, y evitar
así toda perturbación de la mente.

EPICURO

La vida examinada es la única que merece ser vivida.

SÓCRATES

El tiempo de la vida humana no es más que un punto, y su
sustancia un flujo, y sus percepciones torpes, y la
composición del cuerpo corruptible, y el alma un torbellino, y la
fortuna inescrutable, y la fama algo sin sentido [...] ¿Qué puede
pues guiar a un hombre? Una única cosa, la filosofía.

MARCO AURELIO

Las nubes de mi aflicción se disiparon y bebí de la luz. Con mis pensamientos en orden giré para examinar el rostro de mi médico. Volví los ojos y posé mi mirada en ella, y vi que era la enfermera en cuya casa me habían cuidado desde la juventud: la filosofía.

BOECIO

El hombre no debe sobrevalorar la grandeza y el poder de su mente.

GEORGE FREDERICK HEGEL

Hacer filosofía es explorar el propio temperamento, pero al mismo tiempo tratar de descubrir la verdad.

IRIS MURDOCH

Los carpinteros dan forma a la madera; los flecheros dan forma a las flechas; los sabios se dan forma a sí mismos.

BUDA

Agradecimientos

Gracias a los filósofos predecesores y contemporáneos por su perenne inspiración. La filosofía es un río sin fin, que serpentea aquí y fluye allí, pero que nunca se seca.

Gracias a tantos colegas académicos y profesionales, en Estados Unidos y el extranjero, por el intercambio constructivo de ideas. Ellos mantienen encendida la llama de la búsqueda filosófica, iluminando teorías y prácticas eficaces.

Gracias a todos los consejeros que aportaron los casos que se estudian en la presente obra. Debido a las limitaciones habituales, no hemos podido incluir todas las propuestas. Hemos utilizado casos de Keith Burkum, Harriet Chamberlain, Richard Dance, Vaughana Feary, Stephen Hare, Alicia Juarrero, Chris McCullough, Ben Mijuskovic, Simon du Plock y Peter Raabe. Gracias también a los consejeros filosóficos cuyos trabajos e ideas he tenido ocasión de mencionar que son: Gerd Achenbach, Stanley Chan, Pierre Grimes, Kenneth Kipnis, Ran Lahav, Peter Mark y Bernard Roy.

Gracias a nuestros colegas holandeses —sobre todo a Dries Boele e Ida Jongsma— por formar al primer grupo de expertos norteamericanos en el método nelsoniano de diálogo socrático.

Gracias a muchos otros cuya clarividencia y apoyo constante han contribuido al florecimiento del asesoramiento filosófico en Estados Unidos, entre los que se cuentan Charles DeCicco, Joëlle Delbourgo, Ruben Diaz Jr., Paul del

Duca, Ron Goldfarb, John Greenwood, Robbie Hare, Mahin Hassibi, Merl Hoffman, Ann Lippel, Thomas Magnell, Robyn Leary Mancini, Jean Mechanic, Thomas Morales, Yolanda Moses, Gerard O'Sullivan, Mehul Shah, Paul Sharkey, Wayne Shelton, Jennifer Stark, Martin Tamny y Emmanuel Tchividjian.

Gracias también a Tin Duggan, por su experto y cordial quehacer como editor.

Por último, gracias a Colleen Kapklein, quien tradujo hábilmente mis elípticas divagaciones en una prosa comprensible. He aprendido que todo filósofo puede escribir un libro poco popular sin contar con ninguna ayuda. Al fin y al cabo, nuestro don es abordar asuntos sencillos y hacerlos asombrosamente complejos. En cambio, la escritura de éxito requiere arte y fidelidad para hacer que los asuntos más complejos sean asombrosamente sencillos, tarea que no habría podido concebir, y mucho menos realizar, sin la ayuda de una experta.

LOU MARINOFF
Nueva York, 1999

Los casos estudiados en estas páginas proceden de mi consulta y de las de colegas que me han autorizado a incluirlos. El anonimato de nuestros clientes se ha garantizado cambiando nombres, lugares, ocupaciones, detalles y demás datos pertinentes. Aunque sus identidades sean ficticias, el provecho filosófico que sacaron es real.

PRIMERA PARTE

LOS NUEVOS USOS DE LA SABIDURÍA ANTIGUA

1

La crisis de la filosofía y su reciente recuperación

Contra las enfermedades de la mente, la filosofía dispone de remedios; por esta razón se la considera, con toda justeza, la medicina de la mente.

EPICURO

Ser filósofo no consiste en el mero formular pensamientos sutiles, ni siquiera en fundar una escuela [...] Consiste en resolver algunos de los problemas de la vida, no en el ámbito teórico, sino en el práctico.

HENRY DAVID THOREAU

Una mujer joven hace frente al cáncer de mama terminal de su madre. Un hombre de mediana edad prevé un cambio de rumbo en su trayectoria profesional. Una mujer protestante cuya hija está comprometida con un muchacho judío y cuyo hijo está casado con una chica musulmana tiene miedo de los conflictos religiosos que puedan surgir en su familia. Un ejecutivo financiero con una brillante carrera a sus espaldas se debate sobre si debe abandonar a su esposa tras veinte años de matrimonio. Una mujer vive plenamente feliz en pareja, pero sólo uno de los cónyuges quiere tener hijos. Un ingeniero separado, padre de cuatro hijos, teme que delatar un error de diseño en un proyecto importante pueda costarle el empleo. Una mujer que tiene todo cuanto creía desear (un marido y unos hijos que la quieren, una casa bonita, una profesión bien remunerada) lucha contra la falta de sentido de su vida; cuando piensa en ella se pregunta: «¿Esto es todo lo que hay?»

Todas estas personas han buscado ayuda profesional para resolver los problemas que las abruman. En otros tiempos, quizás habrían acudido a la consulta de un psicólogo, un psiquiatra, un asistente social, un consejero matrimonial o incluso a la del médico de cabecera para dar con el tratamiento que les curaría su «enfermedad mental». O quizás habrían consultado sus dudas con un guía espiritual o recurrido a la religión en busca de orientación e instrucción moral. Y puede que a algunos de ellos les diera buen resultado. Ahora bien, también cabe que tuvieran que soportar largas conversaciones sobre su infancia, detallados análisis de sus pautas de comportamiento, recetas de antidepresivos o peroratas sobre la naturaleza pecaminosa del ser humano y el infinito perdón de Dios, sin que ninguno de estos trances llegara al meollo de su lucha interior. Asimismo, es probable que emprendieran una prolongada terapéutica, sin fecha de finalización, centrada en el diagnóstico de una enfermedad como si se tratara de un tumor que es preciso extirpar o de un síntoma que pudiera controlarse con medicamentos.

Sin embargo, ahora existe otra opción para las personas que se muestran insatisfechas o contrarias a las terapias psiquiátricas y psicológicas: el asesoramiento filosófico. Lo que hicieron las personas descritas más arriba fue buscar una clase de ayuda distinta. Consultaron con un filósofo para hallar nuevas ideas fundamentadas en las grandes tradiciones del pensamiento humano. Puesto que las instituciones religiosas oficiales pierden autoridad ante un número creciente de personas, y que la psicología y la psiquiatría traspasan los límites de su utilidad en la vida de la gente (y comienzan a hacer más mal que bien), muchas personas están cayendo en la cuenta de que la pericia filosófica abarca la lógica, la ética, los valores, los significados, la racionalidad, la toma de decisiones en situaciones conflictivas o arriesgadas; en suma, toda la inmensa complejidad que caracteriza la vida humana.

Las personas que se enfrentan a dichas situaciones necesitan términos suficientemente profundos y amplios para exponer sus inquietudes. Sirviéndose de sus respectivas filosofías de la vida, a veces valiéndose de los grandes pensadores del pasado, logran construir un marco de referencia que les permite arrostrar cualquier situación y pasar a la siguiente con fundamentos más sólidos y con una mayor entereza espiritual o filosófica. Lo que necesitan es diálogo, no un diagnóstico.

Usted puede aplicar este proceso a su propia vida. Puede trabajar por su cuenta, aunque suele resultar útil contar con un interlocutor con quien contrastar pareceres para asegurarse de no pasar por alto ningún aspecto y evitar que la racionalización prevalezca sobre la racionalidad. Con los consejos y los ejemplos contenidos en este libro, estará en condiciones de descubrir los beneficios que reporta un examen atento de la vida, beneficios que comprenden la tranquilidad de espíritu, la estabilidad y la integridad. No necesita ninguna experiencia en filosofía, ni tiene por qué leer *La república* de Platón ni ningún otro texto filosófico (a no ser que así lo desee). Todo cuanto precisa es una mentalidad filosófica y, dado que ha elegido este libro y lo ha leído hasta aquí, me atrevería a afirmar que usted la tiene.

Todo el mundo tiene una filosofía de la vida pero pocos de nosotros gozamos del privilegio o el tiempo libre necesario para sentarnos a esclarecer sutilezas. Tendemos a irlo haciendo sobre la marcha. La experiencia es una gran maestra, pero también precisamos reflexionar sobre nuestras experiencias. Necesitamos pensar con una postura crítica, buscando pautas de conducta y situándolo todo en el contexto general para abrirnos camino en la vida. Comprender nuestra propia filosofía puede ayudarnos a evitar, resolver o abordar muchos problemas. Nuestra filosofía también puede ser el origen de los problemas que padecemos, de modo que debemos evaluar las ideas que sostenemos para modelar un punto de vista que obre a favor nuestro, no en contra. Usted es capaz de cambiar sus creencias para resolver un problema, y este libro le enseñará cómo hacerlo.

Pese a la fama que ostenta, la filosofía no tiene por qué resultar intimidante, aburrida o incomprensible. Gran parte de lo que se ha escrito sobre el tema a lo largo de los años sin duda encaja en una o más de estas categorías pero, en el fondo, la filosofía investiga las cuestiones que todos nos preguntamos: ¿Qué es una buena vida? ¿Qué es el bien? ¿En qué consiste la vida? ¿Por qué estoy aquí? ¿Por qué debería obrar correctamente? ¿Qué significa obrar correctamente? No son preguntas fáciles, y sus respuestas tampoco lo son; de lo contrario, no seguiríamos dándoles vueltas una y otra vez. Dos personas distintas nunca llegarán automáticamente a las mismas respuestas. No obstante, todos contamos con un conjunto de principios como punto de partida, tanto si somos conscientes de ellos y podemos enumerarlos como si no.

Lo mejor de disponer de miles de años de pensamiento en los que inspirarse es que muchas de las mentes más sabias de la historia han profundizado en estos asuntos y nos han cedido un legado de ideas y directrices que cabe aprovechar. Ahora bien, la filosofía también es algo personal: usted también es filósofo. Tome cuanto pueda aprender de otras fuentes, pero si lo que quiere es encontrar una forma de ver el mundo que le dé resultado, tendrá que tomarse la molestia de pensar por su cuenta. La buena noticia es que, con el debido incentivo, usted es perfectamente capaz de pensar por sí mismo.

¿Dónde encontrar dicho incentivo? Pues sin ir más lejos en este libro, que no le ofrece parte del fruto de la práctica filosófica. Mis colegas de profesión y yo no somos filósofos sólo en el sentido académico del término. Aunque muchos de nosotros estemos doctorados en filosofía, enseñemos en universidades y publiquemos artículos especializados, hacemos algo más que eso: también ofrecemos asesoramiento a clientes individuales, a grupos y a organizaciones. Apartamos la filosofía de los contextos puramente teóricos o hipotéticos y la aplicamos a los problemas cotidianos de la vida personal, social y profesional.

Si usted viniera a verme, tal vez le comentaría los planteamientos de Kierkegaard para enfrentarse a la muerte, las ideas de Ayn Rand sobre las virtudes del egoísmo o el consejo de Aristóteles de perseguir la razón y la moderación en todas las cosas. Quizás estudiaríamos teoría de la toma de decisiones, el *Yijing* o *I Ching (Libro de las mutaciones)* o la teoría de la necesidad de Kant. En función de su problema, examinaríamos las ideas de los filósofos que mejor se apliquen a su caso, aquellas con las que usted se sintiera más cómodo. Hay personas que gustan del enfoque autoritario de Hobbes, por ejemplo, mientras que otras responden a planteamientos más intuitivos, como el de Laozi o Lao Tse. Quizás exploraríamos dichas filosofías en profundidad, aunque lo más probable sería que usted tuviera su propio esquema filosófico y que deseara expresarlo con más claridad. Yo actuaría como un guía para sacar a la superficie e iluminar sus propias ideas y, posiblemente, para sugerirle otras nuevas.

Lo que obtendría después de abordar desde una óptica filosófica el asunto que le atañera sería una forma duradera, profundamente arraigada e imparcial, de hacer frente a cualquier obstáculo que surja en su camino, ahora y en el futuro. Encontraría esta verdadera tranquilidad de espíritu mediante la contemplación, no con medicamentos. Platón sí, Prozac no. Ello exige pensar con claridad y agudeza, lo cual no está fuera de su alcance.

La vida es estresante y complicada, pero usted no tiene por qué estar angustiado ni confundido. Este libro trata sobre los problemas a los que nos enfrentamos en la vida cotidiana. Somos especialmente vulnerables cuando andamos escasos de fe o confianza, tal como nos ocurre a muchos de nosotros cuando no logramos dar con todas las respuestas en la religión o en la ciencia. A lo largo de este siglo, se ha ido abriendo un tremendo abismo bajo nuestros pies a medida que la religión ha ido retrocediendo y la ciencia avanzando, y todo ha perdido significado. Es fácil que no veamos dicho abismo hasta que ya hayamos caído en él. Los filósofos existencialistas realizan visitas guiadas muy completas; aun así, en la mayoría de los casos no logran sacar a las personas de él. Lo que necesitamos es cosechar las aplicaciones prácticas de todas las escuelas filosóficas para planear la forma de salir de nuevo a la superficie.

La filosofía está recobrando su legitimidad perdida como un modo útil de examinar el mundo que nos rodea, mientras el universo nos proporciona nuevos misterios antes de que ni la teología ni la ciencia hayan podido reconciliar los enigmas existentes. Bertrand Russell describió la filosofía como «algo intermedio entre la teología y la ciencia [...] una tierra de nadie expuesta a ataques procedentes de ambos bandos». No obstante, la otra cara de esta acertada observación es que la filosofía puede sacar fuerzas de ambos bandos sin tener que absorber los dogmas y puntos flacos respectivos.

El presente libro se inspira en los más grandes filósofos y filosofías de la historia del mundo para enseñarle a abordar los aspectos más importantes de la vida. Trata sobre los problemas que todo ser humano encara, tales como la manera de conducir las relaciones amorosas, de vivir con ética, de plantearse la muerte, de enfrentarse a un cambio profesional y de encontrar sentido a la existencia. Por supuesto, no todos los problemas tienen solución, pero aunque no logre encontrarla necesita manejar el problema de tal modo que su vida siga adelante. Sea como fuere, tanto si lo resuelve como si aprende a convivir con él, este libro puede servirle de guía. Ahora bien, en lugar de ofrecerle enfoques pseudomédicos orientados a las patologías o proponerle superficiales principios propios de la New Age, este libro presenta una sabiduría puesta a prueba por el tiempo y adaptada específicamente para ayudarle a vivir con plenitud e integridad en un mundo que cada vez resulta más desafiante.

LA FILOSOFÍA PRÁCTICA

El asesoramiento filosófico, a pesar de ser un campo de la filosofía relativamente nuevo, está experimentando un rápido crecimiento. El movimiento de la práctica filosófica surgió en Europa en la década de los ochenta, impulsado por Gerd Achenbach en Alemania, y comenzó a expandirse en Norteamérica en la década de los noventa. Aunque *«filosofía»* y *«práctica»* son dos palabras que la mayor parte de la gente no suele relacionar, lo cierto es que la filosofía siempre ha proporcionado herramientas que las personas puedan usar en la vida cotidiana. Tanto Sócrates, que se pasaba el día debatiendo cuestiones de gran importancia en el ágora, como Laozi, que recopiló sus consejos sobre cómo seguir el camino del éxito evitando todo perjuicio, querían que sus ideas fuesen de utilidad. La filosofía, al principio, era una forma de vida, no una disciplina académica; es decir, no sólo objeto de estudio sino también de aplicación. No fue hasta el siglo pasado, aproximadamente, cuando la filosofía se vio consignada a un ala esotérica de la torre de marfil, llena de avances teóricos pero desprovista de toda aplicación práctica.

«Filosofía analítica» es el término técnico que designa lo que, con toda probabilidad, acude a su mente cuando pien-

sa en filosofía. Éste es el campo tal como se define desde un punto de vista académico. Esta clase de filosofía es, en su mayor parte, abstracta y autorreferencial, y dice muy poco o nada acerca del mundo. Rara vez puede aplicarse a la vida. Dicho enfoque es apropiado para las universidades. Los estudios básicos de filosofía deberían formar parte de todo plan general de educación; una universidad sin departamento de filosofía es como un cuerpo sin cabeza. Ahora bien, la mayoría de los campos de estudio académico en los que existe una rama de investigación pura también cuenta con una rama aplicada. Se pueden estudiar matemáticas puras o aplicadas, ciencias teóricas o experimentales. Si bien es esencial para cualquier campo de estudio expandir sus fronteras teóricas, la filosofía académica últimamente se ha excedido en su énfasis sobre la teoría en detrimento de la práctica. Mi misión en estas páginas es recordarle que la sabiduría de la filosofía de la vida, que está relacionada con la vida real y la forma de vivirla, precede a la institucionalización de la filosofía como una gimnasia mental que no tiene nada que ver con la vida.

La filosofía está volviendo a la luz del día, donde las personas corrientes pueden entenderla y aplicarla. Las ideas atemporales sobre la condición humana son accesibles para usted. Nosotros, los profesionales de la filosofía, las sacamos de los mohosos estantes de la biblioteca, les quitamos el polvo y las ponemos en sus manos. Usted puede aprender a utilizarlas. No precisa experiencia previa. Quizá quiera reconocer el terreno antes de emprender su propia andadura, y este libro le ayudará a hacerlo, proporcionándole la clave para descifrar las señales que hallará en el camino de modo que disfrute de un viaje seguro y fascinante, tanto si lo realiza a solas como en compañía de un amigo.

De ningún modo es necesario ser doctor o licenciado en filosofía para beneficiarse de la sabiduría de todos los tiempos. Al fin y al cabo, tampoco necesita estudiar biofísica para dar un paseo, ser ingeniero para plantar una tienda de campaña o ser un experto en economía para encontrar empleo. De la misma forma, no necesita estudiar filosofía para llevar una vida mejor, aunque tal vez necesite practicarla. La gran verdad sobre la filosofía (y éste es un secreto bien guardado) es que todo el mundo puede ejercerla. La investigación filosófica no es coto vedado de filósofos licenciados o diplomados; basta con la voluntad de enfocar el tema en cuestión en términos filosóficos. No hace falta que le pague a alguien (aunque puede que aprenda y disfrute del encuentro con un profesional), ya que con un interlocutor voluntarioso, o incluso por su cuenta, podrá hacerlo en su propia casa, en una cafetería o, ya puestos, hasta en un centro comercial.

Como consejero filosófico soy un abogado en defensa de los intereses de mis clientes. Mi trabajo consiste en ayudar a las personas a comprender con qué clase de problema se enfrentan y, mediante el diálogo, desenmarañar y clasificar sus componentes e implicaciones. Les ayudo a encontrar las mejores soluciones: un enfoque filosófico compatible con su propio sistema de creencias y, al mismo tiempo, en consonancia con principios de sabiduría consagrados que contribuyen a llevar una vida más virtuosa y efectiva. Trabajo con mis clientes para identificar sus creencias (proponiéndoles la sustitución de las que resultan inútiles) y explorar cuestiones universales relacionadas con el valor, el significado y la ética. Trabajando con este libro, usted puede aprender a hacer lo mismo por su cuenta, si bien es posible que le resulte más provechoso contar con otra persona que quiera profundizar en el mismo tema.

La mayor parte de mis clientes acude a mí para asegurarse de que sus actos son acordes con su propia forma de entender el mundo, y confía en mí para que les llame la atención sobre cualquier contradicción en la que incurran. El objeto del asesoramiento filosófico es el presente (y la mirada hacia el futuro) más que el pasado, al contrario de gran parte de las psicoterapias tradicionales. Otra diferencia es que el asesoramiento filosófico tiende a desarrollarse a corto plazo. Con algunos clientes nos reunimos en una única sesión. En mi caso, lo más frecuente es que trabaje con alguien algunas veces durante un período de unos pocos meses. El tiempo más largo que he dedicado a una persona ha sido de cosa de un año.

Una sesión de asesoramiento filosófico es algo más que el mero análisis de las dificultades sirviéndose de bien fundados fragmentos de literatura filosófica, aunque un simple aforismo en ocasiones puede dilucidar el problema más intrincado. Es el diálogo, el intercambio de ideas en sí mismo, lo que resulta terapéutico. Este libro le proporcionará toda la información necesaria para que aclare su propia filosofía, así como una guía para conducir su deliberación interior o el diálogo con un amigo. Le enseñaré la manera de ser lo bastante radical como para considerar todas las opciones, pero con la suficiente prudencia para elegir la correcta.

¿PLATÓN O PROZAC?

Antes de confiar únicamente en la filosofía para hacer frente a un problema, debe asegurarse de que ésta resulta apropiada a su situación. Si está molesto porque tiene una piedra en el zapato, no necesita asesoramiento; lo que debe hacer es quitar la piedra del zapato. Aunque hable acerca de la piedra que tiene en el zapato el pie jamás le dejará de doler, por más empatía que muestre su interlocutor y con independencia de la escuela terapéutica a la que él o ella pertenezca. Las personas cuyos problemas sospecho que son de naturaleza física las mando a profesionales de la medicina o la psiquiatría. A algunos otros les será tan poco útil Platón como a otras el Prozac. Habrá quien precise primero el Prozac, y luego a Platón, o una combinación de ambos.

Muchas personas que buscan asesoramiento filosófico ya han pasado por una terapia que, en última instancia, les ha parecido poco satisfactoria, al menos en algunos aspectos. Las personas pueden salir mal paradas de un tratamiento psicológico o psiquiátrico si la raíz de su problema es de carácter filosófico y el terapeuta o el médico al que acuden no lo entiende así. Puede surgir un sentimiento de desesperación si usted empieza a creer que nadie será capaz de ayudarle a resolver su problema porque no le están escuchando como es debido. Una terapia inadecuada supone una pérdida de tiempo (en el mejor de los casos) y puede conllevar un empeoramiento de la situación.

Muchas personas que finalmente recurren al asesoramiento filosófico se han beneficiado previamente del asesoramiento psicológico, pero consideran que éste no les basta por sí mismo. Sin duda, el pasado nos condiciona e informa el modo en que solemos ver las cosas; de ahí que examinar el pasado puede que resulte provechoso. Es posible que la comprensión de su propia psicología sea una valiosa preparación para cultivar su propia filosofía. Todos llevamos un equipaje psicológico, pero librarse del exceso quizá exijas asesoramiento filosófico. La idea es viajar tan ligeros de equipaje como sea posible. Conocerse a sí mismo (meta que enfocan de forma distinta el asesoramiento psicológico y el filosófico) no consiste en memorizar la Enciclopedia de Usted. Hacer hincapié en cada uno de los detalles, por exquisitos que sean, no logra sino aumentar el equipaje en lugar de aligerar la carga.

Muchas personas que no tocarían una psicoterapia ni con una pértiga de tres metros encuentran atractiva y aceptable la idea de conversar con alguien sobre ideas y puntos de vista. Tanto si usted considera la terapia psicológica un trampolín como si no, si usted es curioso, especulativo, reflexivo, analítico y elocuente, puede beneficiarse en gran medida del asesoramiento filosófico. De hecho, cualquiera con una mente inquieta está preparado para ese examen de la vida que es el objetivo común de todos los filósofos.

El asesoramiento filosófico es, en palabras de mi colega canadiense Peter March, «una terapia para cuerdos». Según mi parecer, esto nos incluye a todos. Por desgracia, con demasiada frecuencia la psicología y la psiquiatría han aspirado a catalogar las enfermedades de todo el mundo, tratando de diagnosticar a cualquiera que entrara en sus consultas en busca del síndrome o trastorno que sería la causa de su problema. En el lado frívolo, gran parte del pensamiento New Age toma como premisa que el mundo (y todos los que en él están) es tal como debería ser. Si bien en general deberíamos esperar ser aceptados a pesar de la variedad de idiosincrasias y defectos que todos tenemos, y pese a que no exista ningún motivo para ver esos defectos como algo anormal (la perfección es lo que carece de normalidad), tampoco hay razón alguna para juzgar que el cambio esté fuera de nuestro alcance. Cuando Sócrates declaró que una vida sin reflexión no merecía la pena ser vivida, abogaba por la evaluación personal constante y el esfuerzo por mejorarse a sí mismo como la más alta de las vocaciones.

Tener problemas es normal, y la congoja emocional no constituye necesariamente una enfermedad. Las personas que luchan por hallar una manera de comprender y manejarse en un mundo que cada día es más complejo no tienen por qué verse etiquetadas con un trastorno, cuando lo que en realidad están haciendo es avanzar por caminos consagrados a la búsqueda de una vida más satisfactoria. En este libro encontrará formas concretas de aplicar la filosofía al hacer frente a dilemas morales; a conflictos éticos en el ámbito profesional; a dificultades para reconciliar su experiencia con sus creencias; a conflictos entre la razón y la emoción; a crisis de sentido, propósito o valores; a la búsqueda de la identidad personal; a las estrategias que es preciso seguir como padres; a la ansiedad ante un cambio en su trayectoria profesional; a la incapacidad para alcanzar sus objetivos; a los cambios de la mediana edad; a los problemas en sus relaciones personales; a la muerte de un ser querido o su propia mortalidad. He seleccionado y examinado de forma minuciosa las situaciones vitales más comunes que enfrentan a las personas con su filosofía. Sea cual fuere el asunto que le preocupe, podrá aplicar las técnicas e ideas que se recogen en estas páginas.

Al orientarlo en el uso de su propia filosofía, el presente libro hace mucho más que sugerirle que «se tome dos aforismos y llámeme por la mañana». Es una guía práctica para los dilemas más frecuentes de la vida. Ofrece un rápido repaso de la filosofía para quienes nunca asistieron (o no recuerdan) los cursos elementales, pero también es un riguroso compendio de caminos que cabe seguir para vivir con más integridad y satisfacción. Trata sobre las grandes cuestiones con las que todo el mundo se topa en la vida y facilita las respuestas que dieron algunas de las mentes más privilegiadas de todos los tiempos, así como estrategias que le conducirán a la respuesta más valiosa para usted: la suya propia.

VISIÓN DE CONJUNTO

Para que sepa a qué atenerse, a continución se presenta una breve descripción de lo que encontrará en este libro.

En esta Primera parte se detalla la práctica filosófica, las formas de usar la filosofía para ayudarse a sí mismo y los límites de la autoayuda. Tras este capítulo sobre las vicisitudes que ha sufrido la filosofía tal como se ha usado (o dejado de usar) en el mundo real (y su reciente recuperación), el capítulo 2 contempla los aciertos y los puntos débiles de la psicología y la psiquiatría y compara distintas clases de terapias. El capítulo 3 presenta los cinco pasos del proceso PEACE («paz», en inglés) para enfrentarse a los problemas con actitud filosófica. El capítulo 4 ofrece un breve repaso sobre algunos filósofos cuyas ideas son relevantes en mi labor como asesor, con objeto de proporcionarle cierta perspectiva histórica.

Cada uno de los capítulos de la Segunda parte se centra en uno de los problemas más comunes que suelen plantearse a los asesores filosóficos, muestra cómo los aborda la filosofía y le orienta en la aplicación del pensamiento filosófico en las situaciones que le atañen personalmente. Los estudios de casos reales están salpicados de explicaciones sobre las principales escuelas de pensamiento y las teorías filosóficas más destacadas, a fin de proporcionar una gama de opciones a elegir ante cada una de las situaciones más habituales. Éstas son las herramientas que usted necesita para examinar su propia vida.

La Tercera parte amplía la perspectiva más allá del asesoramiento filosófico y contempla el ejercicio de la filosofía en varios grupos y organizaciones. El término práctica filosófica comprende tres tipos de actividad profesional: el asesoramiento a clientes individuales, a distintas clases de grupos y a organizaciones de diferente índole. De ahí que cada consejero filosófico presente un perfil determinado. Algunos consejeros se especializan en un tipo de práctica; otros extienden sus actividades a más de uno. Aunque este libro se centra en el asesoramiento individual, las otras clases de práctica también son importantes y dignas de mención en estas páginas. Los individuos que trabajan con grupos pueden sacar provecho de tales encuentros, y es posible que las organizaciones se beneficien de la misma clase de autoexamen y aclaración filosófica que ayuda a los individuos y los grupos.

Finalmente, en la Cuarta parte, la lista de recursos adicionales le proporciona mucha información suplementaria. El apéndice A presenta una lista de filósofos y sus mejores obras. El apéndice B enumera organizaciones de asesoramiento filosófico de Estados Unidos y el extranjero. El apéndice C es un directorio nacional e internacional de consejeros filosóficos. El apéndice D expone una selección de lecturas complementarias sobre práctica filosófica y temas afines. El apéndice E le enseña a utilizar el *Yijing*, una fuente perenne de sabiduría filosófica que puede consultar por su cuenta.

Este libro resulta mucho más didáctico que una sesión individual de asesoramiento filosófico. Con un consejero filosófico, una sesión puede seguir tres derroteros distintos. Se puede debatir su problema en términos generales, sin mención de ningún filósofo o filosofía concretos. Se trata de la clase de conversación que, con toda seguridad, mantendría con un amigo, cónyuge, pariente, camarero o taxista, y a veces es la mejor manera de abordar el asunto en cuestión. Usted piensa por sí mismo, empleando sus facultades críticas y analíticas, recurriendo a las ideas que tiene sobre sí mismo, y conversando filosóficamente sin intentar adoptar a conciencia una actitud filosófica.

Otro derrotero habitual en una sesión de asesoramiento consiste en que el cliente pida unas enseñanzas filosóficas específicas. En esta variante, usted quizás haya reinventado un planteamiento filosófico y le tranquilice saber que alguien ya se ha adentrado en ese territorio con anterioridad. Entrar un poco en contacto con las escuelas de pensamiento tradicionales tal vez le ayude a atar cabos o a llenar espacios en blanco, aunque su consejero no acostumbrará darle una disquisición completa sobre cada tema, a no ser que usted se la pida.

Existe una tercera alternativa más dura para quienes ya han indagado en sus problemas de esta manera pero tienen interés en seguir adelante. Esto conlleva un compromiso mayor y es posible que le remitan a otro consejero o a explorar la biblioterapia, abordando de pleno determinados textos filosóficos. Quizá le haya resultado útil un punto de vista budista y quiera aprender más sobre la práctica del Zen. O quizá le ayudara una idea de Aristóteles y desee ahondar en su sistema ético. Esta clase de trabajo puede llevarle a abrazar otros temas de un modo más concienzudo que la mera experiencia de trabajar sobre un problema concreto, pero no es más que una opción y, sin duda, no será la adecuada para todo el mundo.

Pese a que el ejercicio de mi profesión abarca estos tres planteamientos, este libro ilustra principalmente el segundo.

Nadie espera que tenga conocimientos concretos de filosofía; eso corre de mi cuenta. Su tarea consiste en formular el problema y estar dispuesto a investigarlo desde un punto de vista filosófico. El diálogo (sea interior o exterior) resultante le será de gran ayuda para interpretar, resolver o abordar cualquier asunto que le ataña. No soy un médium que vaya a ponerle en contacto con filósofos del pasado, sino la guía para adentrarse en sus ideas, sistemas y posturas. En cuanto los haya conocido, le prestarán un buen servicio para manejar cualquier situación que surja en su camino.

Nos encontramos con que ni la ciencia ni la religión pueden responder a todas nuestras preguntas. El psicoterapeuta filosófico Victor Frankl advirító que este hecho conducía a un «vacío existencial» y que la gente corriente necesitaba una nueva vía de salida:

> Cada vez se agolpan más pacientes en nuestras clínicas y consultorios quejándose de vacío interior, de la sensación de una absoluta y definitiva falta de sentido en sus vidas. Podemos definir el vacío existencial como la frustración de lo que cabe considerar la fuerza motivadora más elemental del hombre, a la que podríamos llamar [...] la voluntad de significar.

Frankl usó la frase «voluntad de significar» para emparejar dos de las ideas clave de la psicología: la «voluntad de poder» de Adler y la «voluntad de placer» de Freud. Ahora bien, tal como Frankl previó, había algo aún más profundo en el meollo del problema fundamental de las personas, y los tratamientos médicos, psicológicos y espirituales existentes no iban a bastar para aliviarlo. Hubo un tiempo en que dirigíamos nuestras preguntas sobre el sentido de la vida y la moralidad a una u otra autoridad tradicional, pero dichas autoridades se han venido abajo. Cada vez hay más personas que no se conforman con aceptar pasivamente los dictados dogmáticos de una deidad inescrutable o las frías estadísticas de una ciencia social imprecisa. Nuestros más profundos interrogantes siguen sin respuesta. Peor aún, ni siquiera reflexionamos sobre nuestras creencias.

La alternativa reside en la práctica de la filosofía. Ha llegado el momento de una nueva forma de ver las cosas, y esa nueva forma que en la presente obra se describe es, de hecho, un método antiguo, olvidado durante mucho tiempo y recordado hace poco. Al adentrarnos en el nuevo milenio, hemos cerrado el círculo.

> No dejaremos de explorar
> Y el final de la exploración será
> Llegar al punto de partida
> Y conocer el sitio por primera vez.
>
> T. S. Eliot

2

Terapias, terapias por todas partes, y ni pensar en pensar

Ante algunas opiniones extrañas que han salido a la luz, por equivocación o con algún motivo oculto [...] los filósofos se han visto forzados a defender la verdad de tales manifiestos o a negar la existencia de cosas mal concebidas.

MAIMÓNIDES

[...] La noción de enfermedad mental se emplea hoy en día sobre todo para confundir y «justificar hábilmente» los problemas existentes en las relaciones personales y sociales, tal como la noción de brujería fue utilizada con el mismo fin desde comienzos de la Edad Media hasta bastante después del Renacimiento.

THOMAS SZASZ

Norteamérica se ha convertido en una sociedad terapéutica. O mejor aún, «terapeutizada». Cada día son más los que cuelgan una placa en la puerta de su consulta, pero en lo referente a las cualificaciones requeridas (si es que las hay) para considerarse terapeuta, éstas varían de acuerdo con las leyes estatales, mas no en esencia. Suelte un «Mi terapeuta dice...» en una recepción, y verá como no logra añadir una sola palabra durante el resto de la conversación, ya que todos los demás se afanarán en contar lo que dice su terapeuta respectivo. Cuando el presidente Clinton convocó a su gabinete para que tratara de solucionar el escándalo que ensombrecía su mandato, los miembros no lo describieron al *Washington Post* como una reunión de estrategia o un mitin político, sino como una «sesión de encuentro». Los camareros, los taxistas, su mejor amigo, su madre y el resto de sus conocidos siempre tienen a mano algún consejo cuasipsicológico para remediar todos y cada uno de sus pesares. Los estantes de «autoayuda» de su hipermercado habitual parecen no tener fin. Las tertulias televisivas fueron pioneras en aportar revelaciones inmediatas de lo más superficial sobre cualquier faceta del comportamiento humano. Incluso ahora, cuando el guión de tales programas parece empeñado en provocar enfrentamientos a puñetazo limpio entre los invitados, sin duda aparecerá en pantalla un terapeuta de alguna clase, justo antes de que pasen los rótulos de crédito, para animar a la audiencia a resolver los conflictos de una forma más civilizada. Es un milagro que la población sobreviva al mes de agosto, cuando todos los terapeutas están de vacaciones.

Este fenómeno se ha prolongado durante varias décadas, mas no parece que hayamos aprendido mucho, ya que la demanda de ayuda a nuestra salud mental y emocional no ha disminuido. La atención psiquiátrica o el asesoramiento psicológico de buena calidad pueden constituir un apoyo valioso y eficaz para solucionar muchas clases de trastornos personales. Ahora bien, ambas disciplinas (como todas las disciplinas) tienen un alcance limitado y, en consecuencia, no pueden proporcionar resultados completos o duraderos para todo el mundo, ni siquiera para muchas de las personas que en principio sacan buen provecho de ellas. Pues con ellas no basta.

El asesoramiento filosófico tampoco puede aplicarse a todo y es preciso que a veces recomiende asistencia psiquiátrica o psicológica a algunos de mis clientes, como complemento, en sustitución de un análisis filosófico de su situación, o como paso previo a éste. No obstante, el asesoramiento filosófico es, con mucho, el que ofrece una mayor variedad de enfoques prácticos y duraderos de los problemas más comunes que llevan a las personas a pedir ayuda, y obviamente llena los espacios en blanco que dejan otras clases de asesoramiento. Este capítulo examina la utilidad y las limitaciones de la psicología y la psiquiatría y muestra el sitio que ocupa la filosofía en este campo.

UNA PARTIDA DE AJEDREZ

La metáfora de la partida de ajedrez (inspirada por mi colega, el consejero filosófico Ran Lahav) ilustra las diferencias entre los planteamientos psicológico, psicoanalítico, psiquiátrico y filosófico del asesoramiento. Imagínese que está en plena partida de ajedrez y que acaba de efectuar un movimiento.

Una psicoterapeuta le pregunta: «¿Qué le ha llevado a hacer este movimiento?» «Bueno, quería comerme la torre», contesta usted, sin saber adónde quiere ir a parar. Mas ella seguirá haciéndole preguntas para hallar la supuesta causa psicológica de dicho movimiento, convencida de que la explicación se oculta tras la frase «Quería comerme la torre», y quizás usted termine por contarle toda la historia de su vida para satisfacer sus suposiciones. Una teoría psicológica que tuvo gran predicamento y que ahora es objeto de críticas feroces habría sugerido que su comportamiento agresivo actual —querer comerse la torre— sería fruto de alguna frustración del pasado.

Un psicoanalista le formula la misma pregunta: «¿Qué le ha llevado a hacer este movimiento?» Cuando usted contesta «Bueno, quería comerme la torre», él agregará: «Muy interesante. Ahora dígame qué es lo que le ha impulsado a decir que eso es lo que le ha obligado a hacer ese movimiento.» Puede que él vuelva a sonsacarle toda la historia de su vida, o por lo menos los capítulos referentes a los primeros años. Si aun así no se da por satisfecho, tal vez le proponga algunas razones que usted tenía pero de las que no era consciente, remontándose a su más tierna infancia. Una teoría psicoanalítica que sigue vigente a pesar de ser duramente criticada habría sugerido que su comportamiento posesivo —querer comerse la torre— es fruto de una inseguridad reprimida que tendría su origen en el destete.

Una psiquiatra también le pregunta: «¿Qué le ha hecho hacer este movimiento?» Y usted vuelve a responder: «Bueno, quería comerme la torre.» Entonces la psiquiatra consulta la última edición disponible del *Diagnostic and Statistical Manual* (DSM, Manual de estadística y diagnóstico) hasta que encuentra el trastorno de la personalidad que se adecua mejor a los síntomas que usted presenta. ¡Ah!, aquí está: «Trastorno agresivo-posesivo de la personalidad.» Una teoría psiquiátrica que sigue vigente aunque cada vez es más censurable habría diagnosticado su comportamiento como el síntoma de una enfermedad cerebral, y usted habría recibido la medicación apropiada para eliminar ese presunto síntoma.

En cambio, un consejero filosófico más bien le preguntaría: «Qué sentido, propósito o valor tiene este movimiento para usted en este momento?», y «¿Qué relación tiene con su siguiente movimiento?», y «¿Cómo describiría usted su posición general en esta partida y cómo cree que podría mejorarla?». El filósofo contempla su movimiento no como el mero efecto de una causa anterior, sino como algo significativo en el contexto actual de la propia partida, y también como una posible causa de efectos futuros. El filósofo reconocerá su libre albedrío en los movimientos que efectúe y estimará la causa del movimiento elegido confiriéndole toda la importancia que revista, pero no por ello la convertirá en el punto clave de la cuestión que le preocupa.

En mi opinión, es mucho más saludable vivir la vida que cavar constantemente en busca de sus raíces. Si cada día se cavara a la más resistente de las plantas, ésta jamás llegaría a prosperar, por más abono que agregara al agua de riego. La vida no es una enfermedad. Usted no puede cambiar el pasado. El asesoramiento filosófico parte de estas premisas con el ánimo de ayudar a las personas a desarrollar formas productivas de ver el mundo, y por consiguiente a trazar un plan general de actuación en la vida cotidiana.

LA SEPARACIÓN ENTRE FILOSOFÍA, PSIQUIATRÍA Y PSICOLOGÍA

La filosofía y la ciencia constituían antaño una sola ocupación. Aristóteles estudió astronomía y zoología además de lógica y ética. Robert Boyle (el descubridor de la ley que lleva su nombre: el volumen de un gas, a temperatura constante, es inversamente proporcional a la presión) se habría definido a sí mismo como «filósofo experimental» en su currículum. La ley de la gravedad la descubrió el filósofo naturalista Isaac Newton, y la evolución de las especies el filósofo naturalista Charles Darwin. Los filósofos como ellos se dedicaban a probar y medir el mundo que los rodeaba, proceso que se inició a modo de ampliación del típico «¿Cómo funciona el mundo?» que solían preguntarse los filósofos. Antes de la revolución científica del siglo XVII, sus puntos de vista respectivos los unían más que los separaban.

Finalmente, la ciencia y la filosofía siguieron caminos divergentes, y la medicina occidental (tras siglos de estar en manos de charlatanes, barberos, frenólogos y vendedores de aceite de serpiente) se alió con la ciencia. La psiquiatría evolucionó como una rama de la medicina primigenia en el siglo XVIII y se estableció como tal durante el XX, a partir de

Freud. La medicina sigue siendo un equilibrio entre ciencia y arte: escáneres TAC y mucho tacto con los enfermos, quimioterapia y técnicas de visualización, electrocardiogramas y segundas opiniones. El psiocanálisis freudiano y todas sus versiones desarrolladas por discípulos disidentes (Jung, Adler, Reich, Burrow y Horney, entre otros) se han convertido más que nada en una religión cismática. Los psicoanalistas seguidores de Freud y Jung están tan enfrentados y se profesan tanta hostilidad como los judíos ultraortodoxos y los reconstruccionistas, los cristianos católicos y los protestantes, o los musulmanes sunitas y los chiitas. No es preciso haberse doctorado en medicina para ser psicoanalista; basta con adherirse (a toda costa) a una doctrina en concreto.

Además, la filosofía de Freud a propósito de la psiquiatría era que todos los trastornos mentales (lo que él llamó neurosis y psicosis) en última instancia se explicarían en términos físicos. En otras palabras, pensaba que toda enfermedad mental era causada por una enfermedad cerebral. Y ahí es hacia donde se ha dirigido la psiquiatría moderna. Cualquier comportamiento imaginable puede terminar ocupando su lugar en el DSM, donde será diagnosticado como síntoma de una supuesta enfermedad mental. Aunque la mayoría de estas pretendidas enfermedades mentales que figuran en el DSM jamás se haya podido demostrar que están causadas por una enfermedad cerebral, la industria farmacéutica y los psiquiatras que recetan sus medicamentos insisten en identificar tantas «enfermedades mentales» como sea posible. ¿Por qué? Por las razones de siempre: poder y dinero.

Veamos qué le parecen los siguientes datos. En 1942, la lista de trastornos del DSM-I constaba de 112 entradas. En 1968, el DSM-II recogía 163 trastornos. En 1980, el DSM-III listaba 224. La útima edición, el DSM-IV de 1994, alcanza los 374. Durante la década de los ochenta, los psiquiatras consideraban que uno de cada diez estadounidenses padecía una enfermedad mental. En la década de los noventa, ya hablaban de uno de cada dos. Pronto toda la población estará enferma, con una única, aunque obvia, excepción: los psiquiatras. Pues ellos son capaces de hallar síntomas de «enfermedad mental» en cualquiera, y le recetarán todas las medicinas que su compañía de seguros esté dispuesta a pagar.

Si bien es cierto que algunas personas necesitan medicación o ser recluidas en centros psiquiátricos para evitar que se hagan daño a sí mismas o al prójimo, en ningún caso su número será el de uno de cada dos estadounidenses, ni de cada diez, ni de cada cien. En la mayor parte de los casos, la infelicidad personal, los conflictos de grupo, la descortesía imperante, la promiscuidad descarada, las olas de crímenes y las orgías de violencia no son producto de una sociedad mentalmente enferma, sino de un sistema que (al carecer de un gobierno visionario y de la virtud filosófica) ha permitido e incluso fomentado que la sociedad terminara padeciendo un trastorno moral. Aunque la mayoría de filósofos ha guardado silencio a este respecto, los consejeros filosóficos pueden contribuir a restaurar el orden moral (y con él, la «salud mental») para paliar la profunda desmoralización de los ciudadanos. El orden moral no es un medicamento, pero tiene unos efectos secundarios maravillosos.

La psicología no apareció como campo de estudio de pleno derecho hasta 1879, cuando Wilhelm Wundt fundó el primer laboratorio de psicología. Hasta entonces, el tipo de observaciones y los puntos de vista que asociamos a la psicología eran feudo de los filósofos. Incluso después de que la psicología cobrara un peso importante, la filosofía y la psicología siguieron siendo disciplinas gemelas hasta entrado el siglo XX. William James, aclamado como gran pensador en ambos campos, conservó una cátedra conjunta de filosofía y psicología en Harvard hasta la primera década del siglo, y Cyril Joad desempeñó un cargo semejante en la Universidad de Londres hasta la década de los cuarenta. No obstante, dichos campos se han ido separando a lo largo del último siglo, puesto que la psicología se ha distanciado de la rama de humanidades de la academia para aproximarse a las ciencias sociales. Pese a mantener un pie en el reino filosófico, James fue un ferviente defensor de la psicología como ciencia: «Mi deseo, al tratar la psicología como una ciencia natural, era ayudarla a convertirse en eso», escribió.

El divorcio se consumó con el surgimiento de la psicología conductista. Los psicólogos conductistas como John Watson y B. F. Skinner llevaron sus preguntas sobre la naturaleza humana al laboratorio y se dedicaron a hacer experimentos con ellas. Esto guarda poca semejanza con el tipo personificado en *El pensador* de Rodin (la mejilla en la mano, el codo en la rodilla, sumido en sus pensamientos), que suele asociarse al estereotipo de filósofo, pero tanto si uno desarrolla sus ideas batiéndose en duelos verbales con Sócrates, como si lo hace metiendo ratones en laberintos, en última instancia siempre se estará formulando las mismas preguntas: ¿Qué proporciona energía al ser humano? ¿Es una voluntad racional o una respuesta condicionada? Y en caso de que sean ambas cosas, ¿cómo se relacionan?

Los filósofos se han dedicado exclusivamente a observar la naturaleza humana, descripción que bien podría aplicarse a los psicólogos. Cualquier filosofía de la humanidad estaría incompleta sin un punto de vista psicológico. La psicología, a su vez, fracasa cuando está desprovista de un punto de vista filosófico, y ambas disciplinas no han hecho sino empobrecerse como resultado de su bifurcación. Algunas áreas de la filosofía, como la lógica, están situadas claramente al margen de la psicología, lo cual no implica que, por regla general, la filosofía se fundamente en la observación, en los datos, en la percepción, en las impresiones; y todo ello se adentra en el territorio de la psicología. Cuando contemplamos el mundo, no siempre vemos con claridad lo que tenemos delante; los rasgos peculiares fisiológicos y las interpretaciones subjetivas casi siempre intervienen. Esta interpolación (la diferencia entre objeto y experiencia) es pura psicología, y ningún punto de vista filosófico se sostiene sin ella.

La psicología conductista y su teoría fundamental del estímulo-respuesta consideran al ser humano una especie de máquina que puede condicionarse o programarse para alcanzar el efecto deseado; basta con descubrir y emplear los estímulos adecuados. (La teoría del estímulo-respuesta es lo que confirmó Pavlov cuando consiguió que sus perros salivaran al oír una campanilla, tras haberlos entrenado haciéndola sonar justo antes de presentarles un plato de comida.) Ahora bien, ese guión entre el estímulo y la respuesta resulta sumamente restrictivo. Toda la riqueza y los grandes logros de la psicología (y de la humanidad) quedan descartados cuando todos los actos se ven reducidos a una mera causa y efecto. Pensar que un ser humano no es más que una criatura que responde de forma controlable a unos estímulos concretos es menospreciar nuestra esencia humana. Es pasar por alto la psique, el supuesto tema de estudio de la psicología. Somos mucho más que nuestros condicionantes; la vida va más allá de una serie de respuestas establecidas. El problema reside en que gran parte de la psicología moderna (la psicología como ciencia) desciende o recibe la influencia de la psicología conductista y su intrínseco empobrecimiento de la experiencia humana.

La aplicación del método científico aporta información importante acerca de los seres humanos y la forma en que funcionan. Ahora bien, aunque quizá logre entresacar algunos hilos de conocimiento, la psicología jamás revelará el complejo tapiz de la naturaleza humana en toda su extensión. Por ejemplo, y sin menoscabo del método científico cuando es aplicado correctamente, la psicología conductista nunca nos proporcionará unos principios éticos, los cuales constituyen una de las piezas clave de la vida humana, y un tema al que se consagra toda una rama de la filosofía. Si para provocar una acción basta con hallar el estímulo adecuado, los seres humanos se ven reducidos a estar haciendo todo lo que hacen para obtener una recompensa o evitar un castigo (el estímulo es tanto la zanahoria como el látigo). En tales condiciones, ¿acaso existen las buenas obras? ¿Acaso sería posible hacer el bien sencillamente porque es lo que está bien, y no hacer el mal sencillamente porque no lo está?

Los conductistas sostienen que si le aplicara una descarga eléctrica desagradable cada vez que ayudase a una anciana a cruzar la calle, no tardaría en abandonar sus costumbres de buen samaritano. También afirman que pueden inducirlo a propinar un empujón a las ancianas con las que se cruce en la calle si le dan la recompensa adecuada cada vez que lo hace. De este modo, los conductistas convierten a las personas en unos seres demasiado superficiales y omiten nuestros ricos universos mentales. Somos mucho más versátiles y complejos que los ratones que siguen pulsando como maníacos la palanca, la cual solía proporcionarles alimento mucho tiempo después de que el mecanismo hubiese dejado de ofrecerles manjares. (Todos lo hemos hecho alguna vez, actuando con poca más inteligencia que esos pobres ratones, pero eso ya es harina de otro costal.)

Una de las facultades que poseemos los seres humanos es la capacidad de provocar nuestros propios estímulos internos. A veces nos prometemos una ración de helado tras una tarea ingrata, y en ese caso estamos usando lo que hemos aprendido de los conductistas.

No obstante, también podemos motivarnos mediante el sentido del deber, del honor o del servicio, asuntos sobre los que los filósofos se han explayado pero que en general sobrepasan el ámbito de la psicología experimental. Por eso Arthur Koestler la apodó «psicología ratomórfica»: los investigadores terminan sabiendo muchas cosas acerca de los roedores, pero las lecciones que pueden aplicarse a los seres humanos son limitadas y, con toda certeza, no afectan a las grandes preguntas sobre nuestra existencia.

Todos los científicos trabajan con «observables», es decir, las cosas que estudian. Por ejemplo, los astrónomos tienen galaxias, estrellas y planetas; los químicos tienen átomos y moléculas, y así sucesivamente. La tarea de los científicos consiste en efectuar y registrar observaciones sobre los fenómenos que estudian, proponer teorías para explicar por qué las cosas tienen el comportamiento que tienen, y luego demostrar esas teorías realizando experimentos. En el campo de las ciencias sociales, el conjunto de observables no es tan físico ni directamente mensurable; esto da por resultado las principales diferencias filosóficas entre las ciencias físicas (o naturales) y las sociales, lo cual significa que nunca encontraremos un departamento de ciencias que lo abarque todo en ninguna universidad. En las ciencias sociales, los investigadores imponen su propia visión del mundo a todo cuanto estudian; de ahí que incluso mentes brillantes como la de Margaret Mead fueran criticadas por sacar conclusiones erróneas fruto de un sesgo subjetivo (y quizás incluso inconsciente). Los científicos físicos pueden incurrir en errores semejantes, pero el efecto sobre el resultado de la investigación se verá paliado por la naturaleza más concreta y objetiva de los elementos observados.

En la psicología, el conjunto de observables consiste en la psique. ¿Cómo se observa eso? ¿Qué es?, cabe incluso preguntarse. La neuropsicología estudia el cerebro, que es mensurable, al menos hasta cierto punto. Ahora bien, la psicología general se centra en la mente. Puesto que la mente, o la psique, no tiene características físicas, todas las observaciones son indirectas y todas las conclusiones son más subjetivas y menos ciertas que en el terreno de las ciencias físicas. Incluso en las ciencias físicas, que se benefician de la observación directa, nuestra información resulta imperfecta. Tenemos casi el mismo número de preguntas sin respuesta acerca de la mente que acerca del cerebro, por más que éste se pueda medir, pesar y diseccionar. Así que imagínese lo fácil que es alejarse de la verdad en el ámbito de las ciencias sociales, como la psicología, que se ocupan de asuntos mucho más abstractos sin contar con nada concreto que observar.

Sin embargo, en consecuecia de la relativamente reciente aceptación de la psicología como ciencia y la permanente necesidad humana de diálogo, en el siglo XX se ha producido un crecimiento sin precedentes de la industria del asesoramiento psicológico. Cuando los primeros psicólogos comenzaron a asesorar a los seres humanos, los psicólogos académicos los acusaron de herejes, apóstatas y cosas por el estilo. «El asesoramiento psicológico no es psicología», afirmaba la sabiduría convencional. No obstante, en unas pocas décadas, el número de consejeros psicológicos excedió con creces el de todos los demás psicólogos juntos.

Puede afirmarse que los consejeros psicológicos ostentan el monopolio de las regulaciones gubernamentales sobre terapias habladas, de ahí que su seguro médico contribuya a pagar el coste de la visita, a pesar de que no son médicos. Si su médico de cabecera está autorizado a remitirle a la consulta de un consejero psicológico, que no es doctor en medicina pero cuyos servicios quedan cubiertos por los seguros médicos, usted también debería tener derecho a ser remitido a la de un consejero filosófico.

Los científicos sociales tienen que confiar en la estadística para efectuar sus mediciones. Ahora bien, aunque la estadística pueda decirnos mucho acerca de un grupo, no nos aporta ninguna información sobre un individuo, y aquí los psicólogos se dan de bruces contra otro muro. En general, hacemos bien al aceptar las estadísticas fiables, pero hay que hacer hincapié en que no nos describen como individuos. La estadística psicológica nos dice que, por regla general, las niñas tienen más fluidez verbal que los niños, y que los niños poseen mejores habilidades espaciotemporales que las niñas. Sin embargo, eso no nos dice gran cosa del niño que ha obtenido 800 puntos en la prueba de fluidez verbal del examen de acceso a la universidad ni sobre la niña que destaca como lanzadora en la liga escolar de béisbol. ¿Qué hemos aprendido que nos resulte realmente útil? (Ésta es la pragmática voz de William James, quien buscaba la «verdad» de una idea en función del uso que pudiera darse a la información que contenía.) ¿Los niños necesitan más clases de lectura? ¿Las niñas deberían hacer más horas de deporte? ¿Se puede educar convenientemente a un grupo mixto de alumnos? Podemos estudiar las estadísticas y tratar de decidir qué dará resultado en grupos grandes. Sin embargo, si usted es un padre de familia preocupado por la situación de sus hijos, hará bien en fiarse de su experiencia e intuición.

Quizá piense que la filosofía tampoco es capaz de diseñar el mejor plan de estudios del mundo. De todas formas, ante la limitada utilidad de los «datos» disponibles, la filosofía educacional es la que en última instancia guía tales decisiones. La mayor parte de niños y niñas acude a escuelas mixtas porque tenemos el compromiso filosófico de ofrecer igualdad de oportunidades (aunque ello conlleve pequeñas o temporales diferencias en las puntuaciones de fluidez verbal). Además, los educadores eligen el método para enseñar a leer que consideran más eficaz, y las diferencias entre dichos métodos también son de índole filosófica. Son ya demasiadas las escuelas estadounidenses que gradúan alumnos analfabetos, en parte debido a la adopción de métodos didácticos que prácticamente garantizan el analfabetismo (p. ej., palabra completa) en lugar de los que garantizan la alfabetización (p. ej., fónico). Puesto que sabemos cómo enseñar a leer a los niños, así como enseñarles a no leer, el método didáctico que elijamos dependerá exclusivamente de nuestra filosofía de la enseñanza.

Con independencia de la clase de científico que usted sea, las preguntas que trata de responderse son: «¿Cómo funciona esto?» y «¿Por qué hace lo que hace?». Los científicos buscan la causa y el efecto (aspecto que los conductistas han simplificado en extremo). Así pues, los psicólogos se preguntan: «¿Cómo funcionan las personas? ¿Por qué hacen lo que hacen?» Y un psicoterapeuta se pregunta: «¿Cómo funciona esta persona? ¿Por qué hace lo que hace?» El terapeuta identifica los efectos (p. ej., ansiedad, depresión) y busca la causas correspondientes (p. ej., una mala relación de pareja, padres alcohólicos). Tal vez ésta sea la forma científica de contemplar las cosas, pero cuando se aplica a un individuo, la terapia psicológica tropieza con dos problemas.

Causa y efecto

El primero consiste en una falacia que los filósofos llaman *post hoc ergo propter hoc.* Por si no anda muy ducho en latín, significa que si un acontecimiento ha sucedido antes que otro, el primero fue causa del segundo. Puede que esto sea cierto en algunos casos: usted se da un golpe en el dedo pequeño del pie y grita «¡Au!», pero eso no implica que siempre tenga que ser así. Si sus padres le pegaban cuando era niño y ahora le cuesta trabajo contener su enojo, no puede sacar la conclusión de que lo uno sea causa de lo otro. Tal vez sea éste el caso, pero es probable que no exista relación alguna. Aun suponiendo que fuese causal, pueden contribuir muchos otros factores. Volviendo al ejemplo de darse un golpe en el dedo pequeño del pie, resultaría obvio que el hecho de no llevar zapatos, el dejar trastos por el suelo y el cruzar apresuradamente la habitación a oscuras para contestar el teléfono son acontecimientos causales. Ahora bien, en el complejo guiso que es su pasado, ¿cree realmente que todos y cada uno de los ingredientes están relacionados con el asunto que le atañe ahora? ¿Los arrebatos de ira de su madre le enseñaron a ser explosivo cuando se enfada? ¿O fue la frialdad de su padre? ¿Fueron ambas cosas? ¿O ninguna?

Rememorar los acontecimientos de su vida en busca de causas que expliquen sus dificultades presentes conlleva el problema añadido de que puede haber conexiones que usted no advierta. Y su memoria no es perfecta, de modo que olvidará algunos hechos importantes y recordará detalles irrelevantes. ¿Qué pasa si después de escarbar en el pasado sólo afloran oropeles, pero usted y su terapeuta siguen profundizando como si hubiesen hallado un filón de oro? En el mejor de los casos, perderá una gran cantidad de tiempo dando rodeos, aunque finalmente llegue a su destino.

Sin unas leyes precisas que le guíen, como las que tiene un químico o un físico, ¿cómo sabe qué es lo que hace que algo suceda? Si en principio cualquier cosa puede ser causa de otra (siempre y cuando sean consecutivas), se corre el peligro de que, una vez haya adoptado una teoría, usted se limite a tomar los aspectos que encajen en ella y descarte el resto. Tal como Abraham Maslow tuvo el atino de señalar, cuando la única herramienta de que dispones es un martillo, una infinidad de objetos cobran aspecto de clavos.

Incluso si la psicología llegara a convertirse en un instrumento de precisión, ¿qué bien le haría descubrir las causas de su malestar presente? ¿Acaso llevar una etiqueta, o ser catalogado de «amargado», hará que se sienta mejor? Saber que tiene una caries no hace que le duela menos; el empaste es lo que le aliviará. Comprender que le duele la cabeza porque ha recibido el golpe de una pelota alta no le hará sentirse mejor, aunque una aspirina tal vez alivie su dolor. Ciertamente, usted debe prestar más atención a su higiene dental y mejorar su habilidad para recoger pelotas altas cuando juegue a béisbol, y de este modo evitar tales dolores en el futuro. Ciertamente, algunas personas se sentirán aliviadas al descubrir el origen de su dolor psíquico mediante la psicología, y otras serán capaces de seguir una línea de conducta que les proporcionará alivio una vez que hayan entendido la causa. Sin embargo, para la mayoría no bastará con indicar ésta de manera precisa. Pasarán meses o incluso años cavando hasta que den con la grava provechosa, y entonces su respuesta probablemente sea: «¿Y ahora qué?» Conocer la causa del dolor psíquico pero no tener un camino para mitigarlo hará que algunas personas se sientan incluso peor. Saber que está deprimido porque su matrimonio se está yendo al traste puede que sólo sirva para hundirlo más en esa depresión, ya que usted no puede retroceder y cambiar el pasado.

El modelo médico

El segundo problema fundamental que presentan las terapias psiquiátricas y psicológicas es que imitan el modelo médico. Están reguladas por los estados como si fuesen disciplinas médicas y el seguro médico las cubre (al menos en parte). Los médicos reciben formación para diagnosticar y tratar las enfermedades físicas. Los psiquiatras y los psicólogos reciben formación para tratar las «enfermedades mentales». Pongo este término entre comillas porque se trata de una metáfora, aunque dicha metáfora cada vez se confunde más con una realidad. Hay un chiste de psiquiatras que ilustra la cuestión: los pacientes que acudían temprano a su cita en la consulta eran diagnosticados como ansiosos; los pacientes que llegaban tarde, como hostiles; los pacientes que llegaban a la hora prevista, como compulsivos. Este chiste lo contaban los propios psiquiatras, quienes conocían perfectamente la diferencia entre una enfermedad real y una metafórica. Lo cierto es que ya no tiene ninguna gracia, dado que dicha diferencia se ha visto desdibujada por lo que Thomas Szasz llama «el mito de la enfermedad mental».

Los trastornos médicos con frecuencia se denominan «síndromes». Se han observado, documentado, investigado y comprendido multitud de síndromes. Por ejemplo, el síndrome de Down es provocado por una secuencia genética concreta, mientras que el síndrome de Tourette es una disfunción cerebral específica que se manifiesta perturbando la forma de moverse y hablar pero que no reviste peligro. El síndrome de inmunodeficiencia adquirida (sida) es causado por un retrovirus (VIH) que ataca y deteriora el sistema inmunológico. Ahora bien, ¿qué me dice de diagnósticos como el del «síndrome de la guerra del Golfo»? ¿Qué diablos significa? Al parecer, significa que algunas personas que sirvieron en la guerra del Golfo no se sienten bien. Nadie sabe (o al menos nadie lo dice) si estuvieron expuestas a agentes biológicos o toxinas químicas, como tampoco si sus problemas son de tipo médico o psicológico, o una combinación de ambos. Establecer un diagnóstico como el del síndrome de la guerra del Golfo parece muy científico, pero no aporta ninguna información nueva o útil acerca del problema. Otro caso parecido es el del «síndrome de muerte súbita infantil». Por desgracia, algunos bebés mueren inesperadamente en la cuna. Antes solía decirse que «morían durmiendo». Ahora este fenómeno tiene un nombre mucho más pomposo, si bien éste sigue sin revelar ningún dato concreto sobre el problema. Así pues, el mero hecho de decir que algo es un síndrome no garantiza que sepamos de qué estamos hablando, ni siquiera cuando haya algo que médicamente (es decir, físicamente) no funcione.

Todo esto no tiene nada de nuevo para los filósofos. He aquí una famosa «explicación» acerca del opio que data de la Edad Media. La pregunta era por qué el opio (usado como medicina) hacía que la gente se durmiera. La respuesta facilitada por los médicos de la época (algunos de los cuales, lamento decirlo, probablemente eran filósofos) fue que el opio hacía que la gente se durmiera en virtud de sus «propiedades dormitivas». Todo el mundo asintió prudentemente con la cabeza y aceptó durante años que aquello, en efecto, explicaba algo. Pero no es así. El término «dormitivo» procede del verbo latino *dormire*, «dormir». Explicar que el opio hace que la gente se duerma debido a sus propiedades dormitivas es lo mismo que explicar que el opio hace que la gente se duerma porque hace que se duerma. No se puede decir que sea muy científico, al fin y al cabo; es meramente una explicación circular.

Ahora bien, ¿qué sucede cuando aplicamos definiciones circulares de enfermedades físicas reales a enfermedades mentales metafóricas? Pues que obtenemos todo un zoo de supuestos trastornos. ¿Padece un trastorno emocional sin resolver que tiene su origen en una experiencia desagradable del pasado? En el DSM se convierte en una enfermedad mental: trastorno de estrés postraumático. ¿Su hijo tiene dificultades para aprender aritmética? Es harto probable que se deba a que su maestro no sepa nada de aritmética o a que los métodos de enseñanza en boga sostienen que la respuesta correcta a 2+2=? es cualquier número que le plazca al alumno, pero en el DSM se le diagnostica una enfermedad mental: trastorno de aprendizaje numérico. ¿Está disgustado porque no le ha tocado la lotería? En el DSM, eso también es una enfermedad mental: trastorno de estrés ludopático. ¿Rechazaría un tratamiento psiquiátrico para usted o su hijo si le plantearan esta clase de diagnóstico? En el DSM, su rechazo también es catalogado de enfermedad mental: trastorno de incumplimiento del tratamiento prescrito.

Todo esto sería fabuloso si se tratara de ciencia-ficción o de comedia, pero el caso es que en la actualidad pasa por ser una ciencia seria. En 1987, la Asociación Norteamericana de Psiquiatría decidió admitir el trastorno de falta de atención por hiperactividad (TFAH) como enfermedad mental: ciencia por votación. Ese mismo año, se diagnosticó un TFAH a medio millón de escolares estadounidenses. En 1996 se calcula que 5,2 millones de niños (el 10 % de los escolares estadounidenses) recibieron el mismo diagnóstico. La «cura» para esta «epidemia» es el Ritalin, cuyas producción e índice de ventas (así como sus espeluznantes efectos secundarios) se han disparado. Esto es muy positivo para la industria farmacéutica, aunque no tanto para los niños. En medicina, no existe ningún dato sólido que pruebe que el TFAH sea debido a un trastorno cerebral determinado, pero con este argumento queda plenamente justificado que se catalogue de enfermos mentales a millones de escolares estadounidenses, que estén obligados a medicarse y que tales «diagnósticos» de «enfermedad mental» consten en sus historiales académicos.

¿Por qué hay niños normales, sanos, curiosos (y a veces revoltosos) que tienen dificultades para prestar atención en clase? El TFAH es tan sólo una posibilidad. También podría deberse a la falta de motivación o de disciplina, a que no tengan que estudiar en casa, a que no se les exija un nivel razonable de aprendizaje, a que no pasan exámenes para evaluar sus conocimientos, a la incompetencia de los maestros y a la indiferencia de los padres. Podría deberse a que los mínimos obligatorios se han sustituido por eslóganes estúpidos, y a que no haya ninguna autoridad moral en casa ni en el colegio que inculque las virtudes en estos niños. El sistema educativo se ha transformado y ha pasado de ser un camino de aprendizaje a un campo abonado para la estulticia, con la psicología y la psiquiatría como cómplices bien dispuestos. Estos mismos cómplices también se han infiltrado en el sistema judicial, en la esfera militar y en el gobierno. ¿Acaso debe sorprendernos que las personas vuelvan a echar mano de la filosofía?

Lo más fácil es soñar despiertos. Si su hijo no presta atención en la escuela, padece un trastorno de falta de atención por hiperactividad. Y si usted se queja ante semejante diagnóstico, es porque padece un trastorno de negación de un trastorno de falta de atención por hiperactividad.

Uno de los problemas que presenta el considerar que tales planteamientos son científicos es que estos supuestos trastornos no se comprueban de acuerdo con un criterio científico. La declaración o suposición de que algo existe sin que haya modo de probarlo es lo que los filósofos denominan «cosificación». Los psiquiatras y los psicólogos son expertos en la cosificación de síndromes y trastornos: primero se los inventan y luego buscan síntomas en las personas y sostienen que eso demuestra que la enfermedad existe. Por más beneficios que se obtengan al agrupar los síntomas de semejante modo, hacerlo también presenta un gran inconveniente: aniquila la facultad de investigar, haciéndonos creer que tenemos unas respuestas que, en realidad, desconocemos. ¿Se siente desgraciado sin motivo aparente? Ah, eso es un síndrome de depresión no condicionada, se da con mucha frecuencia. ¿Le gusta tamborilear con los dedos cuando se sienta a su escritorio? Padece un trastorno de percusión digital. Una vez más, el pragmatismo nos lleva a preguntarnos: «¿Adónde nos conduce todo esto?»

Así pues, ¿qué pasa si usted es una mujer que ama demasiado, o padece un síndrome de Peter Pan, o su marido procede de Marte? Cualquier libro de autoayuda que merezca el pan que se come le ofrecerá una promesa de mejoría tanto personal como de su vida en general. Ahora bien, la psicología tal como se entiende en la actualidad (sobre todo la psicología popular) no dispone de las herramientas necesarias para que usted aplique los escasos conocimientos que adquiera sobre su persona en el contexto general de su vida. La psicología no puede llevarle tan lejos, por más promesas que lea en la cubierta del último éxito de ventas. Para integrar todas las revelaciones concebibles (las psicológicas son sólo un tipo de ellas) en una visión del mundo (una filosofía personal) que resulte coherente y práctica, lo que necesita es... filosofía. Un elevado porcentaje de mis clientes, antes de acudir a mí, han pasado por la consulta de un psicólogo, y aunque muchos se hayan beneficiado en un primer momento de tales experiencias ninguno ha concluido que la psicología le baste para alcanzar la paz interior. Debo admitir, no obstante, que las personas que descubren en la psicología la clave de su éxito no suelen llamar a mi puerta.

En sí no resulta perjudicial fiarse de las teorías si éstas son de utilidad para las personas (eso es lo que los consejeros filosóficos hacemos, a fin de cuentas), pero hacerlo en nombre de la ciencia es engañoso. La terapia, como el asesoramiento, es ante todo un arte. Presenta demasiados elementos subjetivos como para ubicarla en el reino objetivo del laboratorio científico. Y, sea como fuere, ¿debemos permitir que nos etiqueten con cualquier clase de síndrome o trastorno por el mero hecho de hacer frente a un desafío emocional, intelectual, psicológico o incluso filosófico? Por supuesto que no.

La psiquiatría tampoco consigue manejar de forma conveniente los problemas cotidianos de los que la mayor parte de la gente siente necesidad de hablar. A causa del énfasis posfreudiano que se pone en las enfermedades de origen biológico con síntomas mentales o emocionales (y en la receta de medicamentos para controlarlos), la psiquiatría únicamente afecta a una parte muy pequeña de la población. Quienes padecen disfunciones debido a enfermedades físicas que escapan por completo a su control (como los maníacos depresivos) se ven aliviados con la medicación. Para hacer frente a un problema de esta clase, debe dirigirse a la consulta del psiquiatra. Ahora bien, si su problema está relacionado con la identidad, los valores o la ética, lo peor que puede hacer es permitir que alguien le endilgue una enfermedad mental y le extienda una receta. Ninguna pastilla hará que se encuentre a sí mismo, que alcance sus metas o que obre como es debido.

Si la raíz de su problema es filosófica, no hallará nada en los estantes de la farmacia que le proporcione un alivio duradero. Los estadounidenses sienten debilidad por las soluciones rápidas. Hemos confiado en que la tecnología mejoraría nuestras vidas y nos daría respuestas fáciles a todo. Además, nuestra sociedad adopta con ansia todo tipo de excusas que convierten la responsabilidad personal en algo indeseable. Hasta los fumadores que siguieron con su paquete diario de cigarrillos cuando los perjuicios del tabaquismo eran sobradamente conocidos, ahora demandan a las tabacaleras por haberles provocado cáncer de pulmón, como si dichas empresas fuesen las únicas responsables. ¿Acaso hay forma mejor de librarse de una pesada carga que encasillar toda clase de infelicidad o mala conducta como una enfermedad, fruto de la genética, la biología o las circunstancias, y que por consiguiente escapa a nuestro control? Si con esto no bastara, en Estados Unidos las medicinas son más baratas y abundantes que en ningún otro lugar del mundo.

Todo lo dicho conspira para que adoptemos una visión psiquiátrica de la realidad, pero parapetarse en este punto de vista no hace más que proporcionar una sensación vacía de no ser culpable y una falsa sensación de esperanza al hallar respuestas fáciles. Mas las respuestas fáciles no existen. La única manera de obtener una solución real y duradera a un problema personal consiste en abordarlo, resolverlo, aprender de él y aplicar lo que se aprenda en el futuro. Éste es el meollo del asesoramiento filosófico, lo que lo distingue de la infinidad de terapias disponibles.

LAS CUATRO CARAS DE LA DEPRESIÓN

Para comprender los distintos enfoques que la psicología, la psiquiatría y la filosofía adoptan ante una misma cosa, y el efecto que de ello se deriva en los tratamientos, vamos a familiarizarnos con cuatro formas distintas de entender la depresión. Cada una de las lentes empleadas proporciona una visión clara en algunos casos, pero en otros distorsiona lo que se está contemplando. Si siempre utilizáramos la lente adecuada del modo adecuado en el momento adecuado, estaríamos en las mejores condiciones imaginables para ayudar a cualquiera a lidiar con un problema de la forma más diestra, eficaz y duradera como sea posible. Sin embargo, con demasiada frecuencia los consejeros utilizan una sola lente, o se olvidan de cambiarla o de remitir a sus pacientes a un colega que disponga de la lente que el caso reclama.

Una causa posible de depresión es que algo funcione mal en el cerebro, una alteración genética que provoca la producción y la liberación de transmisores neuroquímicos de tal manera que interfieren con las funciones habituales del cerebro. Este tipo de depresión constituye una enfermedad mental, y acarrea toda clase de consecuencias. Otro tipo de depresión es la debida a un estado cerebral inducido, de modo que sigue siendo biológica pero no genética. Podría ser resultado del abuso de sustancias, a saber, un efecto secundario de las anfetaminas o de un depresivo como el alcohol. Esta clase de depresión indica una dependencia física o psicológica. La tercera causa típica de depresión es un trauma infantil sin resolver o algún otro problema del pasado, lo cual constituye un punto de vista claramente freudiano (y de aceptación generalizada) y es un problema psicológico, no médico. La cuarta clase de depresión es fruto de algo grave que ocurre en la vida presente de alguien. Ese algo puede ser una crisis profesional, la inminencia de un problema personal o económico como un divorcio o la ruina, o un dilema de orden ético o moral. En este caso, el origen de la depresión no es de naturaleza física o psicotógica; la química cerebral, el abuso de sustancias y los traumas infantiles no son los culpables.

En los dos primeros casos, las personas necesitan atención médica. La psiquiatría es lo más indicado, ya que la medicación sin duda controlará los síntomas. No obstante, las medicinas no pueden curar el problema subyacente (aunque tal vez la ingeniería genética lo logre algún día), de modo que una terapia hablada sigue siendo recomendable. En el tercer y el cuarto casos, la terapia hablada sería la receta más indicada. Ante los problemas del pasado sin resolver, la psicología tiene mucho que ofrecer, aunque el asesoramiento filosófico también resultaría provechoso, tanto en sustitución o como complemento del asesoramiento psicológico. Ahora bien, en el cuarto marco hipotético (con diferencia, el que más a menudo se presenta a los consejeros de toda clase) la filosofía sería el camino más rápido hacia la curación. Hay personas que no se consideran especialmente filosóficas, por lo que harán bien en buscar otro tipo de asesoramiento. La mayor parte de la gente saca provecho de la psicología, pero la comprensión de las cosas no termina ahí. ¿Cómo sabrá lo que debe hacer si no se conoce a sí mismo? Por supuesto, conocerse a sí mismo tiene una vertiente psicológica, así como otra física, pero, a la larga, descubrir la esencia más íntima de su ser es una tarea filosófica.

Si padece una depresión crónica debido a un trauma sin resolver del pasado, la medicación quizá le haga sentirse capaz de hablar de ello y, por consiguiente, resultará provechosa a corto plazo. En algunos pocos casos lo mismo puede aplicarse ante una crisis más inmediata. A pesar de todo, si toma medicación en estas circunstancias no hará más que posponer lo inevitable, y al sentirse mejor debido a la pastilla correrá el riesgo de no llevar a cabo el trabajo necesario para hacer frente a los retos que le estén aguardando y superarlos. Las medicinas no afectan al mundo exterior; incluso con el humor suavizado por el Prozac, seguirá teniendo que tratar con un jefe despiadado o con un cónyuge infiel o con la burocracia bancaria. Las respuestas no están (y nunca lo estarán) dentro de un frasco de pastillas. Lo mejor que encontrará ahí es un paliativo temporal.

Así como la medicación es posible que resulte útil en casos puramente psicológicos o filosóficos, la filosofía puede proporcionar una ayuda complementaria en cualquier caso que sea tratado con medios físicos o psicológicos. Incluso en los casos psiquiátricos en el sentido más estricto de la palabra, como la necesidad de litio para un maníaco depresivo, la filosofía puede ser de ayuda una vez que el enfermo se muestre médicamente estable. Soportar un diagnóstico de este calibre quizá le resulte más fácil si consigue desarrollar una disposición funcional filosófica ante su situación. Una de las razones por la que tantos pacientes tropiezan con dificultades para ser fieles a la medicación (incluso cuando dicha medicación les da buen resultado) es que, de un modo u otro, no se sienten ellos mismos cuando la toman. Esto nos lleva al núcleo de la más filosófica de todas las preguntas: «¿Quién soy yo?» Tal vez necesite redescubrir su propio ser bajo el influjo de la medicación. Y esto, a su vez, conduce al tipo de preguntas («¿Qué me hace ser yo?» «¿Qué soy además de mi cuerpo físico?») que constituyen el pan de cada día de los filósofos.

EMPATÍA SÍ, PERICIA NO

Un buen terapeuta, sea de la clase que sea, ofrecerá simpatía, empatía y apoyo moral, y de este modo contribuirá en gran medida a la curación. Algo tan sencillo como el diálogo con un individuo afectuoso actúa como un bálsamo en muchos casos. No se necesita pericia para ser un buen consejero; la pericia ni siquiera es necesaria. Es mucho más importante la capacidad de escuchar, de empatizar, de comprender lo que está diciendo la otra persona, de plantear nuevos puntos de vista y de ofrecer soluciones o esperanza. La respuesta de un paciente a la terapia depende en gran parte del estilo del terapeuta. La clase de persona con la que hará progresos en una terapia será aquella que le inspire confianza, cuyas opiniones le atraigan y que conozca ejemplos que para usted tengan sentido.

La mayoría de las terapias habladas da resultado gracias al terapeuta y a la buena sintonía entre éste y su cliente, sin que la escuela a la que se adhiera dicho terapeuta tenga mucho que ver. Prescindiendo de lo que la otra persona sea o de lo que le diga, el mero intercambio de ideas puede ser provechoso. Aun así, no se trata de una cura instantánea. No existe un tratamiento inmediato para el dolor de muelas emocional; no hay ninguna forma evidente de empastar la caries o arrancar la muela. Usted debe tener la voluntad de comprender su problema, aprender a vivir con él y seguir adelante. El asesoramiento psicológico es una manera de estudiar y llegar a un acuerdo sobre sus respuestas emocionales ante un problema. Es un buen punto de partida. El asesoramiento filosófico es una manera de estudiar y llegar a un acuerdo sobre el problema en sí. Es un buen punto de llegada. El segundo enfoque es a todas luces más directo, pues se centra en su forma de actuar ante cualquier problema, buscando y realizando cuantos actos sean necesarios y coherentes con su filosofía personal, y utilizando lo que aprende a medida que avanza por la senda de la vida.

Para la mayoría de mis clientes, el asesoramiento filosófico es una tarea a corto plazo. Para la mayoría de la gente, el asesoramiento psicológico se plantea a largo plazo. Las virtudes que presentan las terapias quizá signifiquen que casi cualquier terapia es mejor que ninguna (aunque la terapia equivocada puede ser peor que la ausencia de terapia) y que un buen psicólogo siempre será mejor consejero que un mal filósofo. A veces la mejor opción puede ser hablar con una persona sabia, tenga la formación que tenga. Muchos de nosotros hemos recibido sabios consejos de nuestros abuelos, quienes conocían y entendían muchas reacciones y dudas de las personas por el mero hecho de haber vivido durante largo tiempo entre ellas. El equilibrio entre los enfoques psicológico y filosófico es lo que en definitiva será más ventajoso para la mayoría de la gente.

Muchos buenos psicólogos son muy filosóficos. Y los mejores filósofos también son psicológicos. La psicoterapia se presenta en infinitos sabores, y pese a sus connotaciones médicas actuales, me permito recordarle que el término «psicoterapia» procede de dos palabras griegas que no tienen relación alguna con la medicina: *therapeuein* significa «prestar atención a» algo, mientras que *psykhé* significa «alma», «aliento» o «carácter». Así pues, psicoterapia puede significar prestar atención al alma, lo que convierte a su párroco o rabino en un psicoterapeuta. También puede significar prestar atención al aliento, lo que convierte a su instructor de yoga, profesor de flauta o maestro de meditación en un psicoterapeuta. También puede significar prestar atención al carácter, con lo que su consejero filosófico es a la vez un psicoterapeuta.

La idea de que todos los problemas personales son enfermedades mentales constituye prácticamente una enfermedad mental en sí misma. Su principal causante es la irreflexión y la mejor cura la lucidez. Y ahí es donde la filosofía entra en juego.

3

El proceso PEACE: cinco pasos para enfrentarse a los problemas con filosofía

Vacuo será el razonamiento del filósofo que no alivie ningún sufrimiento humano.

EPICURO

El problema filosófico es ser conscientes del desorden que reina entre los conceptos, y puede resolverse poniéndolos en orden.

LUDWIG WITTGENSTEIN

El asesoramiento filosófico es más un arte que una ciencia y siempre es diferente con cada individuo. Tal como la terapia psicológica se presenta de infinitas maneras distintas, el asesoramiento filosófico tiene como mínimo tantas variantes como consejeros que lo practiquen. Usted puede reflexionar con filosofía sobre un problema por su cuenta o con la ayuda de un interlocutor no profesional. La gran pregunta es: «¿Cómo se hace?» Algunos consejeros filosóficos, entre los que destaca Gerd Achenbach, consideran justificado que no exista un método general que pueda explicarse o enseñarse. Al fin y al cabo, si no existe un método general para filosofar, ¿por qué tendría que haber uno para el asesoramiento filosófico?

Aun así, mi experiencia me ha demostrado que muchos casos se ajustan de modo satisfactorio a un planteamiento en cinco pasos al que denomino proceso PEACE. Con este planteamiento se obtienen buenos resultados, es fácil de seguir, y además aclara los motivos que distancian el asesoramiento filosófico de otras formas de terapia hablada. Tal como verá, la mayor parte de los problemas que se presentan en este libro se resolvieron mediante el proceso PEACE. Tal vez el suyo también pueda manejarse así. PEACE es un acrónimo de las iniciales de las cinco etapas que componen el proceso: problema, emoción, análisis, contemplación y equilibrio. El acrónimo es adecuado, ya que estos pasos constituyen el camino más seguro para alcanzar una paz interior duradera.

Los dos primeros pasos enmarcan el asunto, y la mayoría de personas pasa por estas etapas de forma natural. No necesitan que nadie les ayude a identificar el problema, aunque en determinadas ocasiones conviene revisar e incluso refinar este punto. Su reacción emocional es inmediata y clara (nadie tiene que aprender a sentir emociones), aunque esto también podría ser objeto de una reflexión ulterior. Las dos etapas siguientes estudian el problema de manera progresiva, y aunque muchas personas son perfectamente capaces de hacerlo por su cuenta, suele resultar ventajoso contar con un interlocutor o un guía para explorar nuevos territorios. El tercer paso le conduce más allá que casi toda la psicología y la psiquiatría, y el cuarto le sitúa de pleno en la esfera filosófica. La última etapa incorpora a su vida lo que ha aprendido en cada uno de los cuatro pasos anteriores, puesto que los planteamientos meramente intelectuales no resultan prácticos a menos que se sepa cómo utilizarlos.

Iré dando una explicación breve de cada paso para mostrarle cómo funciona el proceso. Luego retrocederé y los explicaré con más detalle, agregando un caso tipo para que pueda ver el proceso en acción. Cada uno de los capítulos de la Segunda parte también describe como mínimo un caso siguiendo el proceso PEACE.

Al enfrentarse a un asunto desde una óptica filosófica, lo primero que cabe hacer es identificar el *problema*. Por ejemplo, su padre está muriendo, o se ha quedado sin trabajo o su esposa le engaña con otro. Normalmente, cuando tenemos un problema, lo sabemos, y la mayoría de nosotros cuenta con un mecanismo de alarma interno que se dispara cuando necesitamos ayuda o recursos complementarios. Hay veces en las que concretar el problema es más complicado de lo que parece, de modo que esta etapa puede que le requiera cierto esfuerzo, sobe todo si los parámetros del asunto que le atañe no resultan evidentes.

En segundo lugar, debe hacer acopio de las *emociones* que le provoca el problema. Se trata de una contabilidad interna. Debe experimentar emociones genuinas y canalizarlas de forma constructiva. La psicología y la psiquiatría no suelen progresar más allá de esta etapa, de ahí que su utilidad esté limitada. Siguiendo los ejemplos de más arriba, sus emociones probablemente sean una combinación de aflicción, rabia y tristeza, aunque quizá le suponga un poco de esfuerzo llegar a esta conclusión.

En el tercer paso, *análisis*, usted enumera y examina las opciones de que dispone para resolver el problema. La solución ideal sería la que normalizara tanto los aspectos externos (el problema) como los internos (las emociones que ha despertado el problema), pero la solución ideal no siempre está a su alcance. Para seguir con un ejemplo, dar la orden de que desconecten a su padre agonizante de la máquina que lo mantiene con vida tal vez sea lo mejor para él pero también lo más duro para usted. Puede poner la decisión en manos de los médicos, o dejar que lo decida su hermano o decidir continuar con unos fútiles cuidados intensivos; éstos son los distintos caminos que tiene que recorrer mentalmente para hallar el más apropiado.

En la cuarta etapa, usted da un paso atrás, gana cierta perspectiva, y *contempla* su situación en conjunto. Llegados a este punto, ya habrá clasificado en categorías cada una de las etapas con vistas a manejarlas. Ahora tiene que hacer trabajar a todo su cerebro para integrarlas. En lugar de detenerse en un árbol determinado, estudia el contorno del bosque. Es decir, cultiva una visión filosófica unificada de su situación en conjunto: el problema tal como se le presenta, su reacción emocional y las opciones que ha analizado al respecto. En este punto ya está preparado para considerar métodos, sistemas y enfoques filosóficos para abordar la situación que le afecta en su globalidad. Las distintas filosofías ofrecen interpretaciones diferentes de su situación así como prescripciones divergentes de lo que hay que hacer al respecto, cuando lo hay. En el ejemplo de enfrentarse a la muerte de su padre, necesita ponderar sus ideas sobre la calidad de vida, las responsabilidades que tiene contraídas con los demás, la ética de desconectar el soporte vital de un enfermo y el peso relativo de valores irreconciliables. Tiene que adoptar, mediante la contemplación, una postura filosófica que al mismo tiempo se justifique por méritos propios y esté en consonancia con la naturaleza de su persona.

Finalmente, después de enunciar el problema, expresar sus emociones, analizar sus opciones y contemplar la situación desde una postura filosófica, alcanzará el *equilibrio*. Entenderá la esencia de su problema y estará preparado para emprender actos adecuados y justificables. Se sentirá equilibrado y también dispuesto a afrontar los inevitables cambios que le esperan. Por ejemplo, si ha decidido desconectar el respirador de su padre, estará seguro de que habría sido lo que él hubiese deseado y que, a pesar de que su muerte suponga un duro golpe para usted, es responsabilidad suya cumplir sus deseos tan bien como pueda por más difícil que sea la situación.

Algunas personas son capaces de cubrir las cinco etapas en una única sesión de asesoramiento; a otras, el proceso PEACE les llevará semanas o meses. La cantidad de tiempo variará en función del cliente y de la situación. Muchos clientes ya han pasado por las tres primeras etapas (identificar el problema, expresar las emociones, analizar las opciones) antes de solicitar asesoramiento filosófico. Cuando es así, el proceso continúa partiendo de la etapa de contemplación. Usted debe avanzar a su propio ritmo, tanto si reflexiona por su cuenta como si lo hace con un amigo o con un profesional preparado.

Cada uno de nosotros está centrado en su propio ser y contempla el mundo desde una posición estratégica. Podemos percibir la existencia como una mera serie de acontecimientos que nos suceden a nosotros y a nuestro alrededor, o bien podemos asumir parte de responsabilidad en muchas de las cosas que ocurren. Es inherente a la naturaleza humana pensar lo primero de todo lo malo y lo segundo de todo lo bueno. Cuando la tragedia le alcanza, seguro que tarde o temprano murmura: «¿Por qué a mí?» Aunque esa pregunta no se la formulará nunca quien acabe de ganar la lotería. Si nuestros hijos saben comportarse y sacan buenas notas, nos felicitamos por lo bien que los hemos educado. Si se portan mal y son desobedientes, los culpamos de ello. Aceptar la responsabilidad de los acontecimientos positivos y desentenderse de los negativos es una manera de proteger y velar por nuestros intereses, y no cabe la menor duda de que Hobbes no andaba errado al insistir en que las personas básicamente «se respetan a sí mismas».

Cuando se disponga a definir el problema al que se enfrenta, procure averiguar lo que ocurre sin emitir juicios. Estará contemplando lo que los filósofos denominan «fenómenos», es decir, sucesos externos a usted, hechos que existen con independencia de sus creencias, sentimientos o deseos al respecto. Piense en esta etapa como en la fenomenal, si le asoma la vena filosófica. Tal como nos enseña el *Yijing*, las cosas cambian sin cesar, de modo que siempre vamos encontrando situaciones nuevas.

Por suerte para nosotros, manejamos por rutina la mayor parte de situaciones. No tenemos que examinar cada nuevo estado de cosas, ya que contamos con las convenciones sociales y los hábitos personales para guiarnos por la mayor parte de caminos. De este modo, cuando analice su situación, tiene que determinar qué es un mero fenómeno y qué constituye el verdadero problema para usted. Supongamos (de momento) que usted no es el causante de la situación presente; usted vive su vida y se preocupa de sus asuntos (más adelante, en los pasos tercero y cuarto de este proceso, deberá analizar en qué medida es responsable de ella con vistas a controlar la parte que le corresponda). Puede que usted se encuentre inmerso en un mar de dudas, pero usted no es el océano.

Cada vez que tropieza con algo que se sale de lo corriente, algo para lo que no dispone de una reacción prevista, experimenta una respuesta emocional. El sistema límbico, la parte más antigua del cerebro, genera la fisiología de la emoción: respuestas automáticas (hablando técnicamente, autónomas) a los estímulos. No obstante, la experiencia de la emoción tiene lugar en una parte superior del cerebro, donde sus respuestas fisiológicas son interpretadas y etiquetadas. Se trata de una calle de sentido único. Esta separación garantiza que usted no pueda controlar una emoción por el mero hecho de reconocerla, aspecto que pasan por alto muchos psicólogos y psiquiatras que centran su trabajo en hacer precisamente eso. Entender que está enfadado no alterará la respuesta de su cuerpo al enfadarse (p. ej., incremento del ritmo cardíaco, secreción de adrenalina). Reconocer la emoción constituye una información valiosa, sólo que dicha revelación no contiene el sentimiento. Una vez que ha tenido el sentimiento y lo ha identificado, la tercera parte de este paso consiste en expresarlo de la forma adecuada. El hecho de expresarlo tampoco pondrá punto final al sentimiento, dato del que también deberían tomar nota los psicólogos y psiquiatras, pero expresarlo de un modo inapropiado probablemente empeorará su situación.

Mediante el análisis, usted emprende el proceso de resolver su problema haciendo inventario de las opciones de que dispone. Puede que usted se diga: «Bueno, tengo este problema que me hace desgraciado; ¿qué puedo hacer al respecto?» La forma más corriente de generar alternativas es por analogía. Si lo que le ocurre ya lo ha experimentado y resuelto con anterioridad, sabe muy bien qué debe hacer y qué no debe hacer, en función de cómo procediera en una ocasión anterior. También puede meditar sobre lo que le sucedió a su mejor amigo, o sobre lo que ha visto en una película o sobre lo que lea en este libro. Hallar puntos en común con otras situaciones (crear una analogía) es un método muy fructífero para comprender las dificultades que le abruman. Quizá no cambie sus sentimientos acerca del problema, pero puede ayudarle a comprender mejor cómo o por qué está sucediendo y contribuir a que usted genere las reacciones posibles.

Las terapias psicológicas no van más allá del análisis, si es que llegan a ir tan lejos. La mayoría no lo hace; se atasca en una interminable «validación» de emociones. Los psiquiatras tienden a desalentar el estudio razonado de un problema y, en cambio, se centran en las emociones para guiarle de regreso a la infancia. Podría hacer esta clase de trabajo durante años sin conseguir sentirse mejor. Por otra parte, muchas personas trabajan sobre las tres primeras estapas del proceso PEACE por su cuenta pero no profundizan en contemplación y equilibrio, por lo que no logran dar con la solución a sus problemas.

Esto nos lleva a la contemplación y a la integración de toda la información que ha reunido en los tres primeros pasos. Ahora su objetivo consiste en adoptar una disposición (una actitud, una manera de ver) para con su situación general. En el diccionario comprobará que *«disposición»* significa «tendencia dominante, inclinación, humor o temperamento». Cuando un admirador le dice que es una persona bien dispuesta, eso es en lo que está pensando. Sin embargo, en este libro, disposición es otra forma de decir perspectiva filosófica. Para encontrar la suya, tiene que retroceder un paso, distanciándose de la inmediatez del problema, de la fuerza de sus emociones y de la lógica de su análisis. El paso crucial es adoptar un amplio punto de vista filosófico para contemplar la situación en que se halla en su globalidad; si lo logra, será capaz de reconciliarse consigo mismo y seguir adelante.

Puede que consiga encontrar una filosofía que se haga eco de sus ideas en la obra de un filósofo conocido, tanto leyendo sus escritos como aprendiendo los aspectos más destacados con un filósofo de formación. Con toda seguridad usted posee una filosofía personal, aunque no lo suficientemente consciente o elaborada como para que pueda servirse de ella. Así pues, lo más probable es que necesite un guía, o un espejo, que le ayude a sacar su filosofía a la superficie, donde le sea posible verla y trabajar con ella. Una disposición se siente como algo genuinamente propio. Es más como desenterrar una piedra preciosa que como fabricar una herramienta. Si adopta una disposición filosófica que no sienta en su fuero interno, lo único que estará haciendo será compensar su situación o racionalizarla. No hallará un alivio real y duradero. Puede que incluso descubra que la disposición adoptada en realidad empeora el problema y que si elige otra su vida puede cambiar. Este tipo de cambio es hermoso, como la metamorfosis de una crisálida en mariposa. Todo cambia, y la clave para sacar el mejor provecho del cambio es su disposición.

A veces pienso en este paso como en la etapa cerebral o conceptual (más palabras con C). Digo cerebral porque usted trabaja con el intelecto y las emociones: con todo el cerebro. Y es preciso que usted conciba cómo encajan todas las partes, todos los elementos de su situación, todos los elementos de su mundo, todos los elementos de su filosofía. Encontrar esta unidad es lo que le permitirá superar el problema. Si está bloqueado por un problema, lo que necesita es dar con un avance conceptual, pues sus respuestas habituales no bastan.

En el paso final, alcanza el equilibrio. Con su recién adquirida o perfilada disposición, pone en marcha su mejor alternativa e incorpora a su vida de manera concreta todo lo que ha aprendido. Su problema deja de ser un problema, y usted recobra su habitual (aunque ahora mejorada) forma de ser, libre de preocupaciones, hasta la próxima vez en que las circunstancias conspiren para hacerle perder el equilibrio. Siempre hay un cierto tambaleo; nadie mantiene una estabilidad permanente. No obstante, si realmente hace suyo el proceso PEACE, estará mejor preparado para enfrentarse al futuro. Una vez que se encuentra una disposición eficaz, ésta no desaparece. No hay modo de agotarla. Puede recurrir y volver a utilizar todo lo que le dio resultado ante unas circunstancias concretas en cualquier situación semejante que se le presente. Lo que le da resultado se refuerza y, a la inversa, lo que no funciona se descarta. Si avanza hasta esta etapa final, nunca volverá a la casilla de salida. Su vida se enriquecerá, incluso tras la más desoladora de las tragedias, si es capaz de aprender sobre sí mismo manejando su experiencia y alcanzando el equilibrio.

A veces llamo esencial (otra palabra con E) a este último paso, pues para cuando usted llegue a él, habrá comprendido la esencia de su situación. Habrá descubierto no sólo la esencia de su problema, sino también algo esencial para usted. Esta revelación es la que le permite resolver el problema presente y le prepara para el siguiente. Las soluciones absolutas no siempre son posibles, de modo que la resolución es el objetivo más apropiado en la mayoría de casos. Este paso también es esencial porque le permite seguir avanzando. Puede que usted llegue a ser filosóficamente autosuficiente y que ya no vuelva a necesitar más asesoramiento (salvo que decida continuar más allá de los rudimentos). Una disposición que conduzca al equilibrio es algo que llevará consigo vaya donde vaya. No es algo que se guarde en el botiquín y que se saque para mitigar un síntoma desagradable. Tampoco es algo de lo que usted dependa, como puede suceder con un terapeuta o un medicamento. Es algo que forma parte de usted.

¿QUÉ TIENEN EN COMÚN PABLO CASALS Y MARK TWAIN?

Los dos primeros pasos del proceso PEACE son conocidos gracias a mis predecesores en los campos de la psicología y la autoayuda. Y tal como he afirmado, muchas personas se abren camino a través de esta primera parte del laberinto por su cuenta y luego solicitan ayuda. Puesto que los pasos tercero y cuarto (análisis y contemplación) son los que diferencian a este método de otros al uso, y también los más nuevos y difíciles de aprehender, quisiera aclararlos mediante dos ejemplos. Estos ejemplos conciernen a personajes famosos que actuaron como sus propios consejeros filosóficos. Más adelante, en este mismo capítulo, veremos un caso de mi consulta.

El gran violoncelista Pablo Casals una vez se rompió un brazo en un accidente de esquí y tuvo que llevarlo enyesado durante seis semanas. El problema al que se enfrentaba estaba bien claro: llevar el brazo enyesado causaba estragos en su agenda e interrumpía su carrera. Su reacción emocional probablemente fuese una mezcla de frustración, ansiedad, anonadamiento, depresión y miedo. Su análisis cuadraba con todas las complicaciones logísticas: cancelar o posponer conciertos, acudir a citas con médicos y fisioterapeutas, llamar a su agente, revisar contratos, planificar la rehabilitación una vez que el brazo estuviera curado, y así sucesivamente.

Celebró la indispensable rueda de prensa para comunicar la noticia a sus admiradores. Los periodistas congregados quizás esperaban encontrarlo abatido; sin embargo, apareció radiante de felicidad. Le preguntaron por qué estaba tan contento. «Porque ahora no tengo que ensayar», respondió.

Me asombraría que Pablo Casals hubiese consultado a un consejero filosófico, pero queda manifiesto que captó con toda claridad la importancia de la etapa contemplativa al hacer frente a un problema. Buscó en su fuero interno la actitud más beneficiosa dadas las circunstancias. Es obvio que era consciente de los elementos destructivos de la situación pero, en cambio, optó por centrarse en los constructivos. Contempló sus restricciones como algo liberador, no limitador. Replanteó el asunto, preguntándose: «¿Qué puedo hacer durante las próximas seis semanas que en circunstancias normales no podría hacer?» No sé si se fue de vacaciones a Tahití, si hizo de tahúr manco en los casinos o si pasó ese tiempo en compañía de sus amigos, pero con toda seguridad tuvo más opciones durante ese período que en condiciones normales, ya que su talento era requerido constantemente. La disposición que adoptó le permitió sacar el mejor partido de su situación.

En caso de que usted considere que no tiene esa clase de serenidad, permítame que le presente otro ejemplo antes de que decida que está fuera de su alcance. Mark Twain era casi tan famoso por su temperamento vehemente como por sus logros literarios. Costaba poco provocarle, y puede estar seguro de que su ira era fulminante. Cuando se ofendía, su opción de réplica era escribir una carta mordaz. Pero entonces siempre guardaba la carta en el abrigo durante tres días. Si pasados tres días seguía enojado, la echaba al correo.

Con frecuencia su enfado se había disipado, y quemaba la misiva. Esta costumbre quizás haya supuesto una pérdida para muchos admiradores que codiciarían una copia de esos escritos, pero sin duda le hizo un favor a Twain, a sus amigos y a sus conocidos.

Apuesto a que Twain utilizaba esas cartas para definir el problema, expresar sus emociones (cólera, en esencia) y analizar sus opciones (algunas de las cuales con toda certeza eran maravillosamente gráficas). Sin embargo, su postura contemplativa consistía en practicar las virtudes de la paciencia, la imparcialidad, la reflexión y la voluntad de cambio. Con lo conocida que era la fogosidad de Twain, no habría podido mostrar el comedimiento del que hacía gala si no hubiese mostrado una disposición favorable hacia estas virtudes. Tanto si enviaba la carta por correo como si no, utilizaba ambas cosas, la carta y la tregua de tres días, para recobrar el equilibrio.

Aunque dudo que fuera consciente de ello, Twain se hacía eco de la idea china según la cual la mejor forma de proceder es la que le deja a uno libre de culpa y remordimientos. Al aguardar tres días antes de decidir con más serenidad lo que debía hacer con la carta, podía estar seguro de encontrar ese camino.

Puesto que nadie nos ha confiado en secreto el trabajo mental que realizaron Casals o Twain con relación a estos asuntos, desconocemos con cuánta facilidad o dificultad descubrieron sus disposiciones respectivas ni cuánto trabajo les llevó el ponerlas en práctica. No caiga en el error de dar por supuesto que no hallaron ningún obstáculo en su camino sólo porque la crónica de estos hechos no nos hable de sangre, sudor y lágrimas. Las personas que desean realizar un esfuerzo para filosofar sobre cualquier cosa a la que se enfrenten pueden encontrar disposiciones provechosas y alcanzar cierto grado de equilibrio. No se trata forzosamente de un remedio rápido, aunque puedo asegurarle que llevar a cabo el trabajo y obtener el resultado es mejor que todas las demás alternativas (cólera, culpa, escapismo, dependencia, hacerse la víctima, martirio, pleitos y la teletienda) puestas juntas.

VINCENT

Vincent disfrutaba del éxito de su carrera como escritor profesional. Había decorado su rincón de la oficina con los típicos recuerdos, fotografías y demás. También había colgado una reproducción de un famoso cuadro de Gauguin que representaba a unas mujeres tahitianas semidesnudas en la playa. Una de las colegas de Vincent informó a su supervisor de que el cuadro la ofendía y exigió que fuese retirado. Cumpliendo con la normativa de la empresa sobre acoso sexual, el supervisor llamó a Vincent a su despacho y le ordenó que retirara el cuadro. Vincent opuso objeciones pero no tenía alternativa: o descolgaba la obra de arte o renunciaba a su empleo. Tras ponderar estas dos opciones, eligió el mal menor y decidió retirar la obra de arte. Al fin y al cabo, es más fácil encontrar otro cuadro que un nuevo empleo. Vincent optó por lo práctico. Lo que no se esperaba era la cólera, el ultraje y la sensación de haber traicionado sus principios que sintió después de descolgar el cuadro para conservar el empleo.

A medida que vayamos estudiando este caso mediante el proceso PEACE, verá claramente la diferencia entre el asesoramiento filosófico y el psicológico. Muchos psicólogos que asisten a mis conferencias sobre asesoramiento filosófico salen a mi encuentro al finalizar la charla y me dicen: «¿Sabe una cosa? Hago exactamente lo mismo que usted.» En realidad, no hacen lo mismo ni por asomo, y a menudo me sirvo de este caso para hacérselo comprender. Explico a los psicólogos lo mismo que acabo de explicarle a usted sobre Vincent y les pregunto cómo procederían. Sin excepción, se centran estrictamente en sus emociones (cólera, ultraje, traición) y me cuentan la gran cantidad de trabajo que realizarían en esas áreas. En mi opinión, eso sería una pérdida de tiempo, por no decir de dinero. Cuando les detallo el procedimiento que emplearía un consejero filosófico, de pronto caen en la cuenta de que existe todo un universo de perspectivas que su formación psicológica no contempla. Así es como funciona:

PRIMERA ETAPA: *Problema*. El problema de Vincent, en pocas palabras, era que padecía una sensación de injusticia. Creía que lo obligaban injustamente a retirar el cuadro y que su empleo no tenía que haberse visto en peligro por una cuestión de gustos personales sobre arte. Sus emociones manaban de su sensación de injusticia. Esto, y no las emociones en sí mismas, era la raíz del problema.

SEGUNDA ETAPA: *Emociones*. En un principio Vincent no supo cómo expresar sus emociones de forma constructiva. No quería sentirse tan enfadado y traidor, pero el sistema no le brindaba ningún remedio para que se sintiera mejor.

TERCERA ETAPA: *Análisis*. Tras considerar todas las opciones, Vincent probablemente hizo lo correcto. Amaba su profesión, y los empleos como el suyo no se encuentran así como así. Si hubiese dimitido por culpa del cuadro, seguiría sintiendo la misma injusticia y además no tendría trabajo. Puede que sea mejor estar disgustado y con trabajo que disgustado y en el paro. Si hubiese dispuesto del dinero suficiente, podría haber demandado a su empresa por el incidente y haber probado suerte ante los tribunales. Mas no se lo podía permitir. Las venganzas que cruzaron su mente le complacían durante un rato, pero no eran opciones reales. De todas formas, si Vincent se hubiese decidido por la solución de amenazar al supervisor y a la colega ofendida, o de empezar a disparar como un loco en la oficina, tampoco habría encontrado justicia, sino que estaría en la cárcel. En resumidas cuentas, la decisión de Vincent parecía la mejor que podía haber tomado.

CUARTA ETAPA: *Contemplación*. Vincent y yo trabajamos desde una postura filosófica para comprender la diferencia entre ofensa y daño. Si alguien o algo le hace daño (es decir, le hiere físicamente contra su voluntad) usted no es cómplice de la herida. El principio del daño de John Stuart Mill sostiene que «el único fin que autoriza al ejercicio del poder sobre cualquier miembro de una sociedad civilizada contra su voluntad es evitar que haga daño a los demás».

Sin embargo, la ofensa es distinta. Si alguien o algo le ofende, es decir, le insulta de un modo u otro, usted es cómplice del insulto. ¿Por qué? Pues porque se lo *toma* como una ofensa. Usted puede permanecer pasivo y resultar herido por algo como un golpe físico, pero toma parte activa al ofenderse por algo como un cuadro. Recuerde esta fórmula cortés de antaño:

«Lo siento, no pretendía ofender.»

«No se apure, no lo he tomado a mal.»

Este tipo de civismo lo ha vuelto obsoleto una cultura que neglige el pensamiento y permite que la ofensa se confunda con el daño. Marco Aurelio ya conocía la diferencia en la Roma del siglo II, pero nuestra avanzada cultura la ha olvidado. En la actualidad las personas se ofenden, luego acusan a los demás de hacerles daño, y el sistema las respalda con políticas que restringen las libertades individuales. Peor aún, el sistema consolida esta confusión recompensando económicamente a las personas que se ofenden. No es de extrañar que todo el mundo ande con pies de plomo o subiéndose por las paredes.

> Elimina tu opinión, y eliminarás la queja «Me han ofendido». Elimina la queja «Me han ofendido» y la ofensa ha desaparecido.
>
> MARCO AURELIO

La distinción entre daño y ofensa supuso el primer avance contemplativo de Vincent. El segundo se produjo al darse cuenta de que esta clase de injusticia era inherente al sistema y que no iba dirigida personalmente contra él. La acusadora y el supervisor sólo eran peones de un juego que ni siquiera ellos comprendían. De tan absurdo, resultaba casi divertido. Pues tampoco era que Vincent hubiese colgado en la pared el desplegable del último *Playboy* (que algunos también considerarán arte, aunque es claramente más provocativo que la reproducción de un cuadro de valor incalculable). Las personas que buscan motivos para ofenderse siempre los hallarán, pero son ellas quienes tienen un problema. Y su problema es que necesitan ofenderse. Sin darse cuenta, Vincent satisfizo la necesidad de su colega.

Vincent no tenía por qué creer que su situación era injusta, ya que él sí que había sido ofendido, aunque no herido, por el sistema. En sus manos estaba el negarse a ofenderse por la intolerancia del sistema, y así decidió hacerlo. Pues Vincent ya contaba con una disposición filosófica que lo inmunizaba contra la injusticia y permitía que sus emociones negativas se disiparan.

QUINTA ETAPA: *Equilibrio*. Vincent volvió al trabajo sin guardar rencor a su colega ni a su supervisor. Tenía cosas mejores que hacer que invertir emoción en sus gustos artísticos; tenía toda una carrera profesional por delante. Para consolidar el proceso, recomendé a Vincent que hiciera una lista de los diez cuadros que más le gustaría colgar en la pared, que se los mostrara a su colega y que le pidiera que eligiera uno que no la ofendiera. Así todos estarían contentos con la decoración de su rincón.

El proceso PEACE de Vincent se desarrolló en una sola sesión. En ningún momento hablamos de su infancia, de sus fantasías sexuales, de sus sueños ni de su complejo de Edipo, como tampoco de recetarle un medicamento que mejorara su estado de ánimo. Moraleja: la psicología y la psiquiatría no tienen nada que decir acerca de la injusticia. Si lo que usted quiere es resolver un problema filosófico, solicite ayuda filosófica.

SEA SU PROPIO CONSEJERO FILOSÓFICO

Practicar la filosofía significa explorar el mundo interior. Usted es el más cualificado para emprender este viaje de descubrimiento personal, aunque a veces sacará buen provecho de la orientación de los filósofos que ya han abierto caminos similares. Los filósofos casi siempre trabajan solos en el sentido de que los humanos suelen pensar con más claridad sin compañía. Sin embargo, los filósofos casi nunca trabajan solos en el sentido de que nuestros pensamientos están informados por revelaciones trascendentes fruto de dos mil quinientos años de tradiciones filosóficas diversas. Los consejeros filosóficos somos como las celestinas: ayudamos a nuestros clientes a encontrar una interpretación filosófica de sí mismos y de las situaciones que enfrentan que les permita prosperar durante toda la vida.

Usted puede ayudarse filosóficamente aunque no sepa distinguir a Aristóteles del Zen. Siga los pasos del proceso PEACE. Adopte lo que le parezca significativo del próximo capítulo y de las distintas ideas filosóficas que figuran en la Segunda parte y que se subrayan en el apéndice A (Grandes éxitos de los filósofos). Los casos reales que aparecen a lo largo del libro proporcionan ejemplos de cómo aclarar los asuntos que le preocupan valiéndose de la sabiduría de todos los tiempos. Con tales armas, será capaz de alcanzar el equilibrio por su cuenta en un notable número de situaciones. Recuerde que no todos los problemas tienen una solución inmediata. Las grandes exploraciones suelen requerir mucho tiempo y esfuerzo.

Si no logra superar un paso determinado del proceso, tal vez necesite ayuda para pasar al siguiente. Hay personas que se atascan en el primer paso, puesto que son incapaces de identificar con facilidad la naturaleza del problema al que se enfrentan. Es más frecuente atascarse en la etapa emocional, haciendo cosas con la intención de calmar las emociones que lo único que consiguen es enardecerlas más (como los que beben para eludir sus problemas, cuando su problema básico es que beben demasiado). También es comprensible que uno se atasque en el tercer paso, analizando interminablemente una situación que no puede cambiarse sólo con el análisis. Para quienes logran dar los tres primeros pasos, la contemplación puede constituir un auténtico desafío. Hallar y adoptar la disposición correcta puede llevar minutos o meses, y, en ocasiones, incluso años. Sin embargo, cuando ésta le proporcione el equilibrio, el esfuerzo habrá valido la pena.

Si se queda atascado y no consigue avanzar, quizá deba consultar con un consejero filosófico (véase el directorio en el apéndice C). También puede intentar trabajar con un profano que tenga inclinaciones filosóficas. Use a uno o al otro como una caja de resonancia para esclarecer su perspectiva filosófica. En ocasiones alguien tiene que ayudarle un poco para que usted pueda ayudarse mucho.

4

Lo que olvidó de las clases de filosofía del colegio y que ahora puede serle útil

La filosofía antigua proponía a la humanidad un arte de vivir. En cambio, la filosofía moderna se muestra sobre todo como la construcción de una jerigonza reservada a los especialistas.

PIERRE HADOT

Si acaso existe algo en la filosofía que pueda considerarse enseñanza, sólo puede ser el enseñar a pensar por uno mismo.

LEONARD NELSON

Alfred North Whitehead escribió: «La descripción general más acertada de la tradición filosófica europea es que consiste en una serie de notas al pie de los textos de Platón.» A decir verdad, son muchos los árboles que han dado su vida para que las partes interesadas pudieran leer las respuestas a las tesis de Platón, o las respuestas a las respuestas a las tesis de Platón, o las respuestas a las respuestas a las respuestas... Bueno, creo que ya se habrá hecho una idea. Con el mismo espíritu de la declaración de Whitehead, pero proponiendo unos cuantos más hilos con los que tejer, este capítulo presenta unos conceptos muy breves sobre algunas ideas filosóficas importantes, las de las escuelas y pensadores que utilizo con más frecuencia en las sesiones de asesoramiento filosófico. Confío en que así comience a ver cómo algunas ideas filosóficas tienen una aplicación directa en la vida cotidiana, tanto si es capaz de deletrear Maimónides y de pronunciar Nietzsche como si no. La filosofía, pese a su reputación de ser oscura y dificultosa, ofrece resultados prácticos a casi todo el mundo.

Con el propósito de facilitar una visión general, he ubicado a los filósofos que presento en categorías. Ésta no es ni mucho menos la única forma de organizarla; así pues, no se sorprenda si los ve etiquetados de otra manera en otro lugar. Si hay algo que los filósofos adoran son los argumentos, especialmente sobre categorías. Incluso los períodos de tiempo que asocio a las categorías son genéricos, y algunos de los principales pensadores de cada tradición son anteriores o posteriores. Quede claro que este capítulo no es una revisión definitiva de la historia de la filosofía o de todos los filósofos importantes. Tan sólo pretendo proporcionarle unas nociones sobre el tema, de modo que cuente con algún contexto para la aplicación de estas ideas cuando surjan en la Segunda parte.

Ahora ya está advertido, por lo que no me demande si suspende el examen trimestral de filosofía y ha confiado en este capítulo como única fuente de información. Considérelo más bien como una chuleta para una recepción. Si de momento no tiene interés en hacerse una idea general sobre el tema ni tiene previsto en su agenda acudir a una recepción con intelectuales, siga adelante y salte hasta la Segunda parte, o hasta cualquiera de los capítulos de la Segunda parte que le parezca más interesante. Siempre podrá regresar a este capítulo más tarde si siente la curiosidad. Si lo que desea es información más completa, hay infinidad de libros dedicados a la filosofía y su práctica, algunos de los cuales se enumeran en el apéndice D.

Me ha parecido imprescindible ampliar mis conocimientos más allá de la filosofía occidental, pero lo cierto es que suelo limitarme a un reducido grupo de ideas sobre las que vuelvo una y otra vez. Tres importantes ramas de la filosofía surgieron más o menos en el mismo período de la antigüedad, hacia el 600-400 a.C. La responsable de la imagen del filosófo que acude a la mente de la mayor parte de la gente (un hombre barbudo vestido con toga y sandalias) es la escuela ateniense, representada por Sócrates, Platón y Aristóteles. Su labor se fundamentaba en algunos presocráticos importantes (como los cínicos y los primeros estoicos), pero para nuestros propósitos mejor nos quedamos con la artillería pesada. En la misma época, en otra parte del planeta, los santones de la India, entre los cuales el más famoso era Siddhartha Gautama (Buda), estaban ampliando la visión hindú del mundo. En otro punto del globo, Confucio y Laozi estaban desarrollando el confucianismo y el taoísmo, los cuales, junto con el *Yijing*, que es más antiguo, forman el corazón de la filosofía china. Dicho período, crucial para estas antiguas civilizaciones, vio nacer la historia de la filosofía.

Con mis clientes, utilizo estas tres tradiciones en proporciones muy semejantes, adecuando la elección de una u otra a cada individuo, como es natural. En el pensamiento occidental, encuentro corrientes útiles entre los filósofos antiguos, los contemporáneos y los de todas las épocas intermedias. Mi conocimiento de la filosofía oriental se centra fundamentalmente en los textos antiguos, cuyas teoría y práctica son muy conocidas y estudiadas en Occidente, como el *Bhagavad Gita* y las enseñanzas de Buda. Los gurús contemporáneos de la sabiduría oriental tienden a ganarse a sus adeptos no tanto mediante el establecimiento de nuevas líneas de pensamiento como viviendo en armonía con la sabiduría de los antiguos. Inspiran mediante el ejemplo y la explicación más que por ampliación. En cualquier caso, son prolíficos escritores y la mayoría de sus obras no está traducida. Algunos de los textos hinduistas y budistas que utilizo son sagrados para sus fieles (aunque yo los empleo como una fuente de sabiduría seglar) y, por consiguiente, menos susceptibles de ser cuestionados y reformulados. Las fuentes judeocristianas, desde el Libro del Eclesiastés hasta las bienaventuranzas, también contienen revelaciones filosóficas útiles. Asimismo, pueden encontrarse en las obras de numerosos poetas, dramaturgos y novelistas, y en ocasiones, incluso en las declaraciones de Casey Stengel. Los filósofos no tienen que ser esnobs; deberíamos estar agradecidos de encontrar sabiduría allí donde podamos.

ORIENTE

Las filosofías indias (el hinduismo y, sobre todo, una de sus dos ramas heterodoxas, el budismo) hacen hincapié en la naturaleza cíclica de la existencia, en la no permanencia de las cosas, en los efectos intoxicadores del deseo y en la importancia del desapego. El apego, tanto a uno mismo como a los demás o a las cosas, es la principal causa de sufrimiento. Así pues, una forma de disminuir el sufrimiento será desprenderse de los apegos. La filosofía india en general (tanto hinduista como budista) sostiene que deberíamos obrar siempre de todo corazón, con vocación de servicio, y no sólo para cosechar los frutos que nuestra labor pueda dar.

El budismo defiende la igualdad moral de las personas pero aboga por la responsabilidad individual, así como por la compasión hacia el prójimo. Nos enseña que una mente pensativa, un ego codicioso y las ansias sensuales interfieren de forma continuada en la consecución de la serenidad lúcida (la naturaleza de Buda), y propone varias prácticas que poco a poco van reduciendo el ruido mental, rompen los grilletes del deseo y permiten que uno permanezca completa y claramente en paz. Una de las metas del budismo es vivir sin preocupaciones.

Buda estableció Cuatro Nobles Verdades (mejor dicho, lo hicieron sus escribas y estudiantes, pues Buda no dejó ningún manuscrito original). Constituyen una medicina filosófica muy potente, de modo que no suelo hablar de ellas con mis clientes a menos que hayan sufrido lo bastante como para prestar atención. Sin embargo, estas Verdades proponen un camino importante para superar las pruebas más duras de la vida y, por consiguiente, pueden resultar provechosas para las personas sumidas en circunstancias en extremo difíciles. La primera Verdad es que el sufrimiento forma parte de la vida. La segunda, que el sufrimiento tiene una causa; no ocurre por accidente. En tercer lugar, podemos descubrir la causa y romper así la cadena de causalidad para evitar el sufrimiento. Si se elimina la causa, se elimina el efecto. La cuarta y más importante, es que debemos ejercitarnos para alcanzar el fin expuesto en el tercer punto.

En el pensamiento budista, todo lo que hacemos acarrea consecuencias, incluso nuestra conducta moral, aunque no podamos decir cuánto tiempo tardará en manifestarse una consecuencia ni de qué forma lo hará llegado el momento. Puede que no nos sea posible elegir el encontrarnos en una situación determinada, pero disponemos de unas opciones sobre lo que hacemos ante dicha situación. Escogemos entre el bien y el mal, y si elegimos opciones buenas, sucederán cosas buenas. Por el contrario, si elegimos opciones malas, sucederán cosas malas. Este planteamiento cede una parte de responsabilidad y control a las personas.

En cambio, el hinduismo puede conducir a la pasividad debido a la creencia en la reencarnación. Si esta vida, en su totalidad, es la que le corresponde como recompensa o castigo por su vida anterior, ¿cómo van a cambiarla sus actos?

El budismo contempla la existencia como una serie de instantes (y no una serie de vidas como hace el hinduismo), y lo que ocurre en cada instante influye sobre lo que ocurre en el siguiente. Esta postura más optimista es la que yo prefiero, puesto que exige una mayor responsabilidad personal. En cualquier caso, la idea clave es el desarrollo moral en oposición a la fijación occidental con el progreso científico por encima de todo.

> Os revelaré este conocimiento y también el modo de alcanzarlo; una vez conseguido, no queda nada más que valga la pena poseer en esta vida.
>
> *Bhagavad Gita*

La filosofía china gira en torno al dogma fundamental de que todo cambia. No debemos contar con un estado permanente de cosas en ningún aspecto de la vida, y para evitar el desconcierto ante la situación completamente nueva que cada cambio nos trae, debemos esforzarnos en comprender la naturaleza del cambio. En la medida en que entendamos cómo y por qué cambian las cosas, el cambio nos parecerá más natural y seremos capaces de anticiparnos y obrar correctamente en los momentos de cambio. Los filósofos como Laozi (autor del *Daodejing*), Confucio y el autor o autores anónimos del *Yijing* nos enseñan a sacar el mejor partido de las situaciones que lo permiten, pero también de aquellas que escapan a nuestro control, así como de las que consideramos malas. En todos los casos, somos responsables de nuestras decisiones. A pesar del cambio constante, vemos el mundo como un lugar ordenado. Para comprender cómo funciona el mundo humano, debemos comprender cómo funciona el mundo natural y darnos cuenta de las similitudes que existen entre ambos. La traducción más común de *Tao* es «el camino», término que se refiere a la forma en que las cosas se revelan. La mejor forma que tienen los seres humanos de vivir es hacerlo en armonía con las leyes naturales que modelan los procesos sociales y políticos.

La filosofía china se centra en la búsqueda de la forma de llevar una buena vida. Si los individuos llevan una buena vida, la sociedad también será buena: sin conflictos, decente, productiva. No considera que sólo el conocimiento sea el camino hacia la buena vida (como hace gran parte del pensamiento occidental). La calidad de vida se deriva de la reflexión sobre el deber y la moralidad, la interpretación de la experiencia y la comprensión de los procesos.

> Uno no puede pasar por alto a mentes tan grandes como Confucio y Laozi, cuando uno es mínimamente capaz de apreciar la calidad de los pensamientos que representan; y mucho menos puede uno obviar el hecho de que el *Yijing* fue su principal fuente de inspiración [...] ahora ya he cumplido los ochenta, y las opiniones cambiantes de los hombres apenas me siguen impresionando; los pensamientos de los maestros antiguos tienen para mí mucho más valor que los prejuicios filosóficos de la mente occidental.
>
> CARL JUNG

OCCIDENTE

En Occidente, parece que los filósofos nos encarguemos de la exploración filosófica para que el resto de ustedes no tenga que preocuparse de nada. La fuerza impulsora del asesoramiento filosófico es que devuelve a la gente corriente la importancia de la introspección filosófica personal.

Sócrates presenta uno de los modelos a imitar más importantes para los consejeros filosóficos, además de ser el «padrino» de la filosofía occidental en general. Fue mentor y maestro de Platón, y su obra sobrevive sólo en los escritos de este último.

Los consejeros filosóficos se fijan en él en parte porque creía que todos poseemos conocimiento, que lo que necesitamos saber está en nuestro interior pero que, a veces, se precisa ayuda para que aflore. Si usted se está esforzando por resolver un asunto importante, puede que lo que necesite sea una especie de comadrona filosófica que le ayude a sacar a la superficie su propia sabiduría. A diferencia de los médicos y abogados, a quien solemos recurrir porque poseen conocimientos especializados de los que carecemos, los consejeros filosóficos no confiamos forzosamente en la pericia sino en la habilidad general para dirigir una investigación. No le proporcionamos respuestas, sino que le ayudamos a formularse las preguntas más pertinentes. No actuamos necesariamente como autoridades que revelan información que usted desconocía, sino que facilitamos la guía que muchas personas necesitan tras haber olvidado o descuidado el significado de examinarse a sí mismas.

La otra gran contribución que Sócrates dejó a los consejeros filosóficos (y a infinidad de personas que lo encuentran útil) es el llamado método socrático: hacer una serie de preguntas hasta dar con las respuestas finales.

La famosa frase de Sócrates «Una vida sin examen no merece ser vivida» resume su creencia en que lo más importante es llevar una vida de calidad y que para lograrlo lo primero es preguntar.

Platón (la causa de todas esas notas al pie filosóficas) era un idealista. Creía en la existencia de formas puras abstractas de las que los objetos materiales eran copias imperfectas. Estas formas son inmutables, pero vivimos en un mundo de apariencias cambiantes y sólo podemos acceder a ellas mediante la mente. Con la formación adecuada, podemos irrumpir en el mundo noético (el mundo de las ideas) y comprender las formas puras de la Justicia, la Belleza y la Verdad, y de este modo hacer mejores copias de ellas en el mundo real donde vivimos. Platón pensaba que la vocación más elevada era la de buscar la esencia de todas las cosas mediante esta teoría. Esta idea también tiene sus resonancias en el asesoramiento filosófico porque, si no conociera la esencia de algo, ¿cómo iba a reconocerlo? Por ejemplo, ¿qué es la felicidad? ¿La plenitud? ¿La moralidad? Afinar la comprensión de tales conceptos le proporcionará una perspectiva filosófica para orientarse en su propia vida.

Aristóteles desarrolló la importancia y los usos del pensamiento crítico, sentando las bases de siglos de investigación filosófica. Fue pionero en muchas ciencias físicas y sociales, aunque hoy en día sus aportaciones apenas tienen valor para los científicos, dado que eran meras especulaciones teóricas (no realizaba experimentos ni le preocupaban demasiado las comprobaciones empíricas). También inventó la lógica, que en su forma elemental es muy provechosa para los clientes cuyos problemas son fruto de errores de pensamiento crítico.

La teoría ética de Aristóteles también reviste suma importancia. Definió la bondad como la virtud a la que aspiran todas las criaturas racionales, opinión optimista donde las haya. La virtud depende de que el individuo tenga una opción, y Aristóteles creía que la opción virtuosa era la Dorada Mediocridad, o el feliz punto medio entre los extremos. La valentía, por ejemplo, es la Dorada Mediocridad que reside entre la temeridad y la cobardía. Pensaba que la felicidad era fruto de la virtud y la bondad, y hacía hincapié en el deber, la obligación y el fortalecimiento del carácter como preocupaciones humanas fundamentales. Asignaba un alto valor moral a la templanza y la moderación, tal como ya debe de haber supuesto del hombre que nos legó la Dorada Mediocridad. Sus pensamientos sobre todos estos componentes de la buena vida resultan muy útiles en el asesoramiento filosófico cuando un cliente está forjando sus propias ideas.

> A diferencia de otros estudios, el que ahora nos ocupa no tiene una intención puramente teórica; pues el objeto de nuestra investigación no es saber qué es la virtud sino cómo ser buenos, y éste es el único provecho que sacaremos. Por consiguiente, debemos estudiar la forma correcta de obrar...
>
> ARISTÓTELES

EL IMPERIO ROMANO
Y LA IGLESIA CATÓLICA ROMANA

Después de Aristóteles, Occidente se sumió en un largo período de estancamiento (partiendo siempre de las concepciones que me resultan provechosas en las sesiones de asesoramiento filosófico). La inmensa cantidad de territorio que se había explorado durante el «gran salto hacia adelante» de la cultura helénica (con inclusión de la filosofía) permaneció sin cultivar durante siglos. El poderío militar del Imperio romano retrasó la evolución filosófica durante mucho tiempo (con la destacada excepción de los estoicos romanos), posiblemente a causa de la gran cantidad de energía consagrada a la conquista.

Tras el declive del Imperio romano, la supremacía política y espiritual de la Iglesia católica romana ejercía un control absoluto sobre el pensamiento europeo, y la única erudición permitida era la de carácter estrictamente religioso. La inmensa mayoría de la gente no sabía leer, y la práctica totalidad de los escasos textos existentes estaban escritos en griego, latín, árabe o hebreo. El pueblo llano escuchaba la interpretación oficial de las escrituras que regían sus vidas, pero no tenían acceso a ellas. Toda disidencia estaba prohibida. También se prohibieron innumerables libros. Muchas personas, entre ellas filósofos, fueron quemadas en la hoguera. Los europeos tenían mucha fe pero investigaban poco. Sin libertad de pensamiento, la filosofía no teológica detuvo su marcha.

La Iglesia católica romana ostentaba un poder tan inmenso que en 1651 Thomas Hobbes la llamó «el fantasma del finado Imperio romano, coronado sobre su tumba». En cierto sentido, la Iglesia tenía más poder que el Imperio. La pluma es famosa por ser inmensamente más poderosa que la espada, y el poder de las ideas (de las doctrinas) sobrevive a la autoridad de los gobiernos. Ni siquiera los mayores imperios, al depender del poder de la espada, pueden durar para siempre. Los poderes espiritual e ideológico son más fuertes a largo plazo. Sin embargo, bajo el yugo de la Iglesia, la capacidad humana de reflexión y el escepticismo se vieron duramente restringidos, y los dogmas se acataban sin rechistar. La filosofía, por su parte, todo lo cuestiona. Esta dicotomía fundamental entre la teología, que exige fe, y la filosofía, que ejercita la duda, hace que a menudo ambos campos sean incompatibles, tal como ciertamente lo fueron durante más de un milenio, hasta el advenimiento de la Reforma y el inicio de la revolución científica.

Cabe puntualizar que no estoy singularizando a la Iglesia católica romana; todas las religiones funcionan igual. Cada religión tiene un núcleo de creencias que supuestamente son incontestables, hasta que un filósofo se decide a ponerlas en duda. La Iglesia católica romana complicó este asunto porque, gracias a santo Tomás Aquino, su teología incorporó la ciencia de Aristóteles además de su metafísica, y gran parte de ella era puro desatino. Ahora bien, no podía afirmarse esto sobre la filosofía de Aristóteles sin ser acusado de herejía contra Roma. De ahí que Galileo fuera tan criticado (por poco lo queman en la hoguera) en el siglo XVII: al demostrar que parte de la física y la astronomía aristotélicas estaban equivocadas por completo, estaba sosteniendo sin proponérselo que las doctrinas católicas romanas asociadas también lo estaban, lo cual constituía un crimen capital en aquel tiempo.

Sin embargo, las religiones también evolucionan. La Iglesia católica romana era famosa (o infame) por su Índice de Libros Prohibidos. El *Leviatán* de Hobbes fue prohibido en cuanto apareció, pero no fue el primero ni el último gran libro que tuvo dificultades con la política religiosa. En el siglo XX, dicho Índice ha prohibido en uno u otro momento las *Obras completas de Freud*, así como libros de Aldous Huxley, James Joyce, Alfred Kinsey, Thomas Mann, Margaret Mead, Bertrand Russell y H. G. Wells, entre otros. Puede que uno se pregunte: «¿Cómo van a madurar los seres humanos más allá de las ideas de Freud si ni siquiera están autorizados a estudiar dichas ideas?» Aun así los tiempos están cambiando deprisa. Bajo el mandato del papa Juan Pablo II, la Iglesia romana reconoce ahora que *El origen de las especies* de Darwin (número uno en el Índice desde que apareció en 1859) es compatible con el Génesis.

Si piensa que esto significa que todas las cartas están echadas, lleva razón. Más recientemente, la encíclica del papa Juan Pablo II *Fides et ratio (Fe y razón)* exhortaba a todos los católicos a centrarse en la filosofía. «El Papa tiene un elenco de héroes filosóficos que habría hecho palidecer a los pontífices anteriores», informó el *London Daily Telegraph*. Admira no sólo a los filósofos orientales sino los textos sagrados de la India, las enseñanzas de Buda y las obras de Confucio. De modo que ahora quizás heredemos una nueva pregunta retórica: en lugar de preguntar «¿Es católico el Papa?», podremos preguntar «¿Es filosófico el Papa?».

> [...] Muchas personas avanzan por la vida dando traspiés al borde del abismo sin saber adónde van. A veces, esto ocurre porque aquellos cuya vocación es conferir una expresión cultural a su pensamiento ya no miran a la verdad, puesto que prefieren el éxito fácil a la labor de investigar pacientemente lo que hace que la vida merezca la pena.
>
> JUAN PABLO II

Esta nueva asociación entre la teología y la filosofía alcanza las raíces de ambas disciplinas. En el ámbito personal, soy un compañero habitual de Zen y desayuno del estimado Roshi Robert Kennedy, SJ. En efecto, es al mismo tiempo maestro zen y jesuita (su libro se recomienda en el apéndice D). Aún hay más: la primera institución estadounidense de estudios superiores que ha ofrecido mi curso para posgraduados sobre filosofía práctica fue el Felician College, un pequeño centro católico de Nueva Jersey. Desde mi perspectiva, la Iglesia católica romana está promoviendo un renacimiento filosófico de gran alcance que reviste un gran interés tanto para el catolicismo como para la filosofía.

LOS PRIMEROS MODERNOS

Los primeros filósofos modernos, que surgieron en el siglo XVII, marcaron el final de la Edad Oscura. Después de la revolución filosófica fomentada por Francis Bacon, Thomas Hobbes, René Descartes y Galileo, entre otros, el mundo nunca volvería a ser el mismo. Al declarar que «saber es poder», Bacon proporcionó un tercer camino crucial entre la fe y la espada: la ciencia. La palabra *«ciencia»* todavía no se había acuñado por aquel entonces, pero la atención que prestó Bacon al conocimiento empírico sentó las bases para una nueva forma de ver el mundo (y de realizar experimentos en él). Subrayó la importancia de generalizar, partiendo de ejemplos concretos de fenómenos físicos, para formular hipótesis que luego debían comprobarse. Si el poder procedía del conocimiento, el conocimiento procedía de la experimentación. Sostenía que tanto la experiencia como la razón son necesarios para conocer el mundo. El mundo tiene una deuda de gratitud con Bacon por habernos regalado el método científico.

> El conocimiento y el poder humanos son lo mismo, pues cuando la causa no se conoce, el efecto no se produce. Para dominar la naturaleza es preciso obedecerla. [...] La sutilidad de la naturaleza es mucho mayor que la sutilidad de los sentidos y la comprensión.
>
> FRANCIS BACON

Bacon nació en el seno de una familia cultural y económicamente privilegiada, y empleó a multitud de secretarios para pasar al papel (en latín) su sabiduría oral. De joven, Thomas Hobbes trabajó como uno de los escribas de Bacon. Y aprendió mucho, para luego superar a su mentor. Hobbes, otro de los grandes entre los primeros filósofos modernos, fue el primer científico político y el primer psicólogo empírico. Se empeñó en desentrañar la naturaleza humana efectuando observaciones sobre lo que las personas hacen, sin partir de una teoría concreta (método con el que Freud más adelante obtendría un éxito triunfal). Hobbes llegó a la conclusión que los seres humanos son por naturaleza egocéntricos y necesitan la influencia reguladora de la civilización y la autoridad para mantener la paz.

Podemos agradecer a René Descartes que nos proporcionara un famoso enunciado de la coexistencia de la mente y la materia. El reconocimiento de la dicotomía entre mente y cuerpo, y sus complejas relaciones mutuas, hace posible el asesoramiento filosófico. La mente, concebida como algo diferenciado del cerebro, puede contener preguntas, dudas, información falsa, interpretaciones poco firmes e inconsistentes, pero no puede estar enferma. La enfermedad es un problema físico, de modo que si padece un problema que tiene su origen en el cerebro (o sospecha que así sea), debe visitar a un médico. Cabe admitir que las ideas y las creencias son estados mentales, no sólo o siquiera físicos; de ahí que un consejero filosófico se base en la distinción de Descartes para cultivar mentes en lugar de tratar cuerpos.

La otra contribución de Descartes es más práctica que esta tan teórica que acabo de exponer. Como rey de los escépticos, se impuso la misión de «no aceptar nunca que algo es verdadero hasta que sepa que lo es sin un asomo de duda». Creía en el cuidadoso examen de todo lo que conocemos (o creemos conocer) para separar las creencias verdaderas de las inciertas o falsas. Sometía todo a una luz crítica para ver si soportaba un análisis detallado y se negaba a aceptar hasta la información más nimia que aprendía de sus maestros o por medio de los sentidos. Su otra contribución famosa, «Pienso, luego existo», traslada la responsabilidad de descubrir qué es verdadero y correcto a la primera persona. Este concepto también abona el terreno para el asesoramiento filosófico al privilegiar el pensamiento (no los sentidos ni las emociones) como clave de la comprensión.

Galileo tuvo la valentía de estudiar la naturaleza de los fenómenos físicos e informar sobre lo que sus observaciones le revelaban, incluso cuando entraba en contradicción con las doctrinas oficiales. Defendió la premisa de que si los hechos no se ajustan a la teoría, es la teoría, y no los hechos, la que está equivocada. Por ejemplo, Aristóteles había declarado que la luna era una esfera perfecta pero Galileo, que fue la primera persona que dirigió un telescopio hacia el firmamento, inmediatamente observó que el astro presentaba cráteres y montañas. ¡Y fue acusado de herejía! De haber existido la psiquiatría en el siglo XVII, el caso de Galileo podría muy bien haber sido diagnosticado como un trastorno de rechazo de la perfección aristotélica o como un síndrome de cráteres y montañas lunares.

LOS EMPÍRICOS

Estos primeros filósofos modernos allanaron el camino para los empíricos británicos Hume, Berkeley y Locke, quienes coincidían en que la percepción y la experiencia eran fundamentales para comprender el mundo. Platón creía que sabemos lo que sabemos gracias a la razón y que nacemos con dicho conocimiento en nuestro interior, aunque necesitemos un guía o una comadrona para sacarlo al exterior. Los empíricos trabajaron en reacción opuesta a esta idea, centrándose en la experiencia más que en la razón. Contemplaron el significado de experimentar impresiones a través de los sentidos. Igual que los primeros modernos antes que ellos, contribuyeron a sentar las bases de una investigación científica más rigurosa.

El famoso legado de John Locke es la idea de que la mente de un bebé recién nacido es como una *tabula rasa*, o una pizarra en blanco. Creía que nuestras mentes son completamente impresionables y que todo conocimiento se imprime en nosotros procedente del exterior. Dividió las ideas adquiridas mediante la experiencia en dos tipos: las sensaciones (la información que obtenemos mediante la vista, el oído y los demás sentidos) y las reflexiones (la información que obtenemos mediante la introspección y otros procesos mentales como pensar, creer, imaginar y desear). Aunque creo que sólo tiene parte de razón, sus ideas provocan un gran impacto en el asesoramiento filosófico. Son muchos quienes discrepan de Locke, por ejemplo al pensar que poseemos una capacidad innata para aprender lenguajes, mientras que Locke sostenía que no existen ideas innatas. Ahora bien, también dictaminó que aprendemos el lenguaje que oímos, el que experimentamos, algo totalmente cierto.

Empezar con la pizarra en blanco significa que los niños adquieren valores y prejuicios mucho antes de ser capaces de formar los suyos propios. Y los niños adoptan muchas cosas sin el menor sentido crítico. Ello tiene importantes implicaciones para los padres, los maestros y cualquier otra persona cuya tarea es moldear mentes jóvenes, y explica la tremenda responsabilidad que tal oportunidad trae aparejada. Asimismo, apunta que si nuestros hijos se suicidan, cometen homicidios, abusan de las drogas y se muestran violentos cada vez con más frecuencia (cosa que hacen) es porque hay algo drásticamente equivocado en las lecciones que aprenden. Por último, sugiere el potencial del asesoramiento filosófico para ayudar a encontrar el borrador cuando lo que hay escrito en la pizarra es engañoso o perjudicial para el individuo, y también para contribuir a anotar con tiza ideas nuevas que resulten más pertinentes o provechosas.

David Hume llevó el empirismo a su último extremo, creyendo, como Locke, que no tenemos más ideas que nuestras experiencias y que «todas nuestras ideas son copias de nuestras impresiones [sensoriales]». También pensaba que no existían las causas necesarias; que no podemos establecer una relación causal entre dos acontecimientos. Con frecuencia damos por sentadas ciertas relaciones (si golpeo una pelota con el bate, se moverá) fundamentadas en experiencias anteriores, pero no hay ninguna garantía de que porque algo sucediera de una forma determinada en el pasado vaya a suceder del mismo modo en el futuro. Y sólo el mero hecho de que una cosa habitualmente siga a otra no basta para demostrar que la primera es causa de la segunda. Por más difícil que sea darle la vuelta a la mente, este argumento puede resultar muy liberador. Negar la causa necesaria es lo mismo que decir que no existen ni la predeterminación ni el destino. Ésta es la llave que abre la puerta a la creencia de que uno puede cambiar.

LOS RACIONALISTAS

Los racionalistas del siglo XVIII, encabezados por Immanuel Kant, ampliaron las notas al pie de los textos de Platón al centrarse de nuevo en la razón. No obstante, donde Locke habría dicho que la experiencia es la única tiza que escribe en la pizarra en blanco, Kant y los racionalistas se alinean con Platón al afirmar que la razón también puede impresionarla. Donde los empíricos ponen a prueba algo para ver si funciona y luego mejorarlo fundamentándose en los resultados obtenidos, los racionalistas ante todo se fijan en cómo funcionan las cosas. Los racionalistas creían que una forma de conocimiento conducía a otra y que era posible encontrar la manera de unificar todo el conocimiento.

Kant reconoció que la razón también tiene sus límites. En su famosa *Crítica de la razón pura* explicó su teoría de que el mundo se divide en el reino de los fenómenos (lo que podemos sentir; el mundo tal como lo percibimos) y el de los noúmenos (el mundo tal como es realmente). Suena como... ¡otra nota al pie en un texto de Platón! Kant sostenía que las cosas son de una forma determinada y concreta, pero que nosotros sólo conocemos apariencias. Tanto si observa átomos, como rocas, relaciones o sociedades, puede hacerlo de distintas maneras. Por ejemplo, mire hacia un árbol por la ventana. Luego vuelva a hacerlo por la noche. Pruébelo un día de lluvia. Luego utilice un aparato de infrarrojos para mirarlo. Imagínese el aspecto que presenta para un murciélago, o para un elefante o para alguien que sea daltónico. ¿Cuál es el verdadero aspecto del árbol? ¿Alguno de los anteriores?

¿Ninguno de ellos? Kant habría argumentado que la suma de todos los aspectos concebibles más todos los imperceptibles constituyen el noúmeno. Por consiguiente, la «cosa en sí misma» (la cosa tal como es realmente) es mucho más rica, profunda y completa que cualquier representación fenomenológica concreta. Y la razón sólo puede hablarnos del mundo de los fenómenos.

> La razón no nos enseña nada referente a la cosa en sí misma: sólo nos instruye en lo concerniente a sus más elevados y completos usos en el campo de la experiencia posible. Pero esto es todo cuanto cabe desear razonablemente en las circunstancias presentes, y con lo que debemos darnos por satisfechos.
>
> IMMANUEL KANT

En el asesoramiento filosófico, es importante recordar que nuestra percepción actual sólo es una forma de ver las cosas y que cuantas más perspectivas investiguemos mejor será nuestra comprensión. La obra de Kant también nos previene contra la tendencia a definir categorías y a emitir juicios, ya que es difícil saber si la categoría o el juicio en cuestión refleja la cosa o la manera que tenemos de verla. Anaïs Nin resumió esta idea al escribir: «No vemos las cosas tal como son, las vemos tal como somos.

La teoría ética de Kant también tiene su importancia en el asesoramiento filosófico. Pertenecía a la escuela de pensamiento deontológica (basada en normas), opuesta a la escuela de la ética teleológica, que sostiene que un acto es bueno o malo en función de la bondad o la maldad de su resultado. Para los teleólogos, Robin Hood es un héroe porque, básicamente, su fin (dar a los pobres) justifica sus medios (robar a los ricos). Los deontólogos como Kant, por su parte, creen que una norma es una norma: robar está mal. Habrían metido a Jean Valjean en la cárcel por robar aquella rebanada de pan, sin preocuparse por sus hambrientos esposa e hijos.

La fuerza de la escuela deontológica es que usted tiene un libro de normas (sea la Biblia, el Corán, el Manual de los Escoltas o su propio manuscrito) que puede consultar cuando trata de encontrar el buen camino. Suele ser fácil estar de acuerdo con las normas básicas. El inconveniente es que en un conjunto definido de normas siempre habrá excepciones (tal como matar en defensa propia y la pena capital son ampliamente aceptados a pesar del mandamiento «No matarás»), y siempre conlleva cierta dificultad estar de acuerdo con las excepciones. Por otra parte, con la ética teleológica, usted nunca sabe lo que está bien o mal hasta que conoce el resultado de sus actos, lo cual dificulta toda planificación. Su valor reside en la flexibilidad y la imparcialidad.

En momentos determinados, resulta conveniente que las personas identifiquen qué clase de sistema ético tienen y cuál es el que admiran. Kant da un paso más y añade una norma atípica para un deontólogo. Creía que podemos y debemos comprobar la consistencia ética y moral de nuestras decisiones y perfiló un experimento mental que denominó el Imperativo Categórico para ayudarnos a hacerlo. Cuando evalúe una línea de acción, pregúntese: «¿Me gustaría que todos los demás, si se encontraran en mi situación, hicieran lo mismo?» Si la respuesta es que sí, va por buen camino. Si la respuesta es que no, absténgase de hacer lo que tenía pensado. Por ejemplo, si bien es fácil imaginar una situación en la que le resultaría ventajoso mentir, usted no querría que todo el mundo mintiera, de modo que usted no debería mentir.

> Obra siempre de tal modo que también puedas desear que la máxima que te guía se convierta en ley universal.
>
> IMMANUEL KANT

LA ESCUELA NEW OLD

Mientras Europa seguía siendo el semillero del pensamiento filosófico, Estados Unidos de América se veía muy influenciado por lo que ocurría al otro lado del Atlántico. Dos pilares de la Constitución estadounidense, Benjamin Franklin y Thomas Jefferson, eran filósofos experimentales. O mejor dicho filósofos chapuceros, para utilizar una terminología ruda más acorde con el espíritu de la América primigenia. Inventores, naturalistas, coleccionistas de especies, estos padres fundadores siguieron la tradición empírica. Igual que sus colegas John Adams y Thomas Paine, también heredaron de los racionalistas un gusto por el poder de la razón y de los humanistas una celebración de la igualdad moral y del logro individual. No se me ocurre una mejor evidencia que la propia Constitución. La fundación de Estados Unidos de América debió mucho a la resonancia filosófica de sus creadores, un grupo de filósofos prácticos como no se ha vuelto a ver desde entonces.

LOS ROMÁNTICOS

Toda esta atención prestada al conocimiento irrevocable fomentó el desarrollo de la revolución romántica del siglo XIX. El empirismo nos dio mejores equipos, el racionalismo nos dio mejores teorías, y los avances resultantes en la ciencia y la ingeniería trajeron al mundo un progreso tecnológico sin precedentes. Sin embargo, en las revoluciones científica e industrial, los románticos advirtieron las peores facetas del empirismo y el racionalismo. Aunque todo aquel progreso se suponía que estaba al servicio de la humanidad, los románticos vieron que con demasiada frecuencia estas nobles aspiraciones se diluían en un mar de explotación. Con guerras cada vez más horribles a medida que se mejoraban las armas, la esclavitud expandiéndose en ultramar y las mujeres y los niños trabajando bajo condiciones despiadadas en las minas y fábricas europeas, los románticos echaron un vistazo a su alrededor y se percataron de que los métodos de sus predecesores empeoraban las cosas en lugar de mejorarlas. La filosofía romántica se desarrolló como reacción contra el materialismo, la mecanización de la sociedad y la visión de las personas como piezas de un mecanismo.

Por contraste, los románticos se centraron en la unicidad de cada individuo, en la importancia de la espiritualidad y en el poder del arte. Valoraron la naturaleza más que la razón y los sentimientos más que el intelecto. Aunque en realidad vivió en el siglo XVIII, Rousseau es el romántico prototípico. Su idea del noble salvaje (abandonados en un estado natural daríamos lo mejor de nosotros mismos, pero la civilización nos corrompe) facilitó mucha información de lo que vendría después. En Alemania surgió una versión diferente del romanticismo, llamada idealismo, encabezada por Hegel (hablaremos de él más adelante). En Inglaterra, el romanticismo produjo más poesía (Byron, Shelley, Keats, Wordsworth, Browning) que filosofía, pero los impulsos fueron los mismos.

> Unió a su hermosa obra la Naturaleza
> El alma humana que traspasóme;
> Y mi corazón sufre mucho cuando piensa
> En lo que el hombre ha hecho del hombre.
>
> WILLIAM WORDSWORTH

No soy un gran admirador de Jean-Jacques Rousseau porque muchas de sus ideas son ingenuas y porque él no vivió de acuerdo con ellas. Creía que «el hombre es bueno por naturaleza, y son las instituciones las que lo envilecen». Tal opinión contrasta con la visión que tenía Hobbes de la vida sin gobierno: «Solitaria, pobre, indecente, bruta y corta.» Creo que la verdad reside en un punto intermedio. Los seres humanos sin duda son egocéntricos y, si no se controla, este elemento puede alcanzar extremos francamente desagradables, pero el conjunto de la sociedad también presenta rasgos de bondad. Podemos ser generosos, honrados y justos. La mayor parte de las personas es capaz de inclinarse hacia un lado o hacia el otro, idea con la que Aristóteles y Confucio se habrían mostrado de acuerdo.

El debate entre naturaleza y educación puede que nunca se llegue a resolver de manera concluyente, pero está claro que la instrucción toca melodías bastante elaboradas con las cuerdas que le proporciona la naturaleza. A los estadounidenses les encanta este tipo de enfrentamiento de adversarios (Rousseau contra Hobbes, demócratas contra republicanos, madres que regañan contra hijas que las detestan), pero de esta forma nunca se resuelve nada. Pensamos que la verdad emerge mediante la confrontación; aun así, las más de las veces el resultado no es otro que la confusión. Los enfrentamientos son buenos para llamar la atención sobre determinadas ideas, pero el mundo no es en blanco y negro.

La noción de Hegel de la dialéctica invita a aventurarse más allá del pensamiento en blanco y negro. Ante un conflicto, creía que uno debe presentar una tesis y una antítesis para luego reconciliarlas mediante una síntesis. La síntesis exige discernir entre la verdad y la falsedad que encierran ambos puntos de vista para alcanzar uno tercero y mejor. Antes de que considere su teoría demasiado simple, permítame agregar que Hegel pensaba que a continuación deberíamos proponer la síntesis que hemos alcanzado a modo de una nueva tesis, confrontarla con una nueva antítesis y llegar a una nueva síntesis, *ad infinitum*, hasta alcanzar la síntesis última, la Idea Absoluta o verdad. Incluso si usted no está dispuesto a continuar hasta el infinito, esta clase de refinamiento constante supone un enfoque provechoso para elaborar una filosofía personal de la vida.

Otro de los legados de Hegel al asesoramiento filosófico es la idea de trascendencia. Para Hegel, *trascender* significa al mismo tiempo «negar» y «preservar». Su identidad es como una serie de anillos concéntricos. El que se encuentra en el centro es su persona, luego viene su familia, luego su vecindario, luego su ciudad, luego su región, luego su país, luego el planeta, y así sucesivamente. Sus actos promueven la exclusión o inclusión de cada nivel. Si usted sirve al vecindario, también sirve a su familia, y por consiguiente ha preservado la inclusión de ese nivel. Usted ha trascendido a su familia y, no obstante, también la ha servido, así como a sí mismo. Del mismo modo, trasciende a su ciudad cuando sirve a su país, y trasciende a su país cuando sirve a la humanidad.

LOS UTILITARISTAS

En el siglo XIX nació el utilitarismo como resultado del convencimiento de que la revolución industrial había fracasado. Pese a que los tremendos avances objetivos de la ciencia y la tecnología no podían ser contestados, los utilitaristas argumentaban que había fracasado porque no había mejorado la calidad de vida de la mayoría de la gente. La camiseta de recuerdo de un mitin utilitarista habría llevado impreso el siguiente eslogan: «La máxima felicidad para el máximo número de personas.» Esta frase pertenece a Jeremy Bentham, el fundador del University College London, la primera universidad inglesa que admitió a mujeres, judíos, católicos, disidentes y demás «indeseables sociales» de la época. (Me enorgullece decir que también me admitió a mí; allí completé mi licenciatura.) Su política de igualdad de oportunidades fue fruto del compromiso utilitarista con la justicia social. Para los utilitaristas, la felicidad no era una condición individual sino un estado hecho factible por una estructura social equitativa y provechosa. Representaban la sociedad ideal como un óvalo, con un amplio y próspero centro, en lugar de como una pirámide con un reducido grupo de miembros prósperos en la cima soportados por la inmensa base de los menos acaudalados. El utilitarismo es algo más que una forma interesante de pensar sobre política social, aunque fuese principalmente eso lo que sus defensores tuvieran en mente. También resulta instructivo para vivir en familia, o en una pequeña comunidad o con un grupo de amigos, y ésta es precisamente la utilidad que tiene en el asesoramiento filosófico.

> La naturaleza ha puesto a la humanidad bajo el gobierno de dos amos soberanos, el dolor y el placer. Son sólo ellos quienes señalan lo que debemos hacer y quienes determinan lo que finalmente haremos.
>
> JEREMY BENTHAM

John Stuart Mill es la figura más destacada del utilitarismo. Estudió con Bentham para terminar aventajándolo con sus propias contribuciones. Aunque no encajaría tan bien en una pegatina para un coche como la de Bentham, la formulación de Mill de la utilidad o el principio de la máxima felicidad, es un poco más concreta: «Las acciones son buenas en la medida en que tienden a promover la felicidad, malas en la medida en que tienden a producir lo contrario de la felicidad. Por felicidad se entiende placer y ausencia de dolor; por infelicidad, dolor y privación de placer.» Esta visión centrada en los actos y en sus consecuencias (prescindiendo de sus motivos) plantea dificultades pero ha ejercido una influencia notable.

Librepensador y libertario además de utilitarista, Mill también fue igualitario y publicó un ensayo en el que criticó la subyugación de la mujer. En esto se adelantó a su tiempo, aunque su obra se hacía eco de la *Vindicación de los derechos de la mujer*, de Mary Wollstonecraft. Mill fue un gran defensor de la libertad individual en general, y una de sus obras más famosas es *Sobre la libertad*, donde presenta su principio del daño. Recordemos que pensaba que la única justificación que tenemos para limitar la libertad de una persona es evitar que dicha persona haga daño a los demás. Llegó incluso a decir que uno tiene derecho a hacerse daño a sí mismo siempre y cuando no se lo haga a los demás. Emborráchese cada noche si es lo que le apetece, diría Mill, siempre y cuando no conduzca bajo los efectos del alcohol, no se gaste el dinero de la alimentación de sus hijos en bebida, y no pegue ni maltrate a su esposa. Esto tiene implicaciones tanto para la vida personal como para el gobierno, y también influye en buena medida sobre la ética del asesoramiento filosófico. Si un cliente me dijera que tiene planes de hacerle daño a alguien, me negaría a asesorarle y probablemente intervendría para tratar de evitar que ese daño se produjera. Algunos consejeros podrían muy bien adoptar una actitud distinta en nombre de la confidencialidad del secreto profesional. En cambio, yo reconozco una responsabilidad secundaria para con el conjunto de la sociedad además de una responsabilidad primaria para con mi cliente.

LOS PRAGMÁTICOS

La única escuela de filosofía moderna genuinamente estadounidense, el pragmatismo, se desarrolló como reacción contra la suficiencia del racionalismo y la ingenuidad del romanticismo. Sus tres fundadores fueron Charles Sanders Peirce, William James y John Dewey. Aunque discrepaban en varios asuntos, como es natural (¿qué grupo de filósofos no lo hace?), su idea central era que la verdad de una teoría, o la bondad de un acto o el valor de una práctica se demuestra por su utilidad. En otras palabras, la mejor herramienta es la que hace el trabajo. Este punto de vista es la quintaesencia de lo americano: duradero, portátil y práctico. Si algo es bueno para usted, es bueno. Me gusta pensar que los pragmáticos originales habrían aprobado el asesoramiento filosófico: ayuda a la gente, de modo que es pragmáticamente valioso.

> Debemos hallar una teoría que funcione [...] Nuestra teoría debe mediar entre todas las verdades anteriores y ciertas experiencias nuevas. Debe trastornar tan poco co-

mo sea posible el sentido común y las creencias anteriores, y debe conducirnos a un término sensato que pueda verificarse con exactitud. «Funcionar» significa estas dos cosas [...]

WILLIAM JAMES

LOS EXISTENCIALISTAS

El existencialismo surgió a finales del siglo XIX, cuando gran parte del pensamiento intelectual comenzó a desmoronarse. Muchas personas habían creído que los seres humanos estaban al borde de adquirir todo el saber. Este razonamiento consideraba que sólo quedaba un par de problemas por resolver en el ámbito de la física y la matemática y que, una vez solucionados, nuestro conocimiento del mundo teórico y natural sería absoluto. Tal hazaña se vertería en el mundo social y pronto volveríamos a encontrarnos en el Edén. Los griegos antiguos tenían una palabra para esta clase de confianza exagerada en uno mismo: *hubris*. Y normalmente precedía a una caída más dura que la propiciada por el mero orgullo.

Por supuesto, justo cuando parecía que íbamos a llegar al fondo del asunto, no sólo aparecieron nuevas preguntas sin respuesta, sino también nuevas preguntas imposibles de responder. La teoría de la relatividad de Einstein nos mostró que la longitud, la masa y el tiempo no eran absolutos, sino que las cosas se miden en relación con otras (sólo la velocidad de la luz se muestra invariable). La teoría cuántica (y el principio de incertidumbre de Heisenberg) nos mostró que, aun contando con los equipos más sofisticados, la estructura de la naturaleza submicroscópica contiene pares de cosas que no podemos medir con precisión en un momento determinado. El teorema de la indecibilidad de Gödel mostró que hay teoremas que nunca seremos capaces de demostrar o rebatir (por consiguiente, algunas preguntas matemáticas nunca serán contestables). Mientras luchábamos a brazo partido con esta repentina pérdida de lo absoluto (es decir, condenados a un conocimiento imperfecto en lógica, matemáticas y física) nos enfrentamos a vacíos de conocimiento todavía mayores en los ámbitos biológico, psicológico y social. Ya no podíamos contar con que la suma de todos los conocimientos nos hiciera sabios. El progreso científico y tecnológico tenía que templarse con nuevas revelaciones filosóficas.

Los existencialistas llenaron precisamente ese vacío. Rechazaron el idealismo platónico (y el concepto de conocimiento perfecto) que había prevalecido en la filosofía hasta aquel momento. Creían que no existía ninguna esencia original, sólo el ser. Lo que vemos es lo que hay. Puesto que no hay esencia, argumentaban, todos estamos vacíos.

Desde esta perspectiva, Nietzsche declaró: «¡Dios ha muerto!» (y en cuanto tenía ocasión añadía, como si esto no fuera lo bastante deprimente: «Y lo hemos matado nosotros.»).

Pensar que el universo se rige por el azar y la indiferencia sume a muchos en los abismos de la desesperación. Nos vemos privados de la rica textura del tejido que nos conecta a unos con otros. A primera vista, es una concepción del mundo alienante, aisladora y desalmada. El sentimiento que se oculta tras todo esto es: «¿Por qué hay que levantarse por la mañana?» Søren Kierkegaard (generalmente considerado el primer existencialista, a pesar de su inclinación cristiana, en claro contraste con el ateísmo de la mayoría de los existencialistas) llamó «pavor» a la reacción ante esta visión de la vida. Sartre la llamó «náusea»: «Todo es gratuito, este jardín, la ciudad, yo mismo. Cuando de pronto caes en la cuenta, te sobreviene el mareo y todo comienza a perder sentido [...] eso es la náusea.» En efecto, hay quien considera que el existencialismo es más un estado de ánimo que una filosofía y, de hecho, algunos de sus textos más importantes son novelas (en especial las de Sartre y Camus) antes que tratados de filosofía.

Ahora bien, a menudo se pasa por alto el asunto clave: los existencialistas buscaban una moral para obrar correctamente en ausencia de una idea esencial de bondad y huérfanos de toda autoridad divina. Sostenían que debemos obrar correctamente incluso cuando no hay razón aparente para ello y que la verdadera valentía e integridad suponen hacerlo en nombre del propio bien. Esto sí que es una bocanada de aire fresco: obrar bien no por temor al castigo, o por el ansia de elogios, o porque resulte oportuno o por no cometer un pecado, sino porque es lo correcto. Las cosas malas, por ende, suceden simplemente porque suceden, no necesariamente como una forma de castigo, con lo que el ser humano se libera de la culpa. Debemos seguir distinguiendo entre el bien y el mal; de hecho, tenemos más motivos que nunca para hallar un sistema ético. Éste es el grano de esperanza y bondad que reside en el meollo del existencialismo, aunque a menudo esté tan envuelto en retórica depresiva que resulta fácil pasarlo por alto. En efecto, los existencialistas redescubrieron la moralidad. Siguiendo su hilo de pensamiento, puede que sea lo único que existe.

Kierkegaard se hizo cargo de la dificultad que conlleva enfrentarse a la existencia pura (sin esencia, sin misterio, sin intangibles, sin significado, sin sentido, sin valores). Se abre un abismo donde la esperanza, el progreso y los ideales parecen ilusiones. La existencia deviene muy frágil, y es fácil caer en la trampa de preguntarse por qué estamos vivos. Las creencias religiosas suelen aportar consuelo, tanto si son ciertas como si no, y cuando el existencialismo o cualquier otra cosa las derriba, no es raro que la ansiedad tome el relevo. Yo no utilizo a Kierkegaard tanto como lo hacen algunos de mis colegas consejeros, aunque identificar la fuente de la angustia puede ser provechoso. Es conveniente que las personas que experimentan ansiedad pero no saben por qué descifren si ésta se debe a una circunstancia concreta (esperar los resultados de unos análisis médicos, anticipar cómo será su vida después de divorciarse) o a una preocupación existencial más abstracta. Muchas personas atraviesan una etapa existencial y van recobrando el significado y el sentido de su vida de forma gradual, con lo que logran dejar atrás toda ansiedad. Si el existencialismo le ha desanimado, trate de considerarlo sólo una etapa y vea qué puede hacer para avanzar y superarlo. Una vez que haya superado una crisis existencial, es probable que se sienta mucho más en paz. Es una manera de deshacerse de buena parte del exceso de equipaje.

Friedrich Nietzsche es recordado sobre todo por su idea del hombre y el superhombre. Pensaba que cada persona tenía un deber que cumplir: esforzarse por ser un superhombre. Una forma de entenderlo es considerarlo un llamamiento para dar lo mejor de uno mismo, o para elevarse por encima de la media. Es cierto que Nietzsche sentía un desprecio malsano por la gente corriente; creía que alcanzar la superioridad acarreaba el rechazo de la moral convencional, y los nazis hicieron un uso indebido de sus ideas. Para emplear sus ideas es preciso aventar los granos de sabiduría separándolos de la paja de malignidad. No obstante, su creencia en que nos conformamos con demasiada facilidad con la mediocridad y en que la mayoría de nosotros no se toma la molestia de ser todo lo que puede ser constituye una advertencia que debemos tener en cuenta.

Jean-Paul Sartre exploró otra extensión lógica del existencialismo: si el universo es indeterminado, somos completamente libres para elegir nuestro camino. Aunque la posibilidad constante (con la responsabilidad de los actos recayendo siempre en el individuo) puede ser una proposición desalentadora, también es liberadora. Sea cual fuere su experiencia del pasado, usted controla su dirección hacia el futuro. Sartre tildó de «mala fe» cualquier esfuerzo encaminado a negar que somos responsables de nuestros actos, y veía en la religión, o en la fe religiosa, a uno de los principales culpables. Al llamar náusea a la angustia existencial, Sartre también conectó en cierta medida la mente y el cuerpo, reconociendo que los efectos desorientadores del existencialismo pueden causar malestar físico.

El hombre no es más que lo que hace de sí mismo.
Éste es el primer principio del existencialismo.

JEAN-PAUL SARTRE

En las novelas de Camus, en particular *La peste* y *El extranjero*, así como en la novela de Sartre *La náusea* y en su obra teatral *A puerta cerrada*, los héroes siempre tratan de obrar correctamente, pese a que todo su mundo está desmoronándose. Son buenas personas, aunque sufren mucho; están anonadados pero siguen esforzándose por hacer el bien. Camus, que ganó el premio Nobel de Literatura de 1957, estaba especialmente interesado en el absurdo, y lo utilizó para describir la sensación que provoca una existencia sin sentido. Tanto si el síntoma que presenta el cliente es el absurdo, como la náusea o el pavor, las crisis existenciales suelen resolverse con la ayuda de un consejero filosófico.

LA FILOSOFÍA ANALÍTICA

La filosofía analítica surgió al mismo tiempo que el existencialismo, más o menos con el cambio de siglo. Análisis, en lenguaje filosófico, significa desmenuzar un concepto hasta sus partes más simples posibles para revelar su estructura lógica. Este campo del pensamiento aspiraba a explicar las cosas en función de sus estructuras lógicas y de las propiedades del lenguaje formal. Admiro a los pioneros de esta rama de la filosofía (Bertrand Russell, Gottlob Frege, Alfred Ayer y G. E. Moore) por su riguroso enfoque lógico. No obstante, en su rigor también excluyeron todo lo emocional, intangible y esencial, en otras palabras, todo lo demás. Aunque Russell escribió más de setenta libros en los que abordó cualquier tema humano concebible y se comprometió de un modo apasionado (cuando no temerario) en diversas causas sociales, la escuela de pensamiento que contribuyó a fundar se fue apartando de forma progresiva del mundo humano.

La filosofía, recluida en la academia a partir de este momento, terminó siendo tan insular, especializada e insondable que cada vez tuvo menos importancia en la vida cotidiana, al tiempo que se fue haciendo más inaccesible para la gente corriente.

La filosofía solía estudiar el mundo físico e investigar el funcionamiento interno de la naturaleza humana, pero la ciencia se ha apoderado de estas áreas. Así pues, ¿qué le queda por hacer a la filosofía? Mi respuesta es: menos o más, en función del punto de vista. Cómo pensar con una actitud crítica y cómo llevar una buena vida han sido las preocupaciones fundamentales de la filosofía desde la antigüedad, y en las últimas décadas estos asuntos han desaparecido del orden del día institucional. Mientras tanto, la tradición de la filosofía analítica ha seguido su andadura como mínimo en tres ramas principales: la filosofía del lenguaje, la filosofía de la ciencia y la filosofía de la mente. Cada una de ellas se desarrolla productivamente, o no tan productivamente, dependiendo de los propios filósofos.

En el mejor de los casos, la filosofía del lenguaje revela y estudia importantes estructuras y propiedades de esta maravillosa capacidad humana. En el peor, insiste en que nuestra noción de sentido surge sólo de dichas estructuras y propiedades (aunque no nos explica cómo). En el mejor de los casos, la filosofía de la ciencia explica cómo funciona la ciencia y estudia los supuestos en los que se basan los científicos para realizar experimentos e interpretar sus resultados. En el peor, cuando lo hacen filósofos que no saben nada de ciencia, degenera en una vacua teorización sobre teorías mal entendidas. En el mejor de los casos, la filosofía de la mente trata de comprender las diferencias entre la mente y el cerebro, entre el cerebro y los ordenadores, entre la informática y la conciencia. En el peor, pierde el tiempo arguyendo que quizá nos equivocamos al creer que tenemos creencias, o que no podemos estar seguros de estar pensado pensamientos sólo porque pensamos que los estamos pensando. En el mejor de los casos, la filosofía analítica permanece en el límite de la comprensión humana porque los filósofos siempre están buscando los conceptos erróneos de los hombres, y éstos abundan en todas las épocas. En el peor, la filosofía analítica es un pasatiempo inofensivo, lo cual sigue siendo mucho mejor que la mayor parte de otras cosas en el peor de los casos.

Por si piensa que estoy desairando la filosofía analítica, sepa que esto es lo que dicen los mismos interesados. Willard Quine, con toda probabilidad el filósofo analítico más famoso de Estados Unidos, es incluso menos diplomático que yo, ¡y yo no soy conocido precisamente por mis dotes diplomáticas!

> De acuerdo, mucha literatura producida bajo el encabezamiento de filosofía lingüística no tiene ninguna trascendencia filosófica. Algunos artículos son sencillamente incompetentes; y es que el control de calidad brilla por su ausencia en la floreciente prensa filosófica.
>
> WILLARD QUINE

LA ÉTICA APLICADA Y EL ASESORAMIENTO FILOSÓFICO

La rueda del cambio volvió a girar con la aparición de la ética aplicada a mediados de los años ochenta. En la actualidad, las éticas biomédica, de los negocios, la informática y el medio ambiente representan las formas más habituales de utilizar herramientas filosóficas para analizar problemas del mundo real. Esta industria aún en desarrollo pone a la filosofía a trabajar sobre algunos asuntos importantes de nuestro tiempo. Estos problemas afloran porque los cambios científicos y tecnológicos nos obligan a reformular las leyes existentes (sobre cuestiones como la eutanasia, la contratación de inmigrantes ilegales, el púlpito que el odio ha encontrado en Internet o el vertido de residuos tóxicos). Antes de dictar o enmendar leyes, debemos aclarar nuestra postura filosófica. Existen incluso libros de texto sobre ética legal y periodística, aunque resulta obvio que casi nadie los lee.

Como fin de fiesta, durante los últimos veinte años en Europa y la última década en Estados Unidos, el asesoramiento filosófico ha comenzado a difundir el significado de la filosofía práctica. La ética aplicada afecta a distintas profesiones y a veces aborda temas que revisten importancia para los individuos. Algunos éticos aplicados también son asesores y consultores; por consiguiente, también son consejeros filosóficos, pero la ética aplicada suele estudiar asuntos de amplio alcance más que problemas personales.

En cambio, los consejeros filosóficos trabajan con clientes individuales. Gerd Achenbach encendió esta mecha en 1981, cuando abrió su consulta de asesoramiento filosófico en Alemania. Hoy en día, el «movimiento» del asesoramiento filosófico se está dando a conocer al público de todo el mundo. Mis colegas y yo echamos mano de la sabiduría colectiva de todos los tiempos para guiar a nuestros clientes en direcciones filosóficas que les ayudan a resolver o manejar sus problemas. Nos ocupamos de los aspectos de la vida moderna (y posmoderna) que hacen que vivir resulte tan desafiante, complejo y, en última instancia, valioso y provechoso. Ayudamos a las personas a llevar una vida examinada.

Espero que esta nota al pie a Platón contribuya a que la filosofía sea de nuevo una tradición dinámica en lugar de oscura. Nosotros, los consejeros, tratamos de construir puentes entre la sabiduría acumulada en los últimos dos milenios y medio y la clara necesidad de nuevas aplicaciones que presenta el nuevo milenio. La práctica filosófica es una idea antigua (quizá la segunda profesión más vieja del mundo) que vuelve a tener su razón de ser.

SEGUNDA PARTE

CÓMO ARREGLÁRSELAS ANTE LOS PROBLEMAS COTIDIANOS

5

La búsqueda de una relación sentimental

Y sin embargo, si todos los deseos se vieran satisfechos en cuanto despiertan, ¿en qué ocuparían los hombres su vida, cómo pasarían el tiempo? Imaginemos a esta raza transportada a una Utopía donde todo creciera espontáneamente y los pavos volaran asados, donde los amantes se encontraran sin más demora y supieran permanecer juntos sin mayor dificultad: en semejante lugar algunos hombres se morirían de aburrimiento o se ahorcarían, otros lucharían y se matarían entre ellos, y así crearían por sí mismos más sufrimiento del que la naturaleza les causa tal como es ahora.

ARTHUR SCHOPENHAUER

Para vivir solo, uno tiene que ser un animal o un dios.

FRIEDRICH NIETZSCHE

Aunque toda relación personal (con la familia, los amigos, los vecinos y los colegas) satisfaga en parte la bien guardada necesidad humana de contacto social, dicha necesidad se manifiesta más comúnmente en la búsqueda de una relación sentimental. No todo el mundo necesita o desea una relación amorosa estable, y algunas personas procuran ampliar constantemente su círculo de contactos sociales. Sin embargo, la mayor parte de las veces el vínculo de pareja sigue siendo la relación adulta por excelencia. Las personas involucradas en relaciones sentimentales tienen que invertir una gran cantidad de energía en mantener dichas relaciones, tal como comentaremos con más detalle en el capítulo 6. Aunque muchas personas no involucradas en una relación amorosa invierten la misma cantidad de energía en encontrar a su media naranja.

Si usted es una de ellas, hará bien en dar con la persona acertada para evitar los sinsabores de la separación (véase capítulo 7). La filosofía china nos enseña que los finales están contenidos en los principios; las tormentas violentas se forman deprisa pero no duran mucho. Tanto la filosofía cristiana como la hindú nos enseñan que cosechamos lo que sembramos. Ocuparse desde el principio de una relación en ciernes con el fin de formar una pareja sólida y estable puede suponer un gran paso que asegurará resultados satisfactorios a largo plazo para ambas partes. Tanto si el final último de la relación es la muerte como el divorcio o cualquiera de sus infinitas variantes, las semillas se plantan al principio. Proceder conscientemente a pesar del torbellino de emociones que acompaña a toda nueva relación no garantizará que el camino sea fácil (todas las relaciones tienen sus altibajos), pero a la larga le proporcionará el mejor rendimiento a su inversión. Este capítulo propone una guía filosófica sobre el cómo y el porqué de la búsqueda de relaciones.

Hallar un compañero de por vida en una sociedad avanzada desde el punto de vista tecnológico es más difícil que en una aldea primitiva, donde al menos todo el mundo se conocía y para tomar esposa uno tan sólo debía elegir entre las relativamente escasas personas disponibles. Esto no conducía forzosamente a un final feliz, por supuesto, pero la intimidad de esta clase de comunidades brindaba apoyo a quienes no encontraban pareja y también a quienes no estaban contentos con la que habían formado. Ahora nuestros horizontes son mucho menos limitados pero sufrimos la contrapartida de la pérdida del espíritu de comunidad, con el consiguiente debilitamiento del tejido social que vincula a los miembros de dicha comunidad.

Marshall McLuhan escribió por primera vez acerca de la «aldea global» en los años sesenta. Desde entonces el mundo se ha hecho aún más pequeño y está mejor comunicado, y el acceso a Internet, el transporte aéreo generalizado y asequible, el desarraigo y la globalización han ido aproximando a las personas de la Tierra. McLuhan sólo hizo referencia al espacio físico, no al ciberespacio, y tampoco supo anticipar los efectos de la globalización. Con tantas relaciones humanas mediatizadas por dispositivos tecnológicos como el teléfono y los ordenadores, el contacto entre las personas pierde la intimidad necesaria para establecer relaciones individuales y a su vez comunidades.

El filósofo francés Henri Bergson anticipó el futuro al advertir contra la mecanización del espíritu que iba a acompañar al progreso tecnológico, lo cual dificultaría nuestro florecimiento como seres sociales.

> ¿Qué clase de mundo tendríamos si este mecanismo se apoderase de toda la raza humana, y si los pueblos, en lugar de avanzar hacia una diversidad más rica y armoniosa, como hacen las personas, se confundieran en la uniformidad?
>
> HENRI BERGSON

En nuestra acelerada sociedad tecnológica, estamos tan enfrascados en descifrar cómo funcionan las cosas que no disfrutamos de ninguna conexión espiritual con el mundo ni con nuestros semejantes. Por consiguiente, la búsqueda de alguien con quien compartir nuestra vida adquiere renovada importancia.

DOUG

Doug presentaba un programa de radio que se emitía de madrugada. Adoraba su trabajo, con inclusión de las peculiaridades de hacer el turno de noche, y estaba satisfecho. Sin embargo, no estaba tan contento con otro aspecto importante de su vida: echaba de menos una relación amorosa estable. Su estrafalario horario le dificultaba el conocer gente y hacía casi imposible el salir con alguien. En el trabajo tampoco tenía mucho contacto humano (olvidemos por un instante la miríada de problemas que surgen en las relaciones con compañeros de trabajo), ya que la emisora la atendía muy poco personal durante el tiempo que él pasaba allí. Y cuando terminaba la jornada, dispuesto a relajarse un poco, el resto del mundo estaba tomando el desayuno antes de irse a trabajar.

Lo irónico del caso, por supuesto, es que cada noche establecía contacto con muchísimas personas: su audiencia radiofónica. Contaba con un buen número de fieles seguidores y sus líneas telefónicas no paraban de recibir llamadas. La emisión del programa llegaba a millones de oyentes que creían conocerle porque los acompañaba en sus hogares y automóviles. No obstante, él consideraba que no conocía a nadie.

Doug nos sirve de ejemplo del poder alienante de la tecnología, y como tal se convierte en una especie de icono de la vida moderna. Su problema era resultado de la tendencia general de la sociedad a constituir comunidades artificiales que se mantienen unidas mediante finos hilos tecnológicos, pero que carecen de un verdadero tejido social. Es incontestable que la tecnología ha mejorado en gran medida la vida de los seres humanos. Uno de los beneficios que reporta es la ampliación de nuestro círculo potencial de relaciones. Ahora bien, el precio de esta ampliación es que nos perdemos en un mar interminable de opciones y posibilidades. Sin los límites que solían imponerse antaño, ya no sabemos cómo localizar y valorar a un posible compañero.

Llevando las cosas al extremo, tal como solemos hacer, la tecnología nos priva de la clase de comunidad auténtica que nos es fundamental siendo como somos seres sociales. No es preciso tener un vínculo tan concreto con los medios de comunicación como Doug para percibir estos efectos en la vida cotidiana. Apuesto a que usted es capaz de encontrar como mínimo un *chat group* en Internet dedicado a lamentarse sobre el aislamiento de la vida moderna, cuyos miembros no hacen sino afianzar dicho aislamiento al establecer relaciones virtuales en lugar de reales. Sea cual sea su situación, usted vive en un mundo tempestuoso, y una relación sentimental le proporciona un puerto seguro.

Para Doug, todo esto significaba que el sistema tecnológico que lo había convertido en alguien famoso le cobraba un precio irónico: la soledad. Cuando vino a verme, ya había trabajado bastante sobre su problema. Considerándolo desde la perspectiva del proceso PEACE, ya había superado los tres primeros pasos. Había identificado el problema: el horario desfasado que llevaba debido a su trabajo, la pobreza del contacto social con sus oyentes y la ausencia de una relación íntima. Emocionalmente, se sabía desgraciado debido a su aislamiento y al deseo insatisfecho de mantener una relación sentimental estable. Analizando la situación, Doug veía dos opciones y ambas le parecían inaceptables: dejar su trabajo o quedarse soltero de forma indefinida. Estaba muy contento con su empleo y no abrigaba el menor deseo de buscar otro. No estaba dispuesto a sacrificar según qué aspectos de su carrera profesional para buscar pareja, a pesar de que esa relación seguía encabezando su lista de prioridades personales.

Doug se encontraba en un punto en el que necesitaba dialogar para valorar de nuevo su situación, incorporando todos los elementos que había examinado para hallar la mejor disposición filosófica: la etapa contemplativa (C) del proceso PEACE. En todas las épocas, los filósofos han pedido a las personas que revisaran sus creencias. Ésta es la esencia de la vida examinada de la que tanto se habla. Así pues, trabajé con Doug para ver si había otras formas de conceptuar lo que le estaba pasando. Mi tarea como consejero filosófico consistió en hacerle estudiar de nuevo la situación.

Doug creía que el horario que llevaba en un trabajo que le encantaba le impedía tener las relaciones que tanto ansiaba. Estaba convencido de que dicho horario entorpecía la posibilidad de conocer a alguien, por no hablar de fijar una cita. Juntos nos cuestionamos si aquello era en efecto cierto y estuvimos de acuerdo en que había millones de personas anónimas que trabajaban con horarios normales y que, no obstante, luchaban contra una frustración parecida porque tampoco encontraban una relación satisfactoria. Seguramente había otros tantos millones de personas que trabajaban con toda clase de horarios extraños y que, a pesar de ello, tenían pareja. No fue una gran revelación pero aportó algo de consuelo: era posible que el horario de trabajo no fuese el responsable de que Doug tuviera el corazón partido. El mero hecho de saber que otros se hallaban en la misma situación renovó las esperanzas de Doug de encontrar la clase de persona que quería, y le dio más energía para acometer el problema. Los científicos llaman «comprobar supuestos» a esta clase de revisión, la cual constituye una herramienta imprescindible en la resolución de problemas científicos y también es de gran utilidad para resolver problemas personales o filosóficos.

Para iniciar la etapa contemplativa, Doug tenía que plantearse explicaciones alternativas de su problema. ¿Realmente necesitaba conocer gente nueva para encontrar el amor o quizás había pasado por alto a alguien que ya conocía? ¿Acaso había invertido la causa y el efecto, y en parte había elegido aquella clase de trabajo para evitar tener relaciones? ¿Había algo en él (p. ej., timidez) que le impedía tratar a la gente cara a cara (a diferencia de sus contactos en las ondas) o establecer una relación cuando conocía a alguien? Para hallar el modo de manejar su situación, Doug no podía dar nada por sentado. Llevar esta clase de vida examinada puede resultar incómodo al principio, ya que no todo lo que descubra sobre sí mismo será de su agrado, pero a la larga es mejor saber cosas sobre uno mismo, sean las que fueran, incluso si durante un tiempo le sorprenden. Sólo comprendiéndose de verdad podrá reconocer sus motivos, validar sus creencias, actuar para alcanzar sus objetivos y encontrar una paz interior más duradera.

Le sorprendería saber cuántas personas se encuentran en la misma situación que Doug: son agradables, inteligentes, ingeniosas, elocuentes, queridas y, sin embargo, carecen de compañero sentimental. En el caso de Doug, discutimos unas cuantas posibilidades que pudieran explicar su situación. ¿Acaso el destino tenía algo que ver? Tal vez, pero a Doug no le gustaba nada la idea de estar completamente a merced de fuerzas desconocidas. ¿Y la voluntad? Doug estaba bastante seguro de que si decidía encargar una pizza conseguiría que se la entregaran, con sus ingredientes favoritos, haciendo una simple llamada telefónica. ¿Acaso dar con alguien tenía que ser así de fácil?

Doug no lo creía. La compañera de su vida iba a ser más especial que un trozo de pizza, aunque eso no significaba que no fuera a encontrarla. ¿Podría ser que Doug no se sintiera merecedor de la clase de mujer que en realidad quería? ¿Que en verdad estuviera obrando correctamente al respecto? Puede que su compañera ya estuviera en camino y lo único que le pasaba a Doug es que se impacientaba con la espera. Cuando toda la sensación de que la pizza está tardando más de la cuenta en llegar, telefoneas para averiguar qué sucede con la entrega. Ahora bien, ¿a quién puedes llamar cuando el amor de tu vida tarda demasiado en llegar? ¿Y cómo saber cuánto tiempo es demasiado?

Di a conocer a Doug un par de revelaciones que venían al caso, una del taoísmo y la otra del budismo. En primer lugar, Laozi nos dice que querer algo mucho pero creer que es inalcanzable es perjudicial para el estado de ánimo. Póngase debajo de un manzano en primavera. No verá ni una manzana, y no conseguirá ninguna por más que trepe al árbol o lo sacuda. Vuelva a ponerse debajo del mismo manzano en otoño.

Las manzanas maduras le caerán a las manos. Lo que a veces ocurre es que nos esforzamos demasiado, o en el momento menos oportuno, para satisfacer los deseos del corazón. Trate de desear menos y de ser más oportuno. En lo que a conocer gente se refiere, la oportunidad suele ser mejor cuando uno no se esfuerza en conseguirlo. Deje de buscar y encontrará. Y si no encuentra, no sufrirá porque no estará buscando. Éste es el arte de buscar sin buscar. Parece una paradoja lógica, pero eso al Tao le trae sin cuidado; así es como funciona.

> Los cinco colores cegarán la vista del hombre.
> Los cinco sonidos ensordecerán el oído del hombre.
> Los cinco sabores estropearán el paladar del hombre.
> Perseguir y dar caza volverá insensato al hombre.
> Las cosas difíciles de obtener corromperán la conducta del hombre.
>
> LAOZI

La segunda revelación es de Buda: lo que experimentamos en la vida es lo que hemos querido (no lo que deseamos o soñamos, sino lo que quiere nuestra voluntad). El truco es que lo que usted está viviendo ahora es producto de una volición previa, de lo que quiso anteriormente. Usted puede influir en lo que le pasará en el futuro reflexionando sobre lo que quiere ahora, pero este proceso no es instantáneo. Requiere tiempo. ¿Cuánto tiempo? Pruébelo y lo averiguará por sí mismo. Con la debida práctica, empezará a vivir el presente con más plenitud, lo que significa que no le faltará casi nada. Se obtiene lo que se quiere, no lo que se desea. Y hay que quitarse de encima lo que se desea demasiado.

> Todos los fenómenos de la existencia tienen la mente de su precursor, la mente de su líder supremo, y de mente están hechos.
>
> BUDA

En efecto, su compañera sentimental es una manifestación de su mente, tal como usted lo es de la suya. Cuando usted sea capaz de querer que aparezca, descuide que lo hará.

Admirado ante la utilidad de estos puntos de vista, Doug comenzó a dejar de lamentarse de todos los sitios que estaban cerrados cuando salía de trabajar. En cambio, comenzó a preguntar qué había abierto a esa hora. A estas alturas debería ser cliente habitual de la cafetería más concurrida de la ciudad a la hora del desayuno, y mantener los ojos bien abiertos para detectar a esa persona que estará pensando: «¿No sería estupendo conocer a alguien de forma civilizada, mientras tomamos el desayuno, teniendo ocasión de vernos y oírnos, en lugar de hacerlo en una discoteca subterránea, oscura y ruidosa?»

Tras comprender que su problema tenía solución (en lugar de ser un conflicto insufrible con su trabajo), Doug estaba preparado para pasar a la acción, de modo que comentamos otros enfoques prácticos para encontrar una relación amorosa, desde incorporarse a un grupo de aficionados a un *hobby* para conocer a alguien con quien tuviera algún interés en común, hasta poner un anuncio personal en el que especificara sus inusuales horarios.

Fueran cuales fueren los pasos concretos que diera Doug, lo más importante para él fue vencer los prejuicios filosóficos que limitaban sus opciones.

El asesoramiento filosófico ayudó a Doug en la etapa contemplativa, hasta que estuvo preparado para obrar por su cuenta y dar los pasos necesarios para conocer a alguien. Su disposición evolucionó desde lo problemático («Mi horario me impide conocer personas») a lo esencial («He estado usando mi horario como excusa para no conocer a nadie»). Tras efectuar un cambio fundamental en su disposición mediante la contemplación, se vio bien pertrechado para embarcarse en la aventura que buscaba.

En esta etapa esencial, dejó de tener un problema: tenía la *voluntad* de obedecer a su corazón.

De esta manera, usted puede dirigir su destino reflexionando sobre lo que quiere. Puede que esté perdido en un laberinto de deseos y que ni siquiera lo sepa porque no sabe en qué está pensando. Uno de los objetivos del proceso PEACE es dejar al descubierto el programa que se está ejecutando en su cabeza y permitirle decidir si desea cambiar de rutina. Los seguidores de la New Age tienden a llevar esta idea demasiado lejos, sosteniendo que cualquier cosa que afirmen se hará realidad.

Y lo cierto es que sería divertido que bastara con pensar que uno va a ganar la lotería para que le tocase el gordo. Es preciso que distinga entre lo que puede cambiar mediante sus actos conscientes (como su disposición hacia el conocer personas) y lo que no puede cambiar mediante sus actos conscientes (como el tiempo).

SUSAN

Si Doug hubiese conocido a Susan, quizá su experiencia le habría demostrado que conocer a muchas personas no es forzosamente el camino que conduce a una relación satisfactoria. Ejecutiva de éxito en una gran firma financiera, Susan era el tipo de treintañera atlética y atractiva que suele posar en los anuncios de coches de lujo. Llevaba una vida social muy activa con un maravilloso círculo de amistades, y andaba sobrada de citas. Sin embargo, pese a su éxito profesional, económico y social, le daba la impresión de que le faltaba algo. Quería comprometerse en una relación a largo plazo y tener hijos con el cónyuge adecuado, pero ninguno de los hombres que salían con ella parecía compartir este ideal. La mayoría de ellos ni siquiera le proponía un segundo encuentro, por no hablar de un sitio en la mesa de su visión de la vida en familia.

Susan se ponía nerviosa al pensar que a estas alturas de la vida ya tendría que haberse tomado las cosas en serio con alguien. Había asistido a infinidad de bodas y ceremonias de compromiso de amigos en los últimos años y ahora ya comenzaba la ronda de bautizos de sus hijos. Su abuela le había comentado hacía poco que esperaba vivir lo bastante como para bailar en la boda de su nieto mayor. Emparejarse parecía la cosa más normal del mundo. Ahora bien, Susan admitía ser una perfeccionista y creía firmemente que debía ser capaz de sentar cabeza con alguien que viviera con arreglo a sus valores, a todos sus valores.

Susan, como Doug, sacó provecho de cuestionar su propia historia. A diferencia de Doug, al analizar e integrar los distintos aspectos de su experiencia, iba a parar una y otra vez a los mismos sentimientos: pese a desear con fervor una relación amorosa, prefería no involucrarse con nadie antes que hacerlo con la persona equivocada. Mientras la escuchaba, me mostré de acuerdo con su valoración de la situación, y no vi la necesidad de seguirla cuestionando, dado que ella ya la había revisado a conciencia. Ser exigente es bueno, y Susan no se medía a sí misma sirviéndose de promedios estadísticos. Entre los beneficios de la práctica filosófica se cuentan el modo de hallar la esencia de uno mismo y la valentía de vivir conforme a ella.

Susan apreciaba la virtud, tanto en ella como en los demás. Alenté a Susan a mantenerse firme en esta postura (que se da tan raras veces en la sociedad actual) pero también a ser un poco más realista. Ninguna relación es perfecta. Así pues, aunque uno logre encontrar a una persona absolutamente maravillosa, nunca hay un perfecto «y fueron felices por siempre jamás». Además, no se puede saber de antemano si alguien es virtuoso, de modo que si Susan quería encontrar a alguien así, le sería preciso invertir tiempo en ir conociendo a las personas antes de emitir juicios sobre ellas. Y esto iba a llevarle más de una cita.

Comentamos la posibilidad de un largo noviazgo para que Susan se mantuviera fiel a su búsqueda del compañero adecuado sin descartar a los pretendientes antes de que tuvieran ocasión de dar prueba de su valía. Susan presentaba una clase de reserva que hoy en día no es tan común como antaño. Explorar despacio una relación contribuiría a establecer los fundamentos de algo duradero, o como mínimo a desvelar una razón de peso para no seguir adelante con la relación. Susan se propuso ser sincera con sus posibles pretendientes explicándoles que buscaba a alguien que se mostrara paciente a este respecto. Como sociedad, nos hemos vuelto tan permisivos que no conocemos límites en la mayor parte de ámbitos, con inclusión de las relaciones personales. Todo se mueve a un ritmo rápido e impulsivo. Pese a las ventajas del acceso a Internet y los viajes en avión, el exceso de velocidad hace estragos en el noviazgo. Si usted busca a alguien para asentar los cimientos de su casa, querrá a la persona que vaya a realizar la obra más firme y sólida, no a la que le prometa hacerlo de un día para otro.

El pensamiento de Susan sobre la virtud seguía un hilo paralelo al de Aristóteles, quien creía que la felicidad es algo más que mero placer, diversión o entretenimiento. Escribió que tales cosas son pasajeras, no perdurables, y que vienen de fuera de uno, mientras que la plenitud procede de dentro. A esta felicidad la llamó «excelencia de carácter» porque la veía fruto de alcanzar las virtudes clásicas de la sabiduría, la templanza, la valentía y la justicia (las virtudes cristianas —fe, esperanza y caridad— surgieron siglos después). Para Susan, como para Aristóteles, plenitud significaba llegar hasta donde uno sea capaz. Aristóteles habría agregado que practicar dichas virtudes significa seguir el camino del medio. Si Susan hubiese tenido ocasión de confiar sus problemas a Aristóteles, con toda probabilidad la habría instado a no poner en peligro sus principios pero también a asegurarse de que dichos principios no fuesen extremos.

> Si la felicidad consiste en virtuosa actividad, debe ser la actividad de la más elevada virtud o, en otras palabras, de la mejor parte de nuestra naturaleza.
>
> [...] Así, concluimos que la felicidad alcanza hasta donde llega la facultad de pensar, y cuanto mayor sea la

facultad de pensar de una persona, mayor será su felicidad; no como algo accidental sino en virtud de su pensamiento, pues éste es noble por definición. Por ende, la felicidad tiene que ser una forma de *contemplación*.

ARISTÓTELES

Susan también se interesó por las ideas de los estoicos. Pese a la idea popular de que el estoicismo consiste en apretar los dientes ante el infortunio (tomarse las cosas «con filosofía», como se suele decir), el concepto central del estoicismo es asignar valor sólo a lo que nadie puede quitarnos. El valor, entonces, reside en cosas como la virtud, y no en un abrigo de piel nuevo o en una tarjeta de crédito. Para los estoicos, el objetivo es conservar el poder sobre uno mismo. Si usted valora algo que le pueden quitar, se pone en manos de quien quiera quitárselo. Piense en la cantidad de poder que tiene un ladrón de coches sobre aquellos de nosotros que no hemos perfeccionado una actitud estoica. Compramos alarmas caras y molestas, nos vemos en apuros cada vez que tenemos que inmovilizar el volante al del coche, nuestra congoja no es cuantificable pero seguro que está en lo alto de la escala de Richter. Los coches abundan en todas las calles; las virtudes son más raras en los seres humanos. Susan hizo bien al valorar sus principios y expectativas, y los estoicos habrían dado su bendición a las fuerzas de resistencia que le impidieron devaluarse.

La naturaleza tenía previsto que no necesitáramos muchos pertrechos para vivir felices; cada uno de nosotros es capaz de crear su propia felicidad. Las cosas externas apenas tienen importancia. [...] Todo lo que un hombre precisa está más allá del poder de otro hombre.

SÉNECA

Susan también presentaba una faceta fatalista, así que Tolstói le gustó. Tolstói creía en el destino humano. Susan también pensaba que el destino jugaba la mano definitiva en toda relación, aunque se preguntaba hasta qué punto podía controlar la partida. ¿Podía encontrar el amor que tanto ansiaba y hacerle un sitio en su vida? ¿O era una cuestión de destino? Como en todas las cuestiones filosóficas, no es posible responder a estas preguntas de manera concluyente. La única forma de averiguarlo es vivir, e incluso entonces, por supuesto, puede que no lo averigüe. Las teorías filosóficas no pueden demostrarse como los teoremas matemáticos. Puesto que no conocemos las respuestas absolutas, tal vez lo más importante sea lo que usted cree que son dichas respuestas, y lo que le impulsa a creerlo así.

> Reconocer el libre albedrío del hombre como algo capaz de influenciar los acontecimientos históricos, es decir, no sujeto a leyes, es para la historia lo mismo que reconocer una fuerza libre que mueve los cuerpos celestes a la astronomía.
>
> LEV TOLSTÓI

Susan tenía dos opciones: esperar la relación que tenía en mente o transigir. Si decidía esperar hasta encontrar a alguien que cumpliera sus altas expectativas, quizá lo encontrara al día siguiente o quizá nunca más. No podía imponer la longitud de la espera. Lo único que podía decidir era hasta cuándo esperaría sin hacer concesiones, así como la naturaleza de dichas concesiones.

Tanto Aristóteles como Confucio, que fueron contemporáneos aunque vivieron en mundos aparte, creían que la virtud, como el vicio, es un hábito. La virtud no es un objetivo imposible, sino que está perfectamente al alcance. La sociedad nos condiciona, pero llega un momento en que debemos asumir la responsabilidad de los hábitos que adquirimos. Susan estaba orgullosa de su lealtad a la virtud y esperaba compartir su vida con alguien que persiguiera su misma meta. Un psicólogo quizá se habría centrado en su perfeccionismo entendiéndolo como un error o como la tapadera de emociones más profundas, mientras que un filósofo estudiaría con más detenimiento su concepto de la virtud y su forma de evaluarla en los demás. De momento, Susan podía estar segura de que ateniéndose a sus elevados principios hallaría el camino hacia la realización y la plenitud.

Nos vemos reflejados en los demás, de modo que las relaciones personales nos ayudan a conocernos mejor. Uno de los objetivos del asesoramiento filosófico es lograr una visión más clara de uno mismo, de ahí que este libro contenga tres capítulos dedicados a las relaciones personales. Para ser completamente humanos, necesitamos convivir con el prójimo. Éste es el ímpetu que mueve la búsqueda de relaciones sentimentales, tal como hemos visto en este capítulo, y el motivo que nos hace trabajar para mantenerlas una vez que las hemos encontrado, como veremos a continuación.

6

Mantener una relación

Sólo el cambio perdura.

HERÁCLITO

El mundo entero es una chimenea.
¿Con qué estado de ánimo puede uno
evitar quemarse?

GAO FENG

Todas las estructuras, sean máquinas, organismos o sistemas, precisan un mantenimiento. Una relación sentimental, como estructura particularmente compleja y maleable, requiere constantes reparaciones y medidas preventivas para que funcione correctamente. El equilibrio necesario para el buen funcionamiento de un ser vivo cambia de un modo constante, por lo que precisa pequeños ajustes una y otra vez. Si combinamos a dos seres vivos tan evolucionados y complejos como las personas, el trabajo para mantener la estructura (la relación) se duplica. Ambos individuos tienen sus respectivas necesidades y deseos, y la relación en sí presenta un conjunto suplementario de requisitos.

Puede que sean precisos cuidados de mantenimiento interno y externo. Mantener una relación es un trabajo duro, aunque en buena medida se lleva a cabo por rutina, sin detenerse a pensar en ello. Su organismo realiza innumerables funciones para conservarse sano sin que usted apenas se entere, como por ejemplo regular la temperatura y la respiración. No obstante, en un momento dado también precisará una intervención externa, como una vacuna contra la gripe, una tanda de antibióticos o la visita a un fisioterapeuta. Conservar una relación en buen estado también puede requerir asistencia exterior, como una fiesta de aniversario o una sesión de asesoramiento. Gran parte de la grasa y el aceite que mantienen activa una relación es fruto de la rutina cotidiana, como decidir juntos lo que se va a cenar, ir a la tintorería a recoger la ropa del cónyuge o un beso rápido antes de separarse por la mañana. En medio se halla la tierra de nadie donde reside la mayoría de los asuntos importantes de toda relación, y donde debe realizarse la mayor parte del trabajo.

PODER Y DICHA

Buscamos poder; cuanto más, mejor. Thomas Hobbes definió el poder como la capacidad de obtener lo que a uno le gusta o considera beneficioso. A diferencia de Platón, que concebía una forma ideal del bien, Hobbes creía que pensamos que algo es bueno cuando nos gusta; y malo, cuando nos disgusta. Para Hobbes, a lo más que cabe aspirar en la vida es a la «dicha», a la que veía como una retahíla de momentos felices, o como la capacidad de ser feliz con más o menos frecuencia, al obtener lo que uno cree que es bueno para sí. Esta clase de felicidad nunca es duradera (más adelante, Freud volverá a descubrir que es pasajera). Para Hobbes, mantener la propia dicha es el poder fundamental.

> [...] Considero que toda la humanidad se siente inclinada a desear con ansias cuanto poder pueda ostentar, lo que sólo cesa con la muerte.
>
> THOMAS HOBBES

Una relación bien mantenida es una suerte de dicha; es una fuente de poder. Casi todo el mundo se muestra de acuerdo en que desea una relación para ser feliz o sentirse realizado. Casi todo el mundo es mucho menos claro cuando se le pregunta qué es lo que va a aportar a esa relación. Este dilema lo complica todavía más lo que los economistas llaman ley de rendimiento decreciente: a mayor frecuencia de un suceso, menos valor se le atribuye. El primer beso y los primeros «te quiero» le hacían subir al cielo; ahora los días pasan sin que usted y su pareja intercambien gestos o frases de afecto. Con toda certeza, al hacer un cumplido a su cónyuge sobre su nuevo peinado al principio de la relación usted ganaba muchos puntos y, en cambio, ahora el mismo cumplido apenas surte efecto.

Buscar el número uno es parte de la naturaleza humana. Las personas obran por interés propio. Incluso cuando servimos a los demás, solemos hacerlo porque nos reporta beneficios o porque no hacerlo iría en nuestro propio detrimento. Aunque las personas sacrifiquen su vida por el prójimo en tiempos de guerra y otras circunstancias extremas, no puede decirse que ésta sea la norma. Habitualmente, por no decir ante todo, el altruismo satisface una necesidad propia. Como criaturas egoístas que somos, cuando llega el momento de la verdad, buscamos la propia felicidad a expensas de la felicidad de nuestra pareja. La lucha de poder está servida, y Hobbes veía toda relación como una forma de lucha por el poder. Cuando hablo de mantener una relación, me refiero a la búsqueda de posiciones conciliatorias, de un equilibrio de poder.

Si el mantenimiento conlleva tanto trabajo, ¿por qué vamos a molestarnos en aspirar a esas posiciones reconciliatorias? Lo más maravilloso de una relación es que el todo es mucho mayor que la suma de las partes. En el mejor de los casos, ambos miembros encuentran apoyo para darse cuenta de su potencial como individuos así como del potencial del equipo que forman. Si las cosas se agrian, el tremendo desgaste de energía que supone una relación deteriorada sin remedio también puede significar que el todo sea menos que la suma de sus partes. (El territorio que se extiende más allá de esta línea en la arena es objeto del capítulo siguiente.) Aunar recursos (como en una cuenta de ahorro conjunta) hace que éstos adquieran un volumen óptimo, pero si una persona sólo ingresa dinero y la otra sólo retira, los cheques pronto se quedarán sin fondos. De un modo parecido, si sólo un miembro de la pareja se dedica a mantener la relación ante la indiferencia del otro, al final se agotarán los fondos de su cuenta conjunta. Deber dinero al banco quizá sirva para cubrir las necesidades cotidianas, pero no servirá de nada si se presenta un imprevisto importante.

SARAH Y KEN

Durante los cuatro años que llevaban juntos, Sarah y Ken habían encontrado la dicha en su relación. Las amigas de Sarah le decían que estaban celosas de su pareja «perfecta». Sarah y Ken comenzaron a salir durante el estresante último curso de la facultad y ahora gozaban del fruto de sus esfuerzos, haciendo carrera en sus respectivas empresas. Ambos trabajaban muchas horas pero les encantaba aprovechar los fines de semana libres para irse de excursión o a esquiar. Cuando Ken no consiguió el acenso que esperaba, Sarah supo cómo consolarlo y ayudarlo a prepararse para la siguiente oportunidad, y cuando a la madre de Sarah le diagnosticaron un cáncer Ken la acompañaba a su ciudad natal cada pocas semanas hasta que el tratamiento de quimioterapia concluyó con buenos resultados.

Sarah y Ken llevaban tres años viviendo juntos cuando ella vino a verme. Había puesto punto final a una relación anterior cuando el hombre con el que salía entonces quiso casarse y fundar una familia, pues ella no se sentía preparada para dar tal paso. Ahora que ya tenía treinta y dos años y se había establecido en el terreno profesional, quería tener hijos. Sin embargo, le preocupaban las dificultades de compaginar su carrera con la maternidad y estaba convencida de que para ella un matrimonio estable constituía el fundamento necesario para semejante empresa.

El problema residía en que ahora era Ken quien no estaba preparado para dar el paso. Abrigaba la intención de ser padre algún día, aunque más adelante (lo que recordaba a Sarah la oración de san Agustín: «Hacedme casto... pero todavía no»). Estaba muy contento de la relación con Sarah tal como era entonces, y veía el matrimonio como un preludio de la paternidad (y en su caso no iba errado). Sarah sabía que para convertirse en madre, tal como pretendía hacerlo, tendría que modificar su relación. No obstante, quería cambiarla haciéndola evolucionar hacia una nueva etapa, no buscando una nueva pareja.

Sarah se preguntaba si podía forzar a Ken. ¿Podría prepararse a consciencia para tener hijos? ¿O empujarlo hacia la paternidad supondría un craso error? Se le había ocurrido quedarse embarazada confiando en que Ken asumiera sus responsabilidades, pero quería comenzar su familia de una forma más seria y no estaba dispuesta a correr el riesgo de perder a su pareja y convertirse en madre soltera.

Sarah también reconoció el motivo económico que ocultaba su dilema. Tal como estaban las cosas, hacía valer su importancia en la relación con Ken cuando la medían en términos de sueldos. Sin embargo, quería quedarse en casa mientras sus hijos fuesen pequeños, y le daba miedo lo que ello podía significar tanto para sí misma como para Ken. ¿Acaso la diferencia de ingresos podía desequilibrar la relación? ¿Iba a aceptar Ken un nivel de vida inferior, aunque sólo fuese de forma temporal? ¿Lo haría ella?

Sarah se enfrentaba a una situación de callejón sin salida. Mantener la relación podía suponer renunciar a una de las principales cosas por las que quería mantener una relación: tener un hijo. Y tener un hijo podía poner en peligro la relación que deseaba conservar. Optó por evaluar la situación desde una óptica filosófica antes de tomar una decisión. Se dio cuenta de que quizá no encontraría la solución pero, dedicando un tiempo a conocerse mejor a sí misma y a revisar el asunto, esperaba encontrar un compromiso factible o al menos hacer más llevaderas las circunstancias hasta que se resolvieran por su cuenta.

A veces no hacer nada es la mejor forma de proceder. Tal vez lo único que necesitaba Ken era un poco más de tiempo, y entonces estaría tan ansioso de ser padre como Sarah de ser madre. Sus padres insistían en que querían tener nietos, y además se daba cuenta de que cuanto más esperara, más posibilidades había de tener dificultades para concebir. Sin embargo, no quería verse apremiada para resolver el asunto, y mi consejo fue que buscara consuelo en el proceso de la investigación filosófica. Le sugerí que tratara de involucrar a Ken en dicho proceso, para ver si lograban encontrar una posición reconciliatoria.

El asesoramiento filosófico consiste en ayudarle a dar forma a sus pensamientos sobre todos los retos importantes de la vida y organizar los principios en los que cree, de modo que pueda obrar de acuerdo con ellos. Si comparte un marco de referencia filosófico o encuentra uno que compartir (sea una religión, un conjunto de normas de su propia invención o una combinación de los sistemas existentes), éste actuará como un amortiguador a lo largo de la relación. La mayoría de las personas cuenta con una filosofía personal y profundas intuiciones sobre cómo y por qué las cosas son como son, pero no ha formulado este conocimiento de una manera sistemática y, por tanto, no puede obrar de acuerdo con él. Sarah estaba trabajando para cambiar esta situación y creía que quizá convencería a Ken para que también lo hiciera.

Biblioterapia

En el caso de Sarah, pensé que la biblioterapia podría serle provechosa. A algunos de mis clientes les receto un libro que considero que puede ayudarles. Trabajar de esta manera no es del agrado de todo el mundo, pero cuando surte efecto puede ser muy útil. A Sarah le recomendé el *Yijing* (utilizo la traducción de Wilhelm-Baynes). Comentamos el concepto esencial de este libro: hay una forma mejor y otra peor de conducirse en toda situación, y si uno es sabio, descubrirá y elegirá la mejor. El *Yijing* no es, como creen algunos, un método de adivinación. Es el recipiente de una inmensa sabiduría que refleja el funcionamiento interior de la mente. Esto es justamente lo que Sarah andaba buscando, y pensé que sentiría cierta afinidad con el enfoque intuitivo del *Yijing*.

El *Yijing* no está concebido para leerlo de principio a fin. Para utilizarlo, cabe formularle la pregunta cuya respuesta uno busca. En realidad, usted se pregunta a sí mismo; el *Yijing* le ayuda a encontrar la respuesta en su interior. El método es sencillo: se echan unas monedas (véase detalle en el apéndice E) que le indican una sección determinada del texto. El texto consiste en sesenta y cuatro secciones, que se corresponden con los sesenta y cuatro hexagramas que es posible formar echando las monedas. A Sarah le salió el hexagrama 37, «La familia», donde, entre otras cosas, leyó:

> Los cimientos de la familia los constituye la relación entre marido y esposa. El vínculo que mantiene junta a la familia es la lealtad y la perseverancia de la esposa. [...]

Otro pasaje aconsejaba:

> La esposa no debería seguir sus caprichos. Debe esforzarse por alimentar la relación. La perseverancia trae consigo la fortuna.

El siguiente explicaba:

> [...] De esta manera, la esposa se convierte en el centro de la vida religiosa y social de la familia, y su perseverancia en esta posición trae fortuna a toda la casa. En relación con las condiciones generales, el consejo que aquí se da es que no se busque nada por la fuerza, sino confinarse quedamente en los deberes que corresponda.

Sarah y yo discutimos distintas interpretaciones posibles de este hexagrama. A Sarah los pasajes citados aquí le parecieron especialmente cargados de significado, y al final llegó a la conclusión de que no debía obligar a su marido a ser padre. Supuso, en cambio, que si perseveraba como buena y amante esposa, Ken se daría cuenta de que también sería una buena y amorosa madre. Entonces su paternidad sería natural, no coaccionada.

Así es como el *Yijing* ayudó a Sarah a ayudarse a sí misma durante la contemplación, proporcionándole una disposición filosófica que le daría lo que deseaba, sólo que procediendo sin artimañas y sin propiciar el desastre.

La delicadeza de su prosa y la naturaleza práctica de su sabiduría son razones suficientes para consultar el *Yijing*, aunque la otra razón por la que se lo recomendé a Sarah queda reflejada en el otro nombre que suele recibir este antiguo texto chino: *El libro de las mutaciones*. Tal como Heráclito observó y Sarah experimentaba, «sólo el cambio perdura». La naturaleza de una relación consiste en mantener algo enfrentado al cambio.

No estoy diciendo que una relación no cambie, puesto que debe hacerlo. Un matrimonio no es igual en sus bodas de oro que cincuenta años atrás. A lo largo del camino ha habido distintas etapas, ciclos, crisis y resoluciones. La maleabilidad es la clave de la supervivencia de toda relación.

Una montaña rusa es una única cosa, pero al viajar en ella se viven cambios a cada instante. Subir y bajar son dos sensaciones muy diferentes, aunque se den en la misma montaña rusa. Sarah sabía que el coche en el que viajaba con Ken iba camino de la cima de la colina, pero no estaba segura de lo que le aguardaba al otro lado de la pendiente: una familia, una relación sin hijos o el final de la relación. En cualquier caso, el cambio se avecinaba y quería estar bien preparada para hacerle frente.

La filosofía china enseña que uno quizá no sea el único responsable de una situación, pero que tenemos la obligación de hallar el mejor modo de superarla una vez que nos encontramos en ella.

Según el *Yijing*, si se elige el peor camino para conseguir lo que se pretende, surgirán nuevas dificultades a lo largo del trayecto (tal como Sarah temía al considerar la posibilidad de un embarazo «por accidente»). Buscar siempre el mejor camino le permitirá no sólo sacar el mejor provecho de una buena situación, sino también de una mala.

El príncipe

Maquiavelo no es un filósofo en quien se suela confiar para dilucidar relaciones amorosas. No obstante, en *El príncipe*, expuso una interesante teoría sobre el cambio.

Pensaba que todo lo que nos sucede se debe tanto al destino como a nuestra capacidad, los cuales nos influyen en la misma proporción.

> Estoy dispuesto a sostener que la fortuna es el árbitro de la mitad de nuestros actos pero que, en mayor o menor medida, nos permite controlar la otra mitad.
>
> MAQUIAVELO

Ante cualquier situación, usted debe saber lo que está en su mano hacer en función de sus recursos, pero también debe reconocer las fuerzas del universo sobre las que no ejerce ningún control. Sarah no tenía por qué permanecer inactiva debido a una perspectiva fatalista, pero al mismo tiempo debía ceder ante cosas en las que no podía influir. Lo que Sarah tenía que concretar era la justa combinación de la *fortuna* y la *virtù* de Maquiavelo (el destino y la capacidad) en lo referente a cambiar la actitud de Ken ante la idea de ser padre. La filosofía china sostiene que es preciso determinar en qué clase de situación está uno inmerso y elegir una forma de proceder de acuerdo con ella. En una tormenta, se atrancan las escotillas hasta que amaina. Con viento favorable, se despliegan todas las velas. Sarah sentía que, fuera cual fuese su destino final, el viaje iría mejor con dos navegantes (que consultaran los mapas dibujados por unos cartógrafos de primera) que con un capitán en solitario.

TONYA

Mi colega Christopher McCullough tuvo una clienta que acudió a él con la inquietud de no saber si se había casado con el hombre de su vida. Ahora bien, Tonya se apresuró en agregar que siempre comenzaba a sentirse insatisfecha al cabo de dos o tres años de relación. Al casarse se había sentido por primera vez comprometida en una relación a largo plazo pero, aun así, seguían asaltándola sus viejos fantasmas. ¿Había cometido una terrible equivocación? Pese a sus dudas, decía amar a su marido. Deseaba seguir comprometida con su matrimonio y, sin embargo, se sentía atrapada en él. Vamos a revisar este caso desde la perspectiva del proceso PEACE para hacernos una idea de cómo ayudó el consejero a Tonya.

Su problema era evidente: temía que su relación fuera un fracaso. De esta preocupación fundamental se desprendían otros temores: que era incapaz de tener una relación duradera y que una relación duradera significaba sentirse atrapada. También tenía claras sus emociones al respecto: además de temor, sentía culpa, tristeza, inseguridad, ansiedad y distanciamiento.

Era en la fase analítica donde Tonya tropezaba con dificultades. Describió su historial psicológico como una experta, seleccionando distintos temas con tanto atino que era obvio que había seguido una prolongada terapia. (Una vez más, el asesoramiento psicológico puede resultar provechoso para conocerse a sí mismo.) Sin embargo, cuando se trataba de elegir sus opciones para actuar, veía pocas posibilidades: permanecer casada tanto si le gustaba como si no (camino que siguieron sus padres) o aceptar que no estaba hecha para las relaciones duraderas, romper su matrimonio y renunciar a la idea de establecerse con alguien de forma permanente. La opción que pasaba por alto, por más ostensible que fuera, era la de permanecer felizmente casada.

El consejero guió a Tonya a través de la etapa de contemplación. Cuando le pidió que definiera lo que quería decir con lo de estar comprometida con su relación, le dijo que quería decir que había aceptado una obligación y que vivía con arreglo a las expectativas de su familia y de la sociedad. Esto reflejaba una disposición (el matrimonio como una obligación para con los demás) que a todas luces no le daba buen resultado.

Cuando le presentaron una forma alternativa de ver el matrimonio, Tonya estuvo de acuerdo en que el matrimonio también podía ser un compromiso adquirido porque deseaba tener una relación exclusiva y seria, además de atender a los deseos y necesidades de otra persona. Se dio cuenta de que permanecer con su marido o romper el compromiso eran decisiones que tomaría ella, no circunstancias a las que estaba obligada. Dijo que la única razón por la que no engañaba a su marido (puesto que había tenido la tentación de hacerlo) era que no quería herir sus sentimientos. En su mente, esto lo había sentido como si él le hiciera hacer algo que ella no deseaba hacer.

Sin embargo, ahora se daba cuenta de que, al rechazar la posibilidad de estar con otros hombres, de hecho estaba tomando una decisión. Actuando por su cuenta, su mayor prioridad era no hacer daño al hombre que amaba. Realmente no quería herirlo.

Tonya llegó a la conclusión de que el compromiso no era una pérdida de libertad, sino más bien un ejercicio de libertad. Tonya reestructuró su filosofía de las relaciones en torno a este punto clave, y este cambio marcó la diferencia. Al comprender que siempre tenía la opción de abandonar a su marido (y que siempre estaba tomando la decisión de permanecer junto a él), se atenuaron sus temores. Dejó de sentirse atrapada, porque sabía que tenía una salida pero que prefería no hacer uso de ella.

> El hombre que no sea dueño de sí mismo nunca será libre.
>
> PITÁGORAS

Tonya y su marido seguían teniendo por delante todo el trabajo que las parejas deben realizar para mantener una relación feliz. No obstante, si no se reconoce un compromiso fundamental, no hay nada sobre lo que construir. Este primer paso fue crucial para Tonya.

En el caso de Tonya, lo que aprendió acerca de sus dificultades sentimentales se vertió directamente en otros ámbitos de su vida cuando alcanzó el equilibrio. Lo más significativo fue que se volcó de todo corazón a su negocio, que llevaba años al borde de la quiebra. Libre de su temor a verse atrapada por el éxito, y también del temor a verse atrapada en una relación, ahora era capaz de entregarse al negocio, que prosperó súbitamente. El caso de Tonya es un gran ejemplo de cómo el difícil y a veces doloroso trabajo que uno hace para dar forma a una filosofía que le permita hacer frente a una circunstancia concreta a menudo es de gran utilidad en otros ámbitos de la vida.

AUTORIDAD EXTERNA

Hobbes escribió que si las personas reconocen una autoridad fuerte común, obedecen a dicha autoridad y se llevan bien.

Los límites que todo el mundo respeta son los que restringen los conflictos. En cambio, en ausencia de una autoridad y de unos límites acordados, los conflictos siempre irán en aumento. Aunque Hobbes escribía sobre la guerra civil, también cabe aplicar sus ideas a campos de batalla más personales. La autoridad externa que limita los conflictos en las relaciones puede ser eclesiástica, civil o filosófica.

Antaño, había una autoridad seglar más fuerte que mantenía unidos a los matrimonios: el estigma social del divorcio. No todos los matrimonios eran felices, por supuesto, pero incluso en las relaciones más difíciles existía un fuerte incentivo para seguir adelante, ya que las alternativas resultaban inconcebibles. Algunas religiones, como el catolicismo, siguen ejerciendo esta clase de autoridad sobre sus fieles, aunque el debate público sobre el proceso de anulación y el creciente número de católicos no practicantes demuestran que cada vez supone una mayor dificultad atenerse a las reglas católicas al respecto.

Ahora, en gran medida, ya no dependemos de esa clase de autoridad externa. El individualismo resultante constituye una ventaja en algunos aspectos, aunque también da pie a una cierta anarquía social. Sin un libro de reglas al que atenerse, las personas ya no saben cómo comportarse para estar juntas. Las ideas filosóficas, tanto si son fruto de estudios académicos como de sesiones de asesoramiento o formuladas por usted mismo, pueden hacer las veces de esa autoridad externa y, si ambas partes las respetan, contribuyen a mantener la paz.

> En los tiempos en que los hombres viven sin una autoridad común que les imponga respeto, se hallan en esa condición que denominamos guerra.
>
> THOMAS HOBBES

Al no pesar ninguna obligación sobre las relaciones, ya no centramos la atención en mantenerlas sino en ver si funcionan. Si la relación se contempla bajo una luz negativa, el paso siguiente suele ser terminarla en lugar de trabajar para mejorarla. Así como cada vez hay más personas que arriendan coches en lugar de asumir el compromiso a largo plazo que supone la compra, parece que en cierto sentido también estén arrendando sus relaciones. Un contrato de arrendamiento está la mar de bien cuando significa un reluciente coche nuevo en el garaje cada tres años, pero nunca dará lugar a la clase de cuidado constante y mantenimiento continuo que exige una relación duradera. ¿Por qué molestarse en cambiar el aceite si sólo queda un año de arrendamiento? ¿Por qué desviarse del propio camino para satisfacer las exigencias del cónyuge si en cambio uno puede divorciarse?

Este planteamiento de «en lo bueno, pero no en lo malo» que se da en las relaciones nunca conllevará intimidad ni unos vínculos profundos. Por añadidura, sin un compromiso sólido hay menos razones para comportarse de un modo civilizado cuando surgen los conflictos. Y ahí reside el potencial de lo realmente indigno: usted conoce los puntos débiles de su pareja y no le da ningún reparo pinchar donde más duele. En el amor, como en la guerra, cuando todo vale alguien puede resultar gravemente herido.

Así pues, he aquí la distensión. Las concesiones mutuas en aras de una paz relativa pueden suponer la renuncia a la libertad absoluta de toda autoridad, pero las ganancias hacen que la inversión merezca la pena. Hobbes estaría de acuerdo en que el proceder más acertado consiste en renunciar a parte del poder de uno a cambio de obtener cierta seguridad, fruto de la cooperación con los demás. Como animales sociales que somos, somos más fuertes en grupo y cuando aunamos esfuerzos para alcanzar una meta común. Todo lo que usted necesita saber ya lo aprendió en el parvulario: hay que esperar el turno, y compartir.

GERRY

Mi colega Richard Dance asesoró a Gerry, quien llevaba casi ocho años saliendo con Patricia. Habían roto y reanudado su relación más de una vez a lo largo de este tiempo y se habían comprometido hacía poco. Gerry tenía la sensación de haber encontrado por fin en Patricia a «la mujer de su vida» pero también presentía que quedaban algunos asuntos que resolver y que sería mejor hacerlo antes de casarse, de modo que buscó asesoramiento filosófico.

La principal queja que tenía sobre Patricia (a quien describió como atractiva, ingeniosa, honesta y segura de sí misma) era que no seguía sus consejos. Por ejemplo, ella se había licenciado recientemente en la facultad de derecho y ponía todo su empeño en conseguir un puesto de trabajo concreto. Él consideraba que era un error actuar con tanta estrechez de miras y quería que ensanchara su campo de operaciones para buscar otras ofertas de trabajo. En lo referente al mantenimiento de la relación, sentía que ella tampoco aceptaba sus críticas en ese terreno.

A medida que Gerry y su consejero fueron perfilando sus preocupaciones, se fue haciendo patente que sus temas subyacentes eran ser terco en sus opinones, ver el mundo en blanco y negro, y buscar el control. También tendía a analizar en demasía las cosas y, sin embargo, no acababa de confiar en sus propias decisiones (tomemos como ejemplo el período de ocho años de prueba que necesitó para asegurarse de que Patricia era la mujer apropiada para él).

Mediante el asesoramiento filosófico, Gerry aprendió una técnica de meditación procedente de la tradición hindú, cuyo objetivo consiste en reproducir mentalmente un acontecimiento reciente en el que afloraron emociones fuertes, pero haciéndolo de forma objetiva, sin sentimientos, análisis ni juicio.

Durante las semanas siguientes, Gerry se ejercitó en este revisar (que no revivir) conflictos con su novia, poniéndose en la posición de una tercera parte desinteresada para observar, de este modo, su comportamiento y el de Patricia. No tardó en darse cuenta de que cuando surgía una nueva situación en la que normalmente se habría lanzado a emitir su opinión, se contenía antes de hablar. Así pues, podía decidir con calma si criticarla o no, aceptando que ella era dueña de tomar sus propias decisiones.

Cuando los nuevos puntos de vista adoptados por Gerry modificaron su forma de tratar a Patricia, su consejero le encomendó una nueva tarea: evaluar si sus experiencias corroboraban la sabiduría de Laozi y Heráclito sobre la coincidencia de los opuestos. Heráclito escribió: «La enfermedad hace que la salud resulte buena y agradable», lo que podría muy bien haber salido de la pluma de Laozi: «Lo difícil y lo fácil se definen mutuamente.» Tanto los pensadores de la antigua Grecia como los de la antigua China sostenían como concepto central que los opuestos están interconectados y que dependen uno del otro para complementar su respectiva existencia. Esto arrojaba una luz totalmente nueva sobre la postura de defender opiniones conflictivas. Al ir identificando ejemplos de este fenómeno en su propia vida, Sean cayó en la cuenta de que sus opiniones habían sido importantes para él sólo porque eran distintas de las de los demás (¡y a menudo de las de Patricia!). Tal como Gerry tuvo ocasión de ver, el contraste de colores es una de las cosas que hace que el arte sea visible, pero enfrentar opiniones no hace factibles las relaciones.

Formular las diferencias con su novia de esta forma y evitar los juicios instantáneos (y el deseo de imponérselos al prójimo) marcó una diferencia inmediata en la relación de Gerry. Para empezar, él y Patricia dejaron de discutir tanto y, cuando lo hacían, solía tratarse de una discusión de peso que en última instancia reforzaba los cimientos de la relación, no un incendio repentino que amenaza con arder descontrolado. Lo pasaron de fábula preparando juntos la boda, y ambos tuvieron la certidumbre de que el compromiso del matrimonio era lo mejor para los dos.

Gerry fue sensato al proponerse resolver asuntos importantes antes de sellar el compromiso definitivo de una relación. Las disposiciones que modeló gracias al asesoramiento le resultarán provechosas en el futuro, pero la disposición esencial, a saber, la voluntad de invertir energía en hacer que una relación funcione si uno espera que sea duradera, ya la traía consigo.

> No conocerían el nombre del bien si su opuesto no existiera.
>
> HERÁCLITO

NORA Y TOM

Nora y Tom tenían una clase de relación que habría gozado de más éxito en otra era, cuando lo más probable hubiese sido que ambos compartieran una misma idea de cómo debía ser una relación. Sin embargo, tras muchos años de un mismo estado de cosas (el marido mantiene a la familia, la esposa ejerce de ama de casa), ahora Nora y Tom tenían puntos de vista encontrados sobre lo que consideraban que cabía esperar del matrimonio.

Nora dejó la universidad cuando nació su hijo Nicky. Ahora que Nicky ya estaba en primaria, deseaba finalizar su licenciatura y trabajar a jornada completa. Había disfrutado quedándose en casa para cuidar de Nicky, pero no le gustaba depender económicamente de su marido. Tom se mostraba contrario a la idea de que Nora trabajara fuera de casa; de hecho, su deseo era que Nora tuviera más hijos y que se quedara en casa con ellos. Él ganaba un buen sueldo como contable, de modo que no necesitaban otro salario para apañárselas.

Nora se sentía dominada por Tom y me dijo que él daba muestras de sentirse amenazado por su deseo de licenciarse y buscar un empleo a jornada completa. Además, por más tareas que hiciera en la casa, Tom nunca estaba satisfecho con el resultado; y aunque lo podían costear, él no estaba dispuesto a permitir que Nora contratara a una asistenta, e insistía en que fuese ella quien limpiara la casa. El análisis de Nora era que él deseaba que ella limpiara la casa más que tener la casa limpia. Tom no era un padre modelo pese a su interés en tener más hijos. Cuando Nora pedía a Tom que supervisara los deberes de Nicky para dedicar algo de tiempo a estudiar con vistas a su regreso a la facultad, en lugar de hacerlo dejaba que Nicky viera la televisión.

A pesar del escaso reconocimiento que obtenía de Tom, Nora deseaba mantener la relación. Habían pasado temporadas maravillosas tanto en pareja como en familia, con inclusión de algunas vacaciones memorables. Y para Nora, la alternativa a salvar su matrimonio (madre separada que vivía con su madre) no revestía el menor atractivo. El precio de mantener la relación parecía alto, pero Nora sentía que estaba eligiendo un mal menor al optar por la «servidumbre marital». Su objetivo era permanecer juntos el tiempo suficiente para mejorar su situación económica, de modo que pudiera quedarse (o marcharse) según le pareciera.

> Tomemos el mal menor como alternativa.
>
> ARISTÓTELES

Lucha de poder

Nora y Tom estaban envueltos en la clásica lucha de poder. El consejo de Hobbes sería trabajar para conseguir un equilibrio de poder, pero Tom no estaba a la sazón dispuesto a efectuar cambio alguno. Dado que la opción de Nora era vivir con Tom como cónyuge dominante, su tarea consistió en adoptar la mejor disposición filosófica ante la situación: la mejor forma de verla y pensar en ella. A un nivel muy elemental, esto podía significar el considerar si debía continuar haciendo las tareas domésticas, puesto que sus esfuerzos en este campo no le granjeaban el agradecimiento de Tom ni su apoyo en otras empresas. Durante el tiempo que necesitaría para finalizar sus estudios y encontrar un trabajo decente, Nora tendría que enfrentarse a la oposición de su marido. Por consiguiente, tenía que encontrar el camino para cruzar aquel campo de minas que la hiciera sentir menos estresada, menos en peligro y menos infeliz.

Con tal fin, aconsejé a Nora que examinara su papel en la relación. Para que su proceder fuese lo más fluido posible, tenía que concretar cuáles de sus actos provocaban a Tom, tanto si la respuesta de Tom estaba justificada como si no. El pensamiento crítico nos muestra que podemos ser responsables causales de algo sin ser moralmente responsables de ello. Usted puede provocar a alguien sin darse cuenta ni tener intención de hacerlo. Entender las causas de sus enfrentamientos con Tom ayudaría a Nora a atenuarlos en gran medida. Aunque no tenía por qué ser forzosamente su culpa, tener conocimiento de la causa y el efecto podría reducir al mínimo el ciclo. Una vez que Nora comprendiera los efectos de lo que estaba haciendo, estaría en condiciones de decidir si estaba dispuesta a cambiar de proceder o no. Tal como escribió Leibniz, todo sucede por alguna razón. Si desea ejercer cierto control sobre lo que está ocurriendo, tiene que comprender las razones ocultas que lo causan.

> No puede hallarse ningún hecho que sea verdadero o existente... sin que haya una razón suficiente para que sea como es y no de otro modo...
>
> GOTTFRIED LEIBNITZ

Amo y esclavo

Nora también sacó buen provecho de la teoría de Hegel sobre la relación amo-esclavo. Aparentemente, el amo es quien oprime al esclavo. No obstante, Hegel vio que el amo también dependía del esclavo, no sólo en el terreno económico sino también en el moral. En realidad esta dinámica otorga mucho poder al esclavo en la relación. Hegel considera que el poder existe en dos facetas: para que uno sea poderoso, otro tiene que ser impotente. Dado que Hegel consideraba que toda relación era una variante de la de amo y esclavo, no es un filósofo muy atractivo en lo referente al trato entre seres humanos. Sin embargo, sus ideas sobre lo que ocurre cuando hay un desequilibrio de poder resultan instructivas.

Los amos obtienen su sensación de valía a partir de la opresión del prójimo; la única forma que tienen de vencer el miedo a verse esclavizados consiste en esclavizar a otra persona. Ésta era la explicación que daba Hegel a por qué los amos se resisten tanto a liberar a sus esclavos. En el caso en cuestión, la seguridad de Tom dependía de la inseguridad de Nora; dependía de la dependencia de su mujer. Nora quizá sacaría fuerzas del mero hecho de reconocer su parcela de poder en la relación. Aun así, tenía que ejercer dicho poder con sensatez, porque el poder corrompe. Si invertía la situación y se convertía en el ama (por ejemplo, amenazando con divorciarse de Tom si no le concedía más libertad), podía terminar ostentando el precario poder del amo.

Si Tom estuviera dispuesto a dejarse asesorar desde una óptica filosófica, también podría aprender de Hegel. Aquel a quien le inquiete el temor de ser derrocado del poder se halla en una situación inestable. Compartiendo el poder, uno puede sacar fuerzas de la relación en lugar de consumir todo su ímpetu en mantener la supremacía.

Los físicos definen la fuerza como la cantidad de energía que se consume en un tiempo determinado. La energía tiene formas distintas: nuclear, química, biológica, emocional e intelectual, entre otras. Si se mantiene bien, una relación también es un generador de fuerza, una fuente de energía limpia, segura y abundante.

SÓLO TÚ Y YO

El filósofo y teólogo judío Martin Buber divide las relaciones en dos tipos: Yo-Tú y Yo-Ello. La primera representa un toma y daca mutuo entre iguales, mientras que la segunda se fundamenta en la propiedad y la manipulación, igual que entre una persona y un objeto. Una relación saludable necesita sobre todo interacciones Yo-Tú, pero lo cierto es que a menudo cometemos la equivocación de tratar a las demás personas como si fuesen cosas y entramos en la dinámica Yo-Ello. Ésta constituye otra forma de establecer un desequilibrio de poder que conducirá al conflicto.

Kant escribió sobre esta cuestión llamándonos a tratar al prójimo como un fin en sí mismo, no como un medio para nuestro fin. En lugar de controlar a los demás para nuestros propósitos, deberíamos valorarlos como personas con sus propios objetivos. Para conocer una cosa partiendo de su opuesto, recordemos la implacabilidad de *El príncipe* de Maquiavelo, libro al que Russell llamó «manual para pistoleros». Las técnicas de Maquiavelo ilustran a la perfección la relación Yo-Ello cuando relata cómo gobernar a los pueblos infundiéndoles miedo, cómo enriquecerse a costa de los demás y cómo aferrarse a cualquier parcela de poder que uno obtenga. Si el título profesional que busca es el de dictador, Maquiavelo le dará el mejor de los resultados.

Sin embargo, si sus intereses sentimentales pertenecen al reino del «y fueron felices por siempre jamás», le irá mejor con Buber y Kant. Ambos se mostrarían de acuerdo con Hobbes en que el equilibrio de fuerzas es la clave de una relación pacífica y satisfactoria.

GUERRA CIVIL

Hobbes sostenía que si conociéramos de antemano los horrores que la guerra nos iba a infligir, tal conocimiento tendría un eficaz efecto disuasorio.

Escribía a propósito de la guerra civil, en oposición a la guerra internacional, porque sentía que la proximidad aumenta la capacidad de hacer daño. Tomemos en cuenta las relaciones constructivas que Estados Unidos estableció con Alemania y Japón inmediatamente después de los terribles acontecimientos de la Segunda Guerra Mundial. Luego comparémoslas con la gran exaltación que sigue suscitando el simple hecho de mencionar la guerra civil en casi cualquier parte del Sur estadounidense. La guerra entre estados sigue abierta en muchos hogares casi un siglo y medio después, mientras que nuestros enemigos extranjeros de hace cincuenta años ahora son nuestros amigos. De forma similar, los odios familiares son mucho más amargos y prolongados que las disputas vecinales.

Usted puede ser su peor enemigo, pero el siguiente en la fila es la persona con quien comparte una relación íntima. Vivir con alguien proporciona mucha información sobre cómo hacer desgraciada a esa persona. Su pareja sabe perfectamente dónde le duele más que le peguen. Si las personas supieran con antelación los estragos emocionales, jurídicos y económicos que conlleva todo divorcio, quizá corroborarían la teoría de Hobbes sobre el efecto disuasorio permaneciendo juntas. El doloroso cataclismo que conlleva el final de casi todas las relaciones sentimentales puede que sea la mejor razón para trabajar duro con vistas a mantener una relación saludable y feliz. A veces esos esfuerzos fracasan o son en balde por más firmeza y sinceridad que se ponga en el empeño, de modo que en el capítulo siguiente comentaremos el final de las relaciones.

Sócrates tal vez tenía presente la capacidad que poseen quienes nos son más próximos para hacernos más daño que nadie, así como para amarnos más que nadie, cuando formuló su ética simétrica: tenemos la capacidad de hacer cierta cantidad de bien, y siempre viene acompañada por la capacidad de hacer la misma cantidad de mal. Cuanto más apasionadas son las personas, más pueden atraerse o repelerse. Piense en Elizabeth Taylor y Richard Burton: casándose y divorciándose varias veces llevaron al extremo la alternancia entre atracción y repulsa. Cuando viajaban juntos, tenían que alquilar las habitaciones de hotel contiguas a la suya y dejarlas vacías porque sus disputas se oían a través de las paredes. No podían librarse de su relación por más que lo intentaran. Quizás estuvieran «hechos el uno para el otro», pero su atracción traía aparejada la repulsa. Lo contrario al amor apasionado no es el odio, sino la indiferencia. Aunque esté realmente enamorado, e incluso si este sentimiento es mutuo, su felicidad sigue sin estar garantizada. Si desea evitar finales dolorosos, tendrá que usar con prudencia su parcela de poder en la relación y efectuar el mantenimiento necesario.

> Mi deseo sería, Crito, que las masas fuesen capaces de hacer el peor de los males, pues entonces también lo serían de hacer el mejor de los bienes; ¡y esto sí que sería bueno!
>
> SÓCRATES

7

Acabar una relación

Sé inteligentemente egoísta.

DALAI LAMA

Cuida el final como cuidas el principio
y no cosecharás el fracaso.

LAOZI

Ninguna relación es perfecta porque las personas son imperfectas. Un mantenimiento cuidadoso es la clave de cualquier relación duradera, tal como vimos en el capítulo anterior.

Los estragos que acarrea el final de un matrimonio, o de cualquier relación estable, deberían constituir un incentivo para que pusiéramos todo nuestro empeño en que la relación funcionase, antes de darnos por vencidos. Sin embargo, en muchas relaciones falla el mantenimiento o éste es en extremo unilateral, y los vínculos que nos unen se rompen. Definir los límites del mantenimiento es una de las tareas fundamentales en una relación, pero una vez alcanzado o superado ese límite, los filósofos tienen mucho que decir sobre cómo se debe proceder.

JANET

Cuando Janet vino a verme estaba sumida en una crisis personal, emocional y filosófica. Ella y su marido, Bob, caminaban «irremisible e infelizmente hacia el divorcio», según sus propias palabras, y Janet intentaba decidir si debía volver a casa esa noche o pasar el fin de semana en un hotel y pensar si finalmente dejaría a Bob para siempre. Ambos eran brillantes profesionales y de común acuerdo no habían tenido hijos. Vivían en una preciosa casa cerca de la playa y con la suma de sus salarios disfrutaban de un estilo de vida bastante acomodado.

Según me dijo Janet, Bob era un hombre extraordinariamente difícil de complacer, aunque ella intentaba darle todo lo que le pedía. Janet asumió la responsabilidad de ocuparse de la casa después de su larga jornada laboral. Cuidaba minuciosamente su aspecto, hacía ejercicio casi a diario y escogía la ropa con sumo cuidado para realzar su esbelta figura. Siempre que había un conflicto, por pequeño que fuera, era ella la que cedía. Cuando lo que más le apetecía a Janet eran unas vacaciones en Italia, Bob prefirió irse dos semanas a la playa en Barbados y fue Janet quien hizo todos los preparativos para el viaje. Cuando se le presentó la oportunidad de un ascenso que significaba trasladarse a otra ciudad, la dejó escapar porque Bob no quería mudarse. Si a ella le apetecía ir a cenar a un restaurante japonés y él tenía ganas de comida italiana, iban a un italiano.

Pero cuanto más daba Janet de sí misma, más crítico se volvía Bob. Cuanto más hacía por él, menos valorada se sentía y notaba que su matrimonio se iba a pique. Bob se quejó de que no había nada que hacer en Barbados, criticó su falta de ambición con respecto a su carrera, no le gustó su nuevo corte de pelo y le parecía que la nueva asistenta que Janet había contratado no planchaba bien las camisas. Daba la impresión de que Janet no hacía nada a derechas.

Aun así, Janet no estaba segura de cuál sería su próximo paso. ¿Dejaría a Bob? Mientras se acercaba al final de su historia, Janet me contó que su primer matrimonio había fracasado y le inquietaba el hecho de no haberse esforzado más para salvar la relación. Ahora estaba involucrada en otra relación infeliz, temerosa del estigma de haber vuelto a fracasar en el matrimonio. No quería ser una perdedora por partida doble y se prometió a sí misma no cometer dos veces el mismo error.

Janet había acudido a terapia más o menos en la época de su primer divorcio y también cuando las cosas empezaron a ir mal con Bob. Y aunque ahora comprendía la importancia que la relación con su padre había tenido en su primer matrimonio, no sabía qué hacer con Bob. El último psiquiatra que había visitado le había recetado un antidepresivo, pero no dio muestras de cambiarle el humor y dejó de tomarlo cuando se le acabó el primer frasco.

Durante una breve temporada, Janet y Bob incluso fueron juntos a un consejero matrimonial. El consejero les sugirió ciertas técnicas nuevas de comunicación y negociación, pero Bob empezó a reírse de la idea en cuanto salió por la puerta del despacho. Janet no creía que hubiera ningún problema de entendimiento entre ambos, pero estaba dispuesta a intentar cualquier cosa. Bob se había negado a volver después de las primeras sesiones, diciendo que no eran más que una pérdida de tiempo y de dinero.

Janet sentía que la orientación psiquiátrica tradicional no le había sido de ayuda después de su divorcio. Tampoco le estaba sirviendo de nada en su actual situación. Así pues, cuando me oyó hablar por la radio sobre el asesoramiento filosófico, me llamó al instante desde el teléfono del coche para pedirme hora. Esa misma tarde tuvimos nuestra primera conversación sobre si debía dejar o no a Bob. Sabía que se encontraba en una situación de crisis, pero no veía el modo de salir de ella.

Antes de aceptar a alguien, evalúo si son buenos candidatos para mi terapia. El caso de Janet era muy apropiado para una terapia filosófica. Estaba preocupada, pero aún conservaba la calma. Le iba bien en su trabajo, dormía bien por las noches y cumplía como de costumbre con el montón de obligaciones diarias. La gente que sufre graves perturbaciones o disfunciones en su vida cotidiana puede necesitar un médico o un psiquiatra y medicarse de forma transitoria antes de acudir a un consejero filosófico.

El egoísmo como virtud

Lo primero que tratamos con Janet fueron las ideas de Ayn Rand sobre las virtudes del interés propio. Aunque Janet nunca había leído *The Fountainhead* ni *Atlas Shrugged*, estaba de acuerdo en que ahora estaba descuidando su propio interés hasta el punto de salir perjudicada. Y aunque se enorgullecía de su naturaleza altruista, aceptaba la idea de Rand de que no puedes ayudar a los demás a menos que estés seguro de ti mismo. Si Janet decidía que había hecho todo lo posible por ese matrimonio pero Bob no había reaccionado y lo más probable es que no fuese a reaccionar, Rand diría que tenía la obligación de preservarse y protegerse cortando la relación. Cuando una inversión sentimental no reporta beneficios (y en realidad requiere contribuciones cada vez mayores) Rand defiende acabar con las pérdidas mientras aún queda algo para invertir en otra cosa.

> Juro —por mi vida y el amor que siento por ella— que nunca viviré para otro hombre, ni pediré a otro hombre que viva para mí.
>
> AYN RAND

Se suele asociar a Rand con el liberalismo y se la conoce por valorar el racionalismo y el intelecto, pero no es la única que defiende la moralidad del interés propio. Como dice el Dalai Lama: «Sé inteligentemente egoísta.» La tradición mahayana del budismo sostiene que todo el mundo debe alcanzar la iluminación y, cuando la consigues, debes volver atrás para ayudar a otros a lograrla. Cuando el egoísmo nace de un inteligente interés propio, es una fuerza constructiva; cuando nace de la vanidad, del egocentrismo o el narcisimo, es destructiva.

Janet comprendió estas ideas a la perfección. Como empresaria, conocía muy bien el valor de la lógica y el razonamiento lúcido, pero también el poder de la intuición. Se dio cuenta de que podía reaccionar ante los problemas de su matrimonio, bien por la vía intelectual, bien por la vía instintiva, y posiblemente llegaría a la misma conclusión por cualquiera de los dos métodos. Aunque no impongo mis puntos de vista a mis clientes, mi trabajo es defender su propio interés. A Janet se le había escapado un componente en todas sus anteriores experiencias terapéuticas. No quería que le dijeran qué tenía que hacer, pero quería una guía para llevar a cabo acciones concretas, no una pizarra en blanco ni una pared que le respondiera: «Eso es interesante..., continúe.»

Como mediador, le recomendé que profundizara y trabajara desde una óptica filosófica en la resolución de los temas pendientes con su padre y su primer marido. Me parecía que se arriesgaba a repetir el mismo modelo en otra relación si no se libraba del fardo psicológico que arrastraba. Si suele reflexionar sobre su vida (o trabajar con un consejero filosófico), uno debería fijarse en lo que pierde y lo que permanece. Para Janet eso suponía darse cuenta de que estaba perdiendo capacidad de resolución interpersonal en ciertos aspectos de su vida y necesitaba asentar en su propia mente relaciones pasadas y estériles. De este modo, conseguiría liberarse para descubrir quién era ella, y esa persona de verdad podría hacerse valer en una futura y fructífera relación. Necesitaba representar un triunfo actual en su búsqueda de la plenitud, en lugar de volver a representar un pasado fallido.

Al igual que muchos de mis clientes, a Janet le reconfortó saber que no estaba sola en su línea de pensamiento. Cada vez estaba más incómoda poniendo tanto de su parte en ese matrimonio y recibiendo tan poco, salvo reproches e infelicidad. Aunque aún no estaba segura de haber llegado al límite, estaba de acuerdo en que en algún lugar existe una línea en la arena que separa el egoísmo constructivo de la generosidad destructiva, y le encantaba que algunos de los grandes pensadores de nuestra época hubieran llegado a las mismas conclusiones.

Sólo asesoré a Janet durante una sesión, aunque es normal que los consejeros filosóficos concierten varias visitas. A la mayoría de mis clientes les basta una terapia corta, que se extiende por un período mínimo de tres meses y máximo de seis. Algunas personas, como Janet, necesitan ayuda en una crisis concreta y también necesitan afrontar antiguos problemas.

El proceso PEACE

A continuación definimos el caso de Janet en términos del proceso PEACE.

Primero, el problema: Al enfrentarse al fracaso de su matrimonio, Janet tenía que decidir si regresar a casa aquella noche e intentar hacer bien las cosas con su exigente marido o irse a un hotel durante el fin de semana y pasar el tiempo reflexionando por su cuenta.

Segundo, emociones: Janet sentía frustración, desesperación y rabia ante la perspectiva de volver a casa. Sabía que no podía complacer realmente a Bob aunque lo intentase con todas sus fuerzas y le resultaba difícil conciliar su éxito profesional con su fracaso matrimonial. Además, Janet también sentía miedo y desesperación ante la perspectiva de irse a un hotel. Esto podía indicar el principio del fin de su segundo matrimonio; su primer matrimonio ya había fracasado por razones parecidas. No quería que le marcase el estigma de ser incapaz de conservar un matrimonio.

Tercero, análisis: En su conversación conmigo, Janet explicó que sus padres, y en particular su padre del que nunca había recibido ni aprobación ni reconocimiento, la infravaloraban. En consecuencia, creía que no merecía el amor de su padre y de niña suponía que esa falta de amor se debía a una tremenda deficiencia por su parte. Mi colega Pierre Grimes llama *pathologos* a esta especie de falsa creencia sobre uno mismo, creencia que infecta la capacidad de triunfar y, en su lugar, convierte el propio fracaso en algo autosatisfactorio. El *pathologos* de Janet «no merezco el amor de mi padre» se tradujo en sus sucesivos matrimonios en «no merezco el amor de mi marido». Su *pathologos* la llevaba a casarse con el hombre equivocado y, lo que es peor, a culparse a sí misma cuando el matrimonio fracasaba. Caía en la trampa que ella misma había ideado. Las dos vertientes del dilema de Janet (volver a casa o irse a un hotel) servían potencialmente para reforzar el *pathologos*: de cualquier modo no recibiría el amor de su marido y, por tanto, se declararía indigna de él. El papel de Sócrates, tal como se recoge en el diálogo de Platón *Teeteto o sobre la ciencia*, es el de una comadrona filosófica. Todos estamos preñados de ideas y necesitamos una comadrona para que nos ayude a darlas a luz. Pero la comadrona filosófica nos ayuda, además, a diferenciar las ideas que nosotros hemos concebido de aquellas otras (como el *pathologos*) que, disfrazadas de nuestras ideas, son en realidad unas impostoras muy peligrosas.

> Pero la mayor grandeza de mi arte es que puedo probar si la mente [...] está dando a luz a una mera imagen, una impostura o un vástago real y auténtico.
>
> PLATÓN

Cuarto, contemplación: Reconocer que sostienes falsas y destructoras creencias sobre ti mismo es una cosa, y sustituirlas por creencias constructivas y verdaderas es otra bien distinta. En general, no revocamos las convicciones hondamente arraigadas sólo con conceptualizarlas de nuevo. Un *pathologos* se ve reforzado por la experiencia. El único modo de revocarlo es acumular experiencia de otra calidad (guiado por creencias constructivas sobre uno mismo) y sustituir el edificio de la autodestrucción, ladrillo a ladrillo, por el de la autoafirmación. Esto se cumple literalmente día a día (incluso hora a hora o minuto a minuto). El *pathologos* de Janet debía ser sustituido por una creencia como: «Soy merecedora del amor de mi padre, pero él es incapaz de amarme debido a sus problemas», lo cual la llevaría también a creer: «Soy merecedora del amor de un marido, pero debo encontrar un marido que pueda amarme.»

Al ejercitar esta nueva idea, Janet sería capaz de atraer a un marido que pudiera amarla y la amara. Pero el primer paso es siempre el más difícil y requiere valor. El *pathologos* se esconde como un viejo amigo y dejarlo atrás podría parecer una descortesía. En realidad, es nuestro peor enemigo y debemos abandonarlo si queremos llevar una vida plena.

Quinto, equilibrio: Ahora Janet comprendía no sólo que su impulso de irse a un hotel era para protegerse a sí misma, sino también que tenía todo el derecho del mundo de protegerse. Al estar algún tiempo sola, sin tener a nadie que le alimentara el ego en exceso pero tampoco a nadie que se lo torturara, podría disfrutar del equilibrio de una deliciosa soledad, necesaria para reconocer su propia valía, y en último término atraer a quienes también la reconocieran.

Al final de nuestra sesión, Janet me dijo que le había dado mucho que pensar y que ahora confiaba en su capacidad para tomar la decisión adecuada. Como mínimo, sabía que ahora le sería posible detener ese «irremisible e infeliz camino hacia el divorcio». Tal vez ahora incluso se encaminara felizmente hacia él. Aunque, desde todos los aspectos, la mejor opción es un matrimonio duradero, en determinadas ocasiones es preferible divorciarse por las razones correctas que seguir casado por las razones equivocadas. Cuando uno empieza a descubrirse filosóficamente, la vida puede cambiar. A veces este cambio puede ser turbador y se requiere valor y decisión para llevarlo a buen término. No obstante, semejante desarrollo filosófico también conduce a una autosuficiencia filosófica, y esta actitud es la que permite ser realmente uno mismo. Eso es lo que Janet quería, y creo que lo ha conseguido.

La historia de Janet nos brinda un interesante contraste con la de Nora, la mujer que quería acabar su carrera a pesar de las objeciones de su marido, que vimos en el capítulo 6. Ambas mujeres luchaban con hombres críticos y exigentes que siempre estaban insatisfechos pese a los esfuerzos de sus esposas. Pero los distintos resultados demuestran que soluciones filosóficas diferentes pueden aplicarse a problemas parecidos, según las personas que estén implicadas. Todos tenemos nuestra propia perspectiva filosófica y no hay dos personas que reaccionen de la misma manera por razones idénticas, incluso en circunstancias similares.

LARRY

Larry también se debatía sobre el posible fin de su relación. Casado con Carol desde hacía casi veinticinco años, tenía dos hijos ya mayores. Había sido fiel a su esposa durante todos aquellos años y se enorgullecía del equipo que habían formado para educar y criar a sus hijos. Ambos tenían carreras brillantes, aunque Carol trabajaba desde casa y, durante muchos años, a media jornada para pasar más tiempo con sus hijos. Larry respetaba a su esposa, pero ahora que sus polluelos habían abandonado el nido, encontraba que ya no tenían demasiado en común.

Cuando Larry se acercó a Carol para hablar en serio sobre su compromiso, ella fue muy clara: le dijo que no quería saber nada del tema y le sugirió que pagara a alguien por escucharle. Uno de los motivos más importantes por los que se tiene una relación sentimental es para participar en un continuo diálogo, de modo que la respuesta de Carol demostraba que este elemento clave de su relación se había roto. Un hogar no sólo es donde está la chimenea y donde te cobijas, sino también donde la gente se interesa por lo que dices, se interesa por ti como ser humano, sin otras razones, y te valora por lo que eres.

Larry nunca había ido al psiquiatra ni al psicólogo, e incluso le dolía la idea de mantener una terapia prolongada. Entonces acudió a mí, tras proponérselo su esposa, simplemente buscando a alguien con quien hablar mientras pensaba en si debía dejarla. Definitivamente, no quería hablar sobre sus sentimientos y mucho menos sobre su infancia o sus pautas de comportamiento. Como la mayoría de mis clientes, buscaba a alguien que pudiera ayudarle a articular su visión del mundo (es decir, su filosofía personal) y examinar sus elecciones para asegurarse de que las acciones que emprendía eran acordes a sus creencias y valores. Esa tarea no siempre es tan sencilla como parece.

Larry y Carol eran ambos personas fieles y con principios, y se percibían a sí mismos moviéndose dentro de un marco ético responsable. No eran personas religiosas, pero habían formulado sus propios preceptos morales y los cumplían. Ahora, mientras Larry contemplaba la posibilidad de un final (el divorcio), que no tenía por qué estar en consonancia con sus principios (el matrimonio es un compromiso de por vida), se preguntaba a sí mismo si había llegado el momento de cambiar las reglas que tenía por absolutas. Cuando obedecer a ciegas una regla empieza a infligirte dolor, tal vez sea el momento de cambiarla.

Los votos matrimoniales suelen ser «hasta que la muerte nos separe», o sea, vitalicios. Pero suponga que descubre, algún tiempo después de la luna de miel, que se ha casado con un psicópata o un sádico que le ha engañado arteramente y que puede hacerle daño de verdad o arruinar su vida. En ese peligroso caso, lo más probable es que mantener los votos del matrimonio le hiciera más daño que romperlos. Pensemos por un momento en un caso más trivial, cuando al discutir con un hermano o un amigo íntimo uno espeta: «¡No pienso volver a hablarle nunca más en la vida!» Al cabo de poco tiempo, echará de menos a esa persona, que también le echará de menos a usted. Lo más seguro es que mantener la promesa de no volver a hablarle le cause más dolor que romperla, así que le llama por teléfono.

El caso de Larry se encuentra entre esos dos extremos. Dos personas pueden compartir un matrimonio de ensueño durante varios años, mientras aún crecen como personas e intentan mantener sus promesas. Sin embargo, puede llegar el día en que se les quede pequeño, en cuyo caso mantener el matrimonio sería más perjudicial que disolverlo. Si es sólo un cónyuge el que se siente así, puede pasarlo realmente mal; pero si ambos sienten lo mismo, que es lo más corriente, pueden conservar su amor y abandonar su matrimonio. Creo que esto es lo que Larry y su esposa querían conseguir.

Deber

Kant piensa que el deber moral debe cumplirse para uno mismo y que la moralidad procede de la razón. Al igual que Kant, Larry era un moralista, por lo que las ideas de Kant venían a Larry como anillo al dedo. Kant escribió sobre ciertos «deberes perfectos» que tienen los humanos, y su lista de acciones que no hay que hacer nunca (p. ej., mentir o matar) se parece a los Diez Mandamientos. También habla de los «deberes imperfectos» que tenemos, uno de los cuales es mejorarnos a nosotros mismos. A diferencia de los deberes perfectos, que son universales, los deberes imperfectos son situacionales. Aplicados al caso de Larry, podría significar que, aunque el matrimonio (una obligación mutua) es un compromiso formal que no debe ser quebrantado, si ese sentimiento de obligación mutua ha cesado tal vez seguir casados no beneficiaría a Larry ni a su esposa; así pues, se quebrantaría el «deber imperfecto» por el cual ambos tenían que mejorarse a sí mismos.

> Asegurarse la propia felicidad es un deber, al menos de una forma indirecta; el descontento con la propia condición, bajo la presión de diversas ansiedades y en medio de deseos insatisfechos, podría fácilmente convertirse en una gran tentación para transgredir un deber.
>
> IMMANUEL KANT

La teoría de William Ross sobre los deberes de *prima facie* conducirían a Larry a conclusiones parecidas. Ross escribió que todos tenemos una lista de compromisos que «a primera vista» *(prima facie)* son igualmente vinculantes, pero en la práctica estos compromisos entran a veces en conflicto. Ross sostiene que diferentes situaciones exigen prioridades distintas y que cada caso debe decidirse en función de sus propias premisas. En este sentido, mientras sus niños eran pequeños, el principal compromiso de Larry había sido para con ellos y había mantenido su matrimonio para apoyarlos en el terreno emocional. Sin embargo, ahora que la situación había cambiado (sus hijos habían crecido), su primera obligación era la de apoyar su crecimiento emocional poniendo fin a su matrimonio.

> Cuando estoy en una situación, como quizá lo esté siempre, en la que me incumbe más de uno de estos deberes prima facie, lo que tengo que hacer es estudiar la situación del modo más exhaustivo posible hasta formarme la sólida opinión de que, dadas las circunstancias, uno de ellos me incumbe más que cualquier otro [...].
>
> WILLIAM ROSS

Cambio

Si Larry hubiera sido más intuitivo, podría haberle hablado del *Daodejing*. Al igual que el *Yijing*, este texto chino sostiene la premisa de que todo cambia y que, para comprender el cambio, debes comprender la naturaleza de las leyes (el camino) que lleva hacia él. Otro de estos principios fundamentales es que siempre podemos elegir entre una manera mejor y otra peor de hacer las cosas. Lo ideal es que la mejor opción sea irreprochable. La culpa es un concepto crucial en la filosofía china; desempeña un papel similar a la culpa en psicología y al pecado en teología. Si actúas sin tacha, no te haces enemigos y no tienes que perder el tiempo haciéndote reproches a ti mismo.

De haber buscado ayuda en el *Daodejing*, Larry tal vez hubiera decidido que él y su esposa podían separarse, con lo cual cambiaban el compromiso de su matrimonio, pero se mantenían intachables. Las fuerzas que conservaban el matrimonio unido, básicamente compartir responsabilidades como padres y compartir obligaciones hacia el otro, ya no eran las mismas. Mientras les unió la de educar juntos a sus hijos toleraron los aspectos menos satisfactorios de su relación. Comprender el mecanismo de estos cambios ayuda a revelar el acceso al mejor camino.

> Cuando las cosas llegan a su máxima fuerza,
> empiezan a declinar. Esto va contra el Tao.
> Lo que va contra el Tao, pronto llegará a un final.
>
> LAOZI

Sabía que Larry estaba muy acostumbrado a un enfoque estrictamente lógico para que el Tao le causara algún efecto. Ahora bien, si hubiera prestado atención a Kant o a Laozi, podía haber llegado a la misma conclusión. Según su fuerte sentido del deber, Larry sentía que aún tenía una obligación hacia su esposa y su matrimonio.

Pero con sus hijos ya mayores, sentía que también tenía una obligación hacia sí mismo y decidió interrumpir su estancado matrimonio para buscar su crecimiento personal. La ética de Kant y Ross justificaban esa elección. Larry estuvo en paz con su decisión una vez tuvo claro que estaba actuando conforme a sus principios.

CARMEN

Carmen no tuvo oportunidad de plantearse romper su matrimonio. Después de veinticinco años casados y sacar a cuatro hijos adelante, su marido la dejó por otra mujer. Carmen acudió a un grupo de asesoramiento filosófico feminista, dirigido por una de mis colegas, Vaughana Feary. Con la intención de ayudar a un cliente «a eliminar lo intolerable, reducir el dolor, satisfacer una necesidad, actualizar un sueño» (en palabras del filósofo Nel Noddings), Feary divide la labor filosófica en cuatro fases; la primera consiste en que el cliente cuente su historia con sus propias palabras y el consejero valore si es necesario buscar otro tipo de ayuda.

Así pues, Carmen empezó a relatar su historia. Cuando su marido la dejó, descubrió que él mantenía otra relación desde hacía tiempo. Poco antes, Carmen había tomado la dolorosa decisión de llevar a su hijo discapacitado a un colegio especial. Estos dos tremendos cambios le hacían sentir que había fracasado como esposa y como madre, las dos vocaciones a las que había dedicado su vida. Decía que había llorado durante una semana entera y no había ido ni a la iglesia. No había consultado a un abogado, aunque su esposo sí, pero Carmen confiaba en que su esposo seguramente velaría por ella.

Antes de unirse al grupo, Carmen había consultado a un psiquiatra, que le diagnosticó una depresión química y le recetó Prozac. A instancias de su consejera filosófica, Carmen empezó por acudir a un abogado. Ya estaba preparada para unirse al grupo y empezar la segunda etapa: definir sus creencias fundamentales sobre la vida, la feminidad y la virtud femenina. En la filosofía personal de Carmen, las mujeres buenas lo sacrificaban todo por sus familias.

Capaz de pensar con más claridad, una vez el Prozac la sacó del límite de su depresión e inspirada por los primeros deberes que le encomendó el abogado (calcular el valor económico de su trabajo como enfermera, institutriz, cocinera y ama de casa durante los últimos veinticinco años), Carmen pasó fácilmente a la tercera fase de Feary, que suponía examinar su filosofía básica en busca de contradicciones y creencias irracionales. Carmen llegó a comprender que su trabajo como madre (el trabajo al que se había dedicado con exclusión de todos los demás) estaba infravalorado por su esposo. Se dio cuenta, con tristeza, de que su confianza en que su marido no la dejaría en una situación difícil no era lógica, en especial dado el tiempo que llevaba manteniendo una relación con otra mujer. Decidió luchar por sus derechos en el divorcio, pues el fin de la relación parecía inevitable. También se percató de que, aunque el sacrificio personal es en realidad una virtud, no bastaba para edificar una vida buena, y se dedicó a descubrir qué otros componentes podía haber.

La cuarta etapa de Feary implica articular la propia filosofía recién redefinida. Además del sacrificio personal, Carmen ahora incluía la autonomía como una virtud necesaria. Encontró más testimonios de ello en la creciente autosuficiencia de su hijo en el colegio especial, algo que no había conseguido en su hogar. También comprendió que cada persona tiene sus propias ideas sobre la vida virtuosa, sobre el amor y la felicidad. Y llegó a la conclusión de que aunque creía que desde el punto de vista moral su marido hacía mal en romper el matrimonio, éste podía perfectamente creer que hacía bien en buscar su propia felicidad con otra relación. Esta idea la hizo volver a conectar con sus otros hijos, con quienes había sido incapaz de enfrentarse desde que su marido la había dejado, resistiéndose a pedirles que elijieran con quién querían ir. Y, lo que es más importante, el hecho de reconocer la validez de puntos de vista diversos permitió a Carmen cambiar su opinión de que su vida era un fracaso.

> El principio requiere libertad de gustos y actividades, libertad para formular el plan de nuestra vida con el fin de que se adapte a nuestro carácter, libertad para hacer lo que nos gusta, sujetos a las consecuencias que puedan derivarse, sin impedimento por parte de nuestros semejantes, siempre que lo que hagamos no les perjudique, incluso aunque piensen que nuestra conducta es estúpida, perversa o equivocada.
>
> JOHN STUART MILL

Armada de este modo, Carmen consiguió un acuerdo de propiedad y una pensión favorables, que reflejaban el valor monetario de su trabajo doméstico. Aunque tenía cierta seguridad económica, ejerció su autonomía entrando a trabajar en una compañía de seguros, lo cual le permitió utilizar lo que había aprendido cuidando a su hijo discapacitado para ayudar a familias en situaciones semejantes. Con el tiempo volvió a la universidad para cursar estudios de graduado social, con el fin de desarrollar más ampliamente sus capacidades para ayudar a estas familias. Seguía sosteniendo como creencias primordiales las virtudes femeninas por tradición —la empatía, la alimentación y el cuidado de los demás—, pero ahora tenía una perspectiva más amplia sobre cómo aplicarlas sin perderse o abandonarse a sí misma en el proceso. Tras el fin de su matrimonio, que consideraba sagrado, experimentó una desazón y una rabia justificadas, pero se dio cuenta de que, a pesar de que no había elegido concluir la relación, el rumbo del resto de su vida sí era de su elección. Se negó a regodearse en las emociones suscitadas por una situación que no podía cambiar y, en vez de ello, se centró en el momento presente y en cómo sacarle el máximo partido.

JOAN

Joan acudió a mi colega Harriet Chamberlain diciendo que su matrimonio había acabado, pero que se sentía atrapada en él porque dependía económicamente de su marido. Dijo que estaba decidida a salir a buscar trabajo (unos años atrás había abandonado una productiva carrera para quedarse en casa con sus hijos) y, por tanto, abrirse una salida realista de la relación.

Pero cuando, con la ayuda de su consejera, elaboraba la lista de opciones (volver a trabajar a jornada reducida o completa, regresar a la universidad, prepararse en otro ámbito diferente al que trabajaba antes), Joan las iba desdeñando una tras otra; no tenía la suficiente confianza en sí misma como para buscar un trabajo, no tenía tiempo para asistir a clases, se le iría la señora de la limpieza, no tenía experiencia laboral reciente para incluir en su currículo y nunca encontraría el trabajo que ella quería. Pensara lo que pensase, se sentía atrapada. Encontró razones para demostrar la imposibilidad de cada salida, cualquiera que ésta fuera.

Su consejera filosófica le insinuó que estaba atrapada en su matrimonio, pero no por su marido ni por su dependencia económica. Estaba atrapada en la jaula que ella misma había construido.

> Liberarse de la creencia de que no hay libertad es en realidad ser libre.
>
> MARTIN BUBER

Su consejera abordó el existencialismo con Joan porque enfatiza el reconocimiento y la actualización de la libertad y la responsabilidad personal para crear una vida plena y llena de significado.

Según Jean-Paul Sartre, enfrentarse a la propia libertad existencial puede producir ansiedad, y ponerla en práctica requiere conciencia de los obstáculos que aparecen en el camino y comprender que es uno mismo quien los pone. Sartre llama «mala fe» a las restricciones que nosotros mismos ponemos a nuestra libertad.

> Un hombre nada puede desear a menos que antes comprenda que sólo debe contar consigo mismo; que está solo, abandonado en la tierra en medio de sus infinitas responsabilidades, sin ayuda, sin más propósito que el que él mismo se fija, sin otro destino que el que él mismo se forja en la tierra.
>
> JEAN-PAUL SARTRE

Joan era la imagen misma de la mala fe, pero una vez se le hizo ver que estaba implicada en su propia situación difícil, enseguida encontró el valor para aceptar su responsabilidad y su libertad. Con el pensamiento crítico, empezó a derribar los muros que había levantado a su alrededor para encerrarse en una vida que no la satisfacía.

Mientras procedía a la demolición, se dio cuenta de que prepararse para volver a trabajar, aunque negara cualquier posible salida para llevar a cabo su plan, le servía para pensar que seguir con su matrimonio era un mal necesario y no una elección. A su vez, eso le hacía negar la responsabilidad que ella tenía con respecto a su propia infelicidad.

Finalmente, Joan admitió que, en realidad, no deseaba volver a trabajar y que por esta razón quería seguir adelante con su matrimonio. Una vez se percató de que su única opción era quedarse, tuvo una renovada sensación de control sobre su propia vida. Eso le permitió ver que nunca había perdido la autoestima y la confianza en sí misma, de lo cual se quejaba a su consejera. Había renunciado a ellas y podía recuperarlas.

Joan empezó a tomar una parte más activa en la relación, reconociendo sus responsabilidades hacia ella y también las obligaciones. Al cargar con su propia responsabilidad, alivió de algunas cargas a su marido y ahora le parecía que le sacaba más provecho a la relación. No sólo había hecho las paces con el propósito de continuar un matrimonio imperfecto, porque había decidido hacerlo por su propia voluntad, sino que el matrimonio mejoró hasta el punto de volver a valorarlo.

He incluido este caso en un capítulo que versa sobre el fin de las relaciones (aun cuando al final el matrimonio no se disolvió) para demostrar que una relación aparentemente herida de muerte puede resucitar. Es cierto que la situación puede ponerse tan fea que no haya vuelta atrás (ni deseo de volver atrás), pero a menudo estamos demasiado dispuestos a declarar que hemos cruzado esa línea.

Carl von Clausewitz (el más famoso filósofo de la guerra occidental, una especie de homólogo de Sun Zi) escribió la célebre frase: «La guerra es una mera continuación de la política, sólo que por otros medios.» Sería conveniente recordar, mientras uno contempla el fin de una relación, que el divorcio es la mera continuación del matrimonio, sólo que por otros medios. Rara vez hay una ruptura rápida y limpia. Reflexione con detenimiento si acabar una relación va a suprimir o al menos mejorar el problema. Y si terminarla es la única manera de hacerlo (o si se está acabando a pesar de sus deseos), encuentre el mejor modo para ello. Una vez esté seguro de que lo ha encontrado, proceda de la manera más irreprochable que pueda.

8

Vida familiar y lucha

Cuando la familia esté en orden, todas las relaciones sociales de la humanidad estarán en orden.

YIJING

Una gran proporción de la miseria que vaga, en formas repugnantes, alrededor del mundo, se debe a una educación negligente por parte de los padres [...].

MARY WOLLSTONECRAFT

Lo único más complicado que una relación de amor entre dos personas es la compleja trama de interacciones que se crean en una familia. Cada individuo manifiesta su propia personalidad, sus preferencias, normas, actitudes, valores y puntos de vista filosóficos. En muchos de estos ámbitos, la naturaleza y la educación conspiran para crear un efecto solapado entre los miembros de la familia, pero nunca encajan a la perfección. Ahí es donde comienza el conflicto. Las relaciones familiares necesitan un cuidado y un mantenimiento esmerado, lo mismo que las relaciones de amor. O tal vez más, porque muchas relaciones familiares están intrínsecamente desequilibradas y porque, en general, no elegimos las relaciones familiares sino que nos vienen dadas. Uno suele elegir a su pareja, pero no a su familia.

Durante muchos años, los niños son modelados por los adultos de los que dependen. Eso confiere a los padres la obligación de hacer lo posible para potenciar e inculcar las características que les permitirán vivir una vida buena. Los filósofos llevan cientos de años debatiendo cuáles son los componentes concretos de una vida buena, así que no vamos a encontrar un único punto de vista. Los detalles varían de una persona a otra, de una familia a otra, de una cultura a otra. Las dos generalidades que encontrará siempre son: una admiración por los que se esfuerzan por llevar una vida buena y un mandato de los padres para inculcarla, lo definan como lo definan. (No existen recetas para prepararse la lección sobre cómo enseñar a vivir una vida buena, así que no se moleste en buscarlas.)

Desde la perspectiva de un consejero filosófico, lo importante como padre es identificar los deberes y las obligaciones y explorar cómo desarrollarlos de una manera acorde a la propia visión filosófica. Aunque el rol de los padres es básico, todos los participantes en la estructura familiar, con inclusión de los hijos, tienen sus propias obligaciones hacia sí mismos y hacia los demás miembros de la familia. El mundo sería maravilloso si todos analizaran estas responsabilidades y las asumieran lo antes posible.

MARGARET

En un programa de radio en directo, hablé con una oyente llamada Margaret que estaba trabajando en este tipo de análisis. Me formuló una serie de preguntas sobre el hecho de exigir a sus hijos adolescentes que hicieran tareas básicas de la casa para ganar su paga. Quería inculcar en sus hijos el sentido de la responsabilidad, tanto en la administración del dinero como en la participación en la vida y el mantenimiento familiar. Me explicó que su familia no podía costearse una persona para que cortase el césped o rastrillara las hojas, y sus hijos se quejaban de que ninguno de sus amigos tenía que trabajar para ganarse la paga. No cuestionaba su decisión, pero quería estar segura de que había una justificación filosófica de su regla. No quería explotar a sus hijos, pero tampoco quería que considerasen que el dinero caía del cielo. De niña, Margaret tenía que trabajar para tener el dinerillo que necesitara (además de hacer sus tareas en casa), y aunque no había ninguna necesidad económica de que sus hijos hicieran lo mismo, quería transmitirles la misma ética del trabajo que había aprendido en su juventud.

Para responder a las quejas de sus hijos sobre el trabajo, Margaret había parafraseado a Nietzsche: un poco de veneno puede ser algo beneficioso. Aunque Nietzsche despreciaba la moral tradicional, como es la ética protestante del trabajo, creo que fue una aplicación constructiva de sus ideas. Ciertamente esto no perjudicaría a los niños, ni les mataría, a pesar de sus acalorados lamentos. Y lo más probable es que fortaleciera su fibra moral enseñándoles una importante lección socioeconómica: no se obtiene nada a cambio de nada. O si lo prefiere, no existe la comida gratis. En realidad, eso es una extensión al terreno económico de una de las leyes físicas de Newton. La ley de Newton sostiene que para cada acción existe una reacción opuesta igual. La versión económica es que para cada comida, existe una factura. Las preguntas clave son: ¿quién come? y ¿quién paga? Tanto en economía como en física, no se da nada por nada. Por la misma regla de tres, no se obtiene nada de nada; es una calle de doble dirección.

> Lo que no me mata, me hace más fuerte.
>
> FRIEDRICH NIETZSCHE

Margaret había conseguido el apuntalamiento filosófico de sus acciones, pero yo acabé de confirmárselo. Como veremos en el capítulo 11 (sobre ética), tanto Aristóteles como Confucio consideraban la virtud una cuestión de buenas costumbres. Por tanto, en el caso de Margaret, crear el hábito de pagar por la comida, de cantar por una cena, era ayudar a sus hijos a practicar una virtud: apreciar el valor del trabajo. Aristóteles y Confucio coincidirían en que, dado que la virtud es una cuestión de costumbre, no se puede aprender hablando de ella, tiene que practicarse. Aquí también Margaret estaba sobre la buena senda.

RITA

Mi colega Alicia Juarrero trabajó con un cliente que también luchaba con sus responsabilidades hacia los miembros de su familia, pero de un modo distinto. Rita acudió a Alicia destrozada porque su hija adolescente había sido violada por un chico que conocía de la tienda en la que trabajaba los fines de semana.

Este acto de violencia había sumido en la vorágine a la familia, que trataba de asimilar el golpe emocional y asumir cuestiones más prácticas como convencer a la chica de que siguiera una terapia, presentar cargos contra el chico, etc. La propia Rita había perdido clases, descuidado su trabajo de curso y, en general, la paralizaba la situación en sí, en extremo horrorosa. No encontraba el modo de ayudar a su hija ni a los demás miembros de su familia como era su intención.

Rita seguía sus mejores instintos para amar y apoyar a sus seres más cercanos, pero corría el peligro de perderse en el proceso. El equilibrio suele ponerse a prueba en las relaciones amorosas personales, pero también es importante dentro de las familias. El sentimiento familiar y el individualismo son la mejor manera para formar una vida adulta sana. Su consejera dirigió a Rita hacia el filósofo estoico Epicteto para iluminar la situación en la que se hallaba. Epicteto escribió: «Cuando ves a alguien llorar apenado [...] cuida de que no te arrastre [...]. Sin embargo, no dudes en compadecerle.» Rita no ayudaba a nadie descarrilando su propia vida. Con su vida en la cuerda floja, no tenía recursos que ofrecer a su hija. Rita resolvió no añadir su propio estrés al de su hija. Tomarse su tiempo para recomponerse sería el primer paso para ayudar a su hija y al resto de su familia a hacer lo mismo.

> Si alguna vez sucede que te rebasas a ti mismo por querer complacer a otra persona, ciertamente has perdido tu plan de vida.
>
> EPICTETO

Rita se acogió a otra clarividencia de Epicteto sobre la buena medida: «No busques que los acontecimientos sucedan como tú quieres, sino desea que, sucedan como sucedan, tú salgas bien parado.» Algo que ya ha sucedido no puede cambiarse; así que es inútil perder tiempo deseando que hubiera sido de otro modo. Es mejor bregar con las circunstancias tal como son (por dolorosas que sean) que hundirse en el pasado. Ir hacia delante es la única posibilidad de mejora.

Recordemos la frase central de los estoicos de que lo único que tiene valor es aquello que nadie puede quitarte. Además de los consejos concretos que Rita aprendió de Epicteto, podía aprender también de los estoicos en general. Pocas cosas son tan valiosas como el amor de la familia, y eso es algo que nadie nos puede arrebatar.

Ni siquiera un violador tiene ese poder, a menos de que uno se lo otorgue. Rita estaba decidida a encontrar un modo de preservar la estructura de amor de su familia en medio de aquella tormenta. Era más que un resquicio de esperanza bajo la nube que los cubría; sería el sol que volvería a iluminar todo el cielo cuando la tormenta hubiera pasado.

Margaret buscaba justificación filosófica en parte debido a las semillas de la duda que la resistencia de sus hijos habían plantado en ella. Aunque estoy seguro de que los niños perderían esa batalla, combatían en la gran guerra que muchas familias mantienen cuando los hijos luchan por encontrar su identidad independiente de su familia. Vi un caso mucho más grave en Sonia.

Sonia tenía veintipocos años cuando buscó asesoramiento filosófico. Durante su adolescencia y los primeros años de su juventud, su madre, Isabelle, la había arrastrado a un carrusel interminable de psicólogos, psiquiatras y otros terapeutas, incluso un consejero espiritual. Ésta era la primera vez que la propia Sonia había iniciado cualquier tipo de asesoramiento y asistía a él por voluntad propia. Sonia me contó intencionadamente que nunca le habían diagnosticado nada. De hecho, lo que Sonia me describió fue un conflicto básico madre-hija que se les había escapado de las manos. Isabelle, que era conservadora y religiosa, estaba convencida de que el espíritu libre y la naturaleza creativa de Sonia eran anormales y que podrían modificarse si encontraba al consejero adecuado. Sonia estaba convencida de que ninguno de los profesionales que había visitado la habían ayudado en absoluto, y tampoco creía que su madre estuviera contenta con los resultados.

Sonia había sido una adolescente rebelde e incluso de niña sentía que no encajaba ni en el colegio ni en casa. Desde hacía tiempo, Isabelle consideraba cada ejemplo de la búsqueda de Sonia por ejercer su voluntad una mala conducta deliberada y un signo de que Sonia iba por mal camino. Al final, la propia Sonia empezaba a temer que su actitud fuera algo anormal.

Sonia trabajaba como modelo, asistía a la universidad a tiempo parcial y vivía con sus padres (la opción más asequible). Isabelle ponía objeciones al trabajo y a los estudios de Sonia. Hacer de modelo era pecaminoso, según las creencias religiosas de Isabelle, y opinaba que una licenciatura en historia del arte no era una digna inversión de dinero y tiempo.

El padre de Sonia permanecía en segundo plano, eclipsado por la mujer de la casa, y ni apoyaba ni se oponía a las acciones de Isabelle o Sonia.

Sonia me buscó porque quería averiguar por sí misma si había algo malo en ella y si sus elecciones sobre cómo vivir su vida eran inmorales, como decía Isabelle. En el fondo de su corazón no creía tales cosas, pero el conflicto con su madre había durado tanto que albergaba ciertas dudas. En realidad quería establecer su propia identidad. ¿Qué clase de persona era ella? ¿Cuáles eran sus propias normas? ¿Eran sus normas tan buenas como las de cualquiera?

Sonia e Isabelle estaban enzarzadas en una de las batallas tradicionales de la filosofía: relativismo *versus* absolutismo. Los relativistas sostenían que los principios y acciones no son buenos o malos en sí mismos, sino que las culturas y los individuos les asignan valores (por ejemplo, la belleza está en el ojo del que la contempla). En esta manera de pensar, ninguna cosa es mejor ni peor que otra. Nuestros preceptos morales y estéticos dependen de nosotros; no hay modo objetivo de juzgarlos.

Para Sonia, esta manera de concebir el mundo tenía más sentido. Respetaba las opiniones religiosas de su madre y, aunque había elegido no aplicarlas, tampoco le pedía a su madre que las abandonara. Por otro lado, Isabelle era una absolutista, con una visión del mundo más de una pieza, más «o blanco o negro». Para ella, unas cosas estaban bien y otras mal, sin peros ni reservas.

> El fuego arde igual en la Hélade que en Persia; pero las ideas de los hombres sobre el bien y el mal varían de un lugar a otro.
>
> ARISTÓTELES

> El hombre es la medida de todas las cosas.
>
> PROTÁGORAS

En teoría, un relativista puede llevarse bien con un absolutista al reconocer que el absolutismo es un modo tan válido de entender el mundo como cualquier otro. Un absolutista tendrá más problemas con un relativista, y ésa parecía ser la situación en la que se encontraban Sonia e Isabelle. Sonia era tolerante con su madre y exigía a Isabelle que aceptara del mismo modo sus elecciones.

Durante los últimos treinta años, el relativismo ha dominado el pensamiento occidental. Como cualquier cosa que se aplique de una manera absoluta, el relativismo tiene sus problemas, tanto lógicos como prácticos. Si uno cree que el relativismo es definitivamente la mejor manera de ver el mundo, entonces ya se está atrincherando en el absolutismo o, al menos, en el relativismo absoluto. Intente preguntar a los relativistas si el asesinato, la violación, la esclavitud o el genocidio son permisibles desde el punto de vista moral. La mayoría de ellos dirá que no y, de esta forma, los pillará asignando un valor moral objetivo. (Puede restaurar el orden de su universo al discutir la defensa propia, el aborto o la pena capital y la moralidad relativa de distintos tipos de inmoralidad bajo distintas circunstancias.)

Al relativismo no le cuesta demasiado entrar en contradicciones. Existe un relato famoso en los círculos filosóficos académicos sobre un profesor que se enfrentaba a una clase llena de autoproclamados relativistas. Tras varias acaloradas clases durante las que los estudiantes denunciaron el absolutismo de todo tipo, el profesor les puso un suspenso en sus trabajos de final de curso. Cuando irrumpieron en protestas, explicó que le habían convencido de que todo era relativo y, por tanto, subjetivo y, en su subjetiva opinión, todos sus ensayos no valían nada. Pronto sus horas de visita se llenaron de antiguos relativistas que argumentaban que su trabajo era objetivamente bueno (y mejor que otros) y exigían mejores notas. El relativismo está bien hasta que te cuesta más de lo que tu voluntad está dispuesta a pagar.

En la vida real, el relativismo de libro de texto no funciona. Para evitar la anarquía, la sociedad debe regular hasta cierto punto una conducta aceptable. La mayoría de las personas de sociedades decentes accedería a prohibir una lista de acciones, entre ellas el asesinato, la violación, el incesto y el robo. Sin embargo, si tomamos en consideración un conjunto limitado de valores objetivos, en otros asuntos puede seguir funcionando una visión subjetiva. Desde mi perspectiva, que está próxima a la de Mill, algunas acciones serían relativas, siempre que no perjudicasen a otros ni violasen las libertades de los demás. Ciertamente, en este caso estaba de acuerdo en que Sonia tenía derecho a esperar que su madre respetase su integridad individual como adulta y le permitiera elegir sus propias opciones. Ambas tenían libertad para pensar lo que quisieran, pero no para imponer conformidad a la otra.

Para poder disfrutar de su relación madre-hija (o al menos calmarse mientras vivieran en la misma casa), Sonia e Isabelle necesitaban llegar a un acuerdo mutuo. Como Isabelle no iba a acudir a sesiones de asesoramiento y parecía poco dispuesta a cambiar de métodos, Sonia se centró en lo que podía hacer ella. Al aceptar su propensión a ser ella misma y estar segura de que era normal, Sonia dejó de sentirse atacada por el hecho de que los demás le dijeran que era diferente y le pidieran que cambiara. Al encontrarse más cómoda con ella misma y considerar válidos sus valores y normas, dejó de rebelarse continuamente, sin que le hiriese su madre, su consejero o quien fuera. Se produjeron pocas explosiones en casa y Sonia sacó mejores notas en la universidad. Cuando el comportamiento de Sonia cambió de modo natural, su madre dejó de molestarla. Isabelle se dio cuenta de que tener valores distintos no equivale a «enfermedad mental».

En un ambiente despejado, Sonia fue capaz de decirle a Isabelle: «Soy como soy. Si quieres conocerme, puede que incluso te guste quien soy o como mínimo alguna parte de mí.» El asesoramiento filosófico le permitió creer en sí misma en sus propios términos y alentar a su madre a que hiciera lo mismo. Sonia también estaba preparada para que su madre se negara a hacerlo. Al cabo de un año o así de tratar a Sonia, ella y su madre llegaron al acuerdo de que una de ellas podía pasar el sábado por la noche en la misa nocturna mientras la otra lo pasaba en una discoteca, y seguir respetándose a la mañana siguiente.

Aunque fue Sonia quien buscó asesoramiento filosófico, este conflicto, como la mayoría de problemas de cualquier relación, era producto de la acción de más de una persona. Si hubiera sido Isabelle la que tuviera una cita semanal conmigo, habría debatido un solapado conjunto de ideas filosóficas. La importancia de vivir conforme a la propia visión del mundo y las dificultades que rodean al relativismo seguirían aplicándose. No obstante, para un padre existen otras responsabilidades con respecto a un hijo. Cuanto más joven es el hijo, más carga descansa sobre los hombros del adulto, pero la carga se hace más llevadera si se comparte a medida que los hijos se convierten en adultos. (Después, los roles pueden invertirse, como veremos más tarde en este mismo capítulo en el caso de John, y los hijos adultos asumen muchas responsabilidades con respecto a sus padres ancianos.)

Los humanos necesitan el amor de una familia, biológica o del tipo que sea, para crecer sintiéndose valiosos y seguros. Los padres, y otros adultos que cuidan niños, tienen una responsabilidad hacia sus hijos (y hacia la sociedad) para proporcionales ese amor. Parte del trabajo de un padre es inculcarle virtudes (buenas costumbres según Aristóteles). Pero todos llegamos a un punto en el que es necesario reforzar nuestra propia valía, vivir según nuestros propios valores y ocupar un lugar adulto propio en la sociedad. Los padres tienen el deber de preparar a los hijos ayudándoles a seguir vidas íntegras. Pero una vez cumplido este deber, no hay que insistir más en él. Parte de nuestro deber es dejar de cumplirlo antes de que la autoridad paternal o maternal se convierta en una intrusión. La realización procede de dentro de uno mismo, idea aristotélica que presentamos en el capítulo 5. Nadie más, ni siquiera sus padres, puede dársela. Lo mejor que los padres pueden hacer para alentar la realización personal de sus hijos es darles libertad para que, a medida que vayan creciendo, tengan más seguridad en sí mismos.

Los hijos son extensiones de sus padres en el sentido biológico, pero no en el cultural. Los padres tienen una inversión genética en sus hijos y la custodia legal de los mismos, pero no son sus propietarios. Kant formula el tema tratando a todas las personas, incluidos los niños, como fines en sí mismos, no un medio para nuestros fines, como ya vimos en capítulos anteriores. El poeta y filósofo libanés Jalil Gibran dedica un hermoso pasaje a la educación de los hijos, que se centra en la idea de que los padres tienen una custodia temporal, pero no la propiedad.

> Tus hijos no son tus hijos. Son los hijos e hijas del anhelo de la Vida. Vienen a través de ti, pero no de ti y, aunque están contigo, no te pertenecen. Puedes darles tu amor, pero no tus pensamientos, pues tienen los suyos propios. Puedes albergar sus cuerpos, pero no sus almas, pues sus almas habitan en la casa del mañana, que tú no puedes visitar, ni siquiera en sueños. Puedes esforzarte en ser como ellos, pero no intentes que sean como tú.
>
> JALIL GIBRAN

Los hijos empiezan a forjar su identidad individual en el crisol de la familia. Cuanto más divergente resulta ser ésta respecto de la de los padres o de la familia como conjunto, más probable es que surjan conflictos, como sucedía con Sonia e Isabelle. Nosotros los humanos dependemos de nuestros padres durante un período de tiempo más prolongado que cualquier otro mamífero porque nuestro proceso de maduración es lento, y tardamos muchos años en aprender todo lo que necesitamos para asumir un rol completamente adulto en la sociedad. Maduramos por etapas, algo que nuestras leyes reflejan al establecer las edades en las que es legal dar nuestro consentimiento, votar, conducir, beber alcohol, casarse, entrar en las fuerzas armadas, etc. Cuanto más se desarrolla un niño, más se relaja el control de los padres. Esa autonomía completa llega con la edad adulta, y el largo y tortuoso camino que conduce hasta ella tiene mucho que ver con el caos de la adolescencia: el ansia de autonomía de los hijos, la reticencia de los padres a soltarlos y una realidad que aún no (o ya no) coincide con los deseos de las dos partes.

Sonia e Isabelle alcanzaron la paz en un momento importante para ellas; poco después, a Isabelle le diagnosticaron un cáncer. Madre e hija se enfrentaron a un nuevo tipo de lucha filosófica, que trataremos con más profundidad en el capítulo 13. Parte de lo que sucedió después del diagnóstico (y podía haber ocurrido cuando las dos mujeres estaban tan enzarzadas en peleas) fue que Sonia se comportó tal como antes su madre le había cuidado y amado a ella. Este tipo de inversión de roles entre padres e hijos es cada vez más corriente y presenta un nuevo conjunto de vertientes filosóficas, tal como veremos en el caso de John.

JOHN

Celeste, la madre de John, sufrió una enfermedad neurológica degenerativa que la confinó a una silla de ruedas. John vivía en casa con ella, en parte debido a sus modestos ingresos como estudiante y en parte debido a los cuidados que Celeste necesitaba para vivir en su propia casa.

Entonces sucedió lo que John más temía. Un día salió de casa y, al volver, encontró a su madre (inconsciente y sangrando) al pie de la escalera, inconsciente y sangrando, después de intentar bajarla en la silla de ruedas. En el hospital los médicos no le encontraron ninguna herida grave, pero la dejaron en observación e instaron a John a ingresarla en una residencia. Les parecía que, a pesar de los atentos cuidados de John, había llegado a un punto en que Celeste necesitaba una constante dedicación. El equipo de médicos que la atendía, junto con el asistente social del hospital, le sugirió que, aunque Celeste no tenía heridas, permaneciera en el hospital hasta que le encontrase un lugar, lo que podía tardar meses.

John aceptó el hecho de que Celeste necesitaría con el tiempo más cuidados de los que podía recibir en casa, pero temía que tanto su salud mental como su estado físico se deteriorasen en el hospital, pues no necesitaba tratamiento médico y tendría muy poco estímulo en un pabellón hospitalario. Cuando estaba lúcida, Celeste decía que se quería ir a casa. John estaba dispuesto a hacer todo lo posible para que su madre estuviera en casa, al menos hasta que encontrase una plaza en una buena residencia, pero tendría que pasar ratos alejado de ella y no disponía de suficiente dinero para contratar una enfermera. Había pensado en pasar un último verano en casa con ella antes de trasladar a su madre. Quería concederle el deseo de vivir en casa, pero también sentía que sería mucho más fácil hablar con ella de una residencia —a lo que sin duda se resistiría— si podían hacerlo a su debido tiempo y en su propia casa.

John me presentó este dilema (dejar a su madre en el hospital mientras buscaba una residencia o llevársela a casa), porque se sentía insatisfecho con las dos alternativas y quería esclarecer las implicaciones éticas de ambas. En realidad, necesitaba situar dos aspectos distintos de la filosofía: la ética y la toma de decisiones. Se enfrentaba a la cuestión ética de lo que significa ser responsable del bienestar de alguien y en función de con qué intereses se debe actuar (de los de otros o de los de uno mismo) y cuándo. John se enfrentaba a esta cuestión como un hijo cuidando a una madre, pero esta clase de cuestiones se aplica con mucha más frecuencia a padres que cuidan a un hijo pequeño. En segundo lugar, John necesitaba explorar maneras de tomar una decisión y cómo elegir entre dos opciones difíciles, para sentirse justificado desde un punto de vista ético en la dirección que tomase.

Como muchos otros clientes, John ya había trabajado por su cuenta las tres primeras etapas del proceso PEACE.

Obviamente, comprendía el problema, tenía en cuenta sus sentimientos y los de su madre, y había analizado sus dos opciones y sus posibles consecuencias. Pero esto no bastaba para John. Necesitaba meditar para cultivar una disposición que le permitiera tomar una decisión razonada, en un sentido u otro.

Utilicé la teoría de la decisión para ayudar a John en su fase de meditación. La teoría de la decisión es el nombre filosófico de la teoría matemática de los juegos, fundada por John von Neumann y Oskar Morgenstern. Esta teoría emplea juegos a modo de metáfora para incluir muchas actividades humanas en las que los participantes deciden cuál es el mejor movimiento que puede ejecutarse bajo un conjunto de reglas, pero normalmente sin todos los factores sobre la mesa. La teoría de la decisión, tal como la utilizan los filósofos, recoge las principales ideas de la teoría de juegos, pero suele evitar las extraordinarias complejidades matemáticas.

Sólo en un pequeño subconjunto de juegos existe en realidad un movimiento mejor en cada etapa dada. En semejantes juegos lo más lógico es realizar el mejor movimiento, si se consigue encontrarlo. Aunque en la mayoría de juegos no existe el mejor movimiento, diferentes estrategias apuntan hacia diferentes opciones. La cuestión no es simplemente «¿cuál es el movimiento más lógico?» sino «¿qué estrategia prefiero adoptar?».

> La importancia del fenómeno social, la riqueza y multiplicidad de sus manifestaciones, y la complejidad de su estructura, se equiparan al menos a las de la física [...]. Pero podría decirse sin miedo a equivocarse que no existe, en este momento, ningún tratamiento satisfactorio de la cuestión del comportamiento racional.
>
> JOHN VON NEUMAN
> Y OSKAR MORGENSTERN

Si John estuviera jugando al ajedrez, o al tres en raya, buscaría cuál es el mejor movimiento en cada turno. Estos juegos caen en la limitada categoría de juegos estrictamente determinados, es decir, en ellos tan sólo participan dos jugadores, son juegos de suma cero (las ganancias equilibran las pérdidas) y son juegos de información perfecta (no hay nada oculto, todos los movimientos están sobre la mesa). En este tipo de juegos, siempre existe un mejor movimiento y todo lo que has de hacer es encontrarlo. Si lo encuentras en cada tirada, no puedes perder; lo peor que te puede pasar es un empate. Claro que es más fácil encontrar el mejor movimiento en el tres en raya que en el ajedrez, pero el principio es exactamente el mismo. A los niños les aburre jugar al tres en raya una vez que han descubierto que siempre pueden al menos empatar y los maestros del ajedrez a menudo acceden a quedar en tablas después de pocos movimientos. Aunque en los juegos estrictamente determinados puede resultar en extremo difícil determinar cuál es el mejor movimiento, al menos se sabe que existe y que se puede descubrir.

Sin embargo, la vida no es un juego estrictamente determinado. Por desgracia para John, su dilema sobre Celeste era un juego más corriente y menos prescriptivo. Hay más de dos jugadores, si se tienen en cuenta a médicos, enfermeras, asistentes sociales y otros implicados en el caso. No es un juego de suma cero, pues las pérdidas potenciales (heridas o muerte) no equivalen a las ganancias potenciales (el tiempo en común). No es tan definido como el póquer, donde si usted pierde 5, uno o más jugadores han ganado 5. Y, ciertamente, no es un juego de información perfecta, puesto que nadie sabe con exactitud cómo o cuándo la enfermedad de Celeste volverá a manifestarse. No obstante, la teoría de la decisión puede seguir siendo útil al presentar el juego en términos de elecciones propias con sus posibles consecuencias, para forjarnos una imagen más clara de la situación. La matriz de decisiones de John sería algo así:

TABLA 8.1

	Posibles consecuencias	
Opciones de John	**Mejor resultado**	**Peor resultado**
Llevar a su madre a casa:	pasar un maravilloso verano juntos	accidente grave o mortal
Dejar a su madre en el hospital:	cuidados médicos	deterioro psicológico

La matriz de decisiones ilustra que no hay una opción mejor según los resultados posibles. Mientras que pasar juntos en casa un último verano hubiera sido maravilloso, mucho mejor que una simple atención médica en un pabellón de hospital, un accidente grave o mortal en casa hubiera sido mucho peor que encontrarse postrado en cama y deteriorado psicológicamente en un pabellón de hospital.

La teoría de la decisión no nos dice cómo jugar, pero puede ayudar a establecer qué tipo de criterios debemos usar para decidir los movimientos. Para tomar una decisión es necesario comprender la naturaleza del juego. Si usted sabe que hay un movimiento mejor, intentará descubrirlo. En otros casos, como el de John, debe preguntarse a sí mismo: ¿Qué quiero conseguir?, ¿qué quiero evitar?, ¿qué estoy dispuesto a arriesgar?, ¿qué pretenden conseguir o evitar los demás jugadores y qué están dispuestos a arriesgar? A no ser que esté seguro de la existencia de un mejor movimiento, atenerse a la teoría de la decisión quizá signifique calcular las probabilidades que hay de que ocurra cada desenlace, sopesar los posibles beneficios e inconvenientes y elegir el camino que, según parece, aportará los mayores beneficios.

Así pues, si John eligiera llevar a su madre a casa estaría jugando esencialmente un juego de azar sin conocer las probabilidades. Cuando juegas en un casino, al menos puedes calcular las probabilidades. Si intentas establecer las probabilidades, intentas evitar las dos versiones de la «falacia del jugador». Una versión dice que el juego con el premio más alto es el mejor, lo que no tiene en cuenta las probabilidades, de modo que no suele ser una apuesta segura. En el caso de John, esta versión de la falacia del jugador aconseja llevar a su madre a casa, pues esa opción entraña la posibilidad de conseguir el premio más alto. Sin embargo, también entraña la posibilidad de lo peor.

La otra versión de la falacia del jugador sostiene que lo que sucede una vez es poco probable que vuelva a suceder. Si lanza una moneda cinco veces seguidas y le salen cinco caras, la falacia dice que las cruces serán cada vez más probables en cada tirada sucesiva. Esto es falso, porque la moneda no tiene memoria; cada tirada es un acontecimiento independiente. No existe algo como «el rojo está caliente» en la rueda de la ruleta; la rueda no tiene memoria y (a menos que juegue en un casino trucado) cada giro empieza con la misma probabilidad de que se produzca cualquier resultado. Que le salgan dos unos seguidos en una tirada de dados no es ni más ni menos probable que le vuelvan (o no) a salir dos unos.

La madre de John sufría una enfermedad que la desorientaba en determinados momentos. No podemos calcular las probabilidades que existen de que vuelva a desorientarse en la siguiente hora, día o semana, y no podemos saber con exactitud en qué situación estará (por ejemplo, a punto de bajar la escalera) la próxima vez que se desoriente. Por tanto, John no podía suponer que a su madre ya le había tocado su porción de desgracia y estaría a salvo en casa, sólo porque acababa de caerse y hacerse daño.

Estuve de acuerdo con John en que se encontraba en un trago muy difícil, pues ambas opciones acarreaban ventajas y desventajas, tanto para sí mismo como para su madre. John y yo imaginamos el escenario de la mejor y la peor opción posible. Imaginó su enorme dolor y culpabilidad, y su sufrimiento añadido, si su madre se hería de gravedad o de muerte en el caso de que se quedase sola en casa. En el hospital, John la imaginó sufriendo un deterioro físico y psíquico que haría la transición hacia una residencia aún más dura. Desde la perspectiva del análisis de la peor opción posible, John llegó a la conclusión de que tanto su madre como él estarían mejor si ella permanecía en el hospital. Sin embargo, un análisis de la mejor opción posible, llevaba hacia otra conclusión. En casa, madre e hijo podían disfrutar de un verano juntos y prepararse para el próximo paso. En el mejor de los mundos, John y Celeste estarían mejor si ella se iba a casa.

Mi trabajo no era recomendar una elección entre llevarla a casa o dejarla en el hospital, sino hacer hincapié en la naturaleza de la responsabilidad moral de tomar una decisión en nombre de otra persona. La vía responsable es decidir qué es lo mejor para la otra persona, no qué es lo mejor sólo para ti. Tenemos este tipo de responsabilidad hacia nuestros hijos y también hacia nuestros padres enfermos.

También debemos permitir que los demás elijan dentro de los límites de su autonomía. Si tú decides que está bien para tu hijo tomar un helado, seguramente tu hijo puede elegir el sabor. Hasta un condenado a muerte puede elegir su última cena. Como John ya había decidido llevar a su madre a una residencia, tal vez ella pudiera elegir pasar los meses restantes en casa, a pesar del riesgo que ello suponía.

Lo mejor puede significar aquello que ayude a esa persona a evitar lo peor, pero también puede significar aquello que ayude a esa persona a sacar el máximo provecho. La clave en tomar decisiones por otro es dejar al margen las ganancias o las pérdidas personales.

Al cabo de dos sesiones, John me dijo que entendía la teoría de la decisión y los límites éticos con los que operaba. Dijo que sería capaz de tomar una decisión que fuera justificable para él. John se acercaba al fin de su etapa de meditación y tomaría su decisión en equilibrio. No sé (ni necesito saber) lo que John decidió hacer. Como consejero filosófico, tengo la responsabilidad de ayudar a mis clientes a conseguir la autosuficiencia filosófica, no la dependencia. En lugar de torturarse por una decisión difícil o revolcarse en vano en una ciénaga emocional, o que le diagnosticasen un falso trastorno de personalidad, John podía ocupar su tiempo en elevadas razones filosóficas. La situación era muy triste, pero podía superar la indecisión. A veces estamos tristes (y hay, incluso, una especie de alegría solemne encerrada en eso), pero nunca debemos sentirnos indefinidamente incapacitados por la tristeza.

> Lo mejor para estar triste es aprender algo. [...] Aprende por qué el mundo se mueve y qué lo mueve.
>
> T. H. White

9

Cuando el trabajo no funciona

Al volver del trabajo debes sentir la satisfacción que ese trabajo te da y sentir también que el mundo necesita ese trabajo. Con esto, la vida es el cielo, o lo más cercano al cielo. Sin esto —con un trabajo que desprecias, que te aburre y que el mundo no necesita— la vida es un infierno.

W. E. B. Du Bois

El trabajo nos evita tres grandes males: el aburrimiento, el vicio y la pobreza.

Voltaire

El trabajo es una parte importante de la vida en general, por lo que muchos aspectos del ámbito laboral se solapan con otros temas de este libro. Algunos de los temas relacionados con el trabajo que mis clientes traen a mi despacho son, en el fondo, temas interpersonales a los que se aplica parte del capítulo 6, que trata del modo de conservar las relaciones. Y lo mismo ocurre con ciertas reflexiones de los capítulos sobre buscar y concluir relaciones y sobre la vida familiar. Algunos clientes intentan resolver conflictos éticos que se suscitan en el trabajo o examinar las implicaciones morales de dirigir a otras personas. Trataremos de la ética y la moral en el capítulo 11. Otros se debaten por encontrarle un sentido o propósito a su trabajo (véase también el capítulo 12), ejercer un trabajo que les realice y establecer un equilibrio entre el trabajo y el resto de la vida. No obstante, como la mayoría de nosotros pasamos más tiempo trabajando que haciendo cualquier otra cosa, es importante considerar los temas específicos del trabajo como un capítulo aparte.

Desempeñar bien un trabajo nos proporciona una sensación de realización, cualquiera que sea este trabajo. La mayoría de las personas desea hacer un buen trabajo y quiere que se le elogie el trabajo bien hecho. Si usted es el jefe, tome nota: reconocer los méritos de sus subordinados es un elemento auténticamente motivador.

En cambio, si usted ha tenido que esperar sentado un elogio merecido, intente sacar satisfacción del hecho de saber que ha realizado un buen trabajo. Su deseo de ser elogiado es algo natural, pero si el elogio no llega, no gana nada obsesionándose con él, salvo sentirse desdichado. El *Bhagavad Gita* recalca la importancia de hacer un buen trabajo por el mero placer de hacerlo bien.

> Que no sea el fruto de tu acción el motivo; ni te apegues a la inacción.
>
> *Bhagavad Gita*

El *Bhagavad Gita* es un poema sánscrito, muy traducido, que recoge un diálogo entre un príncipe guerrero (Arjuna) y una encarnación humana (Krishna) del dios Vishnu. En la víspera de la batalla, debaten sobre la ética de luchar y matar (o morir) y sobre la naturaleza del deber. Obviamente, este consejo militar sería de gran ayuda en el campo de batalla empresarial de nuestros días y el mensaje final de dedicación desinteresada a un poder superior complacería a los generales, tanto civiles como militares. Sin embargo, este libro no ha gozado de tanta popularidad durante casi tres mil años porque exija lealtad corporativa. La fuerza motriz es el valor de cumplir con un deber por amor al arte y sirviendo a principios más elevados, en lugar de trabajar sólo por un sueldo y unos beneficios.

Todos hemos visto trabajadores (en la administración pública o en el sector privado) cuyo principal interés es mirar el reloj, desear que sea viernes o esperar el día de cobro. No les interesa su trabajo, sólo sus frutos. Al estar apegados principalmente a los frutos, empobrecen su trabajo. Al empobrecer su trabajo, no satisfacen a quienes sirven (tanto a sus jefes como a sus clientes), lo que empobrece aún más su trabajo. Dentro de este círculo vicioso, empobrecen sus frutos. Por el contrario, todos hemos visto trabajadores que realizan sus labores principalmente con espíritu de servicio y a quienes parece gustar lo que hacen. Esta dedicación enriquece su trabajo, que agrada a quienes sirven (tanto a sus jefes como a sus clientes), y dicha actitud enriquece aún más su trabajo. Dentro de este círculo virtuoso, incrementan los frutos de su trabajo. Lo hacen porque no se centran únicamente en sus frutos.

La mayoría de nosotros apreciamos obras de arte como la poesía, la pintura y la música, y las sociedades culturales reservan parte de sus mejores elogios para los grandes artistas. En el acto de creación, poetas, pintores y compositores están completamente absortos en la labor de dar a luz a su arte, no en los frutos que obtendrán. Si haces bien tu trabajo, los frutos madurarán solos. Si fantaseas sobre probar los frutos en lugar de hacer bien tu trabajo, no madurarán en absoluto. Usted también tiene el poder de hacer de su trabajo una obra de arte. Intente ser como un gran artista en todo lo que haga.

> Si trabajas en lo que está delante de ti, siguiendo con seriedad, energía y calma la razón correcta sin permitir que nada te distraiga, salvo mantener en estado puro tu

parte divina, como si debieras devolverla de inmediato; si haces esto, sin esperar nada más que la satisfacción de vivir de acuerdo con la naturaleza, pronunciando verdades heroicas en cada palabra, vivirás feliz. Y no habrá hombre capaz de evitarlo.

MARCO AURELIO

COMPETICIÓN

Desde la perspectiva filosófica, hacer bien un trabajo no significa necesariamente hacerlo perfecto o mejor que nadie. Ganar o perder una carrera no tiene ninguna trascendencia moral. El ganador puede ser el corredor más rápido, pero eso no significa que sea una buena persona. El valor reside en trabajar duro y hacerlo lo mejor posible. Puede que hacerlo lo mejor posible no le lleve a cruzar primero la línea de meta (o a conseguir el despacho de su jefe o un buen aumento), pero si se esfuerza en hacerlo lo mejor de que sea capaz, obtendrá una satisfacción personal. Los estoicos decían que la satisfacción es lo valioso del trabajo: el resultado nadie puede arrebatárselo, nadie más que usted tiene poder sobre él.

La clave es cómo medir el hecho de hacerlo lo mejor posible. La nuestra es una cultura competitiva y somos competitivos por naturaleza. Utilizar el rendimiento de los demás como rasero es un error; no usarlo también sería un error. La competitividad saca lo mejor y lo peor de los individuos. Salga a correr con su vecino más rápido y ya verá que mejora su tiempo o su resistencia.

En el otro extremo de la escala, se sabe que estudiantes competitivos han arrancado páginas de revistas científicas para impedir que sus colegas se enteraran de los últimos descubrimientos. La competitividad no es mala por definición, pero puede ser una fuerza destructiva.

Como, en general, nuestra sociedad recompensa los comportamientos agresivos (como en los deportes profesionales), a algunos sectores les horroriza incluso en sus formas más leves. Si la escuela de sus hijos celebra unos juegos de competición apuesto a que se organizan de tal manera que todos los niños ganen una medalla. Tal vez incluso todos los niños que participen ganen un premio. Si la idea es fomentar su autoestima, esta estrategia de gestos vacuos tiene el efecto contrario. Si todo el mundo gana una medalla, ¿por qué correr?

Es natural que algunos corredores sean más rápidos y otros más lentos. Debemos reconocer a los corredores más rápidos si valoramos la rapidez, pero no debemos confundir la velocidad con la excelencia de carácter. John puede ser mejor corredor que Jack, pero eso no hace a John mejor que Jack. Las competiciones creativas y constructivas le permiten descubrir y expresar sus habilidades. En el trabajo, el truco es encontrar un equilibrio entre la competición y la cooperación.

UN TRABAJO LLENO DE SENTIDO

Para muchas personas el trabajo es como un viaje. Pocos nacemos para algo en particular. El modo de alcanzar la grandeza en la vida es específico para cada uno; no hay una receta a toda prueba. La mayoría de las personas no se siente atraída por su trabajo, pero encontrar un trabajo adecuado es una de las maneras más seguras de realizarse. Todos tenemos talentos concretos, pero la mayoría hemos de escarbar un poco para encontrarlos. Encontrarlos (y decidir cómo usarlos) contribuye a conferir un sentido o un propósito a nuestra vida diaria. No importa lo humildes que sean sus aspiraciones. El principio sigue siendo el mismo, sea uno de los quinientos primeros directores generales de la revista *Fortune* o un ama de casa, una voluntaria de la organización de la madre Teresa en Calcuta, un conserje, un escultor o un compañero de oficina de Dilbert. Un trabajo lleno de sentido es vital para una vida llena de sentido. Un despido es doloroso debido a nuestro apego al cargo, al estatus, al privilegio y a la seguridad, no sólo por motivos económicos. La jubilación suele ser difícil por las mismas razones.

> Todo trabajo, incluso hilar algodón, es noble; el mero trabajo es noble. [...] Una vida de ocio no está hecha para ningún hombre, ni hace ningún bien.
>
> THOMAS CARLYLE

Los dilemas que se plantean con respecto a la realización son otro cantar. Por ejemplo, podemos realizarnos siendo padres o en nuestra vida profesional. Es tentador pero difícil equilibrarlos ambos. Algunos padres se debaten entre trabajar fuera de casa y cuidar a sus hijos a jornada completa. Otros encuentran que hacer de padres a jornada completa resulta sumamente satisfactorio, mientras que otros aspiran a subir en la escalera profesional. Y otros tantos encuentran satisfacción en ambos lugares, pero tienen conflictos acerca de cómo hacer bien ambos trabajos.

¿Cómo va a saberlo a menos que lo intente?

La mayoría de personas realiza varios trabajos en el curso de su vida laboral y cada vez es más frecuente que estos trabajos no sean del mismo ámbito. Mucho han cambiado las cosas desde los días del «hombre de la compañía», que firmaba con una empresa en cuanto acababa la universidad y la dejaba cuarenta años después con un reloj de oro y un apretón de manos como testimonio de sus leales servicios. Ciertas personas cambian de orientación porque se ven obligadas por sus compañías. Otras se mueven porque encuentran pastos más verdes y ya no sienten más lealtad hacia sus empresas que la que la propia empresa siente hacia ellas. Otras se queman o, simplemente, quieren cambiar de ritmo. Muchas se limitan a buscar el camino que les conducirá a la realización, y prueban distintos trabajos o campos para encontrar el ideal.

Trabajar en algo que no gusta no tiene por qué ser malo. A veces usted desempeña un trabajo para descubrir que no está hecho para él. No puede saberlo todo a través de la razón únicamente, como dirían los racionalistas. Algunas cosas necesita saberlas a través de la experiencia. Aun así la experiencia no es la única maestra. También necesitamos la razón en nuestras experiencias.

En el dorado término medio entre el racionalismo estricto y el empirismo estricto se extiende un camino sensato para vivir la vida y aprender de ella a medida que se avanza. Puede aprender valiosas lecciones incluso de una mala experiencia. Si reflexiona seriamente sobre si una oportunidad de trabajo es buena para usted, sólo hay un modo de descubrirlo: pruébela.

> El único modo en que uno puede aprender a reconocer y evitar las trampas del pensamiento es familiarizarse con ellas en la práctica, incluso corriendo el riesgo de ganar en sabiduría mediante una triste experiencia. Es inútil empezar a filosofar con un curso de lógica introductorio con la esperanza de evitar así al iniciado el riesgo de tomar el camino equivocado.
>
> LEONARD NELSON

Seuss, el gran filósofo para niños, explica este tema en su famoso tratado *Green Eggs and Ham.* La pregunta empírica con la que se inicia: «¿Te gustan los huevos y el jamón verdes?» permanece sin respuesta hasta las últimas páginas porque nuestro héroe se niega a probarlos. Cuando por fin accede a probarlos, invierte su reticencia inicial sobre el tema y declara: «¡Me gustan tanto los huevos y el jamón verdes!» Claro que esto puede interpretarse de dos maneras. Después de pasar una noche de juerga con los amigos (algunos de ellos juerguistas muy experimentados) a Voltaire le invitaron a salir de nuevo con ellos la noche siguiente. Él declinó la invitación explicando: «Una vez, un filósofo. Dos veces, un pervertido.»

Nunca lo sabrá a menos que lo intente pero, salvo que reflexione sobre sus experiencias, no podrá apuntarlas a su favor. Puede ahorrarse tiempo y problemas utilizando la razón y la experiencia para elegir una ruta probable para sí mismo. No obstante, si sus mejores esfuerzos siguen llevándole hacia una carrera profesional decepcionante, insatisfactoria, sin alicientes, imposible o infeliz, ha de saber que no necesariamente ha malgastado el tiempo, a menos que archive lo que ha aprendido y no haga uso de ello la próxima vez.

Conflicto

Siempre que se junten varias personas, habrá diferencias personales y conflicto. Eso se cumple en los equipos deportivos, los partidos políticos, los comités académicos, las órdenes religiosas y los equipos directivos. De hecho, como no se suele elegir a la gente con la que se trabaja, se requiere un esfuerzo suplementario para funcionar bien, lo mismo que en las familias. El lado positivo es que el propósito compartido de trabajar por los mismos ideales que genera el trabajo hace que la rueda siga girando. Como aprendimos de Hobbes en el capítulo 6 (sobre conservar las relaciones), el hecho de tener una autoridad externa superior, que todos tienen que acatar, es un componente clave para mantener la paz. Eso significaría, simplemente, reportarse ante la misma cadena de mando, pero para conseguir los mejores resultados se requiere un mayor sentido del deber. El hecho de que todo el mundo tenga que remitir copia al «Sr. X» de todos los informes hace que compartan un mismo tipo de vínculo, pero la conexión más fuerte procede de estar juntos en la misma misión de construir una casa, educar a un hijo, salvar los humedales o alcanzar la cuota de ventas. Con el tipo de poder externo inspirador de temor reverencial que describía Hobbes, se puede evitar la guerra, pero no espere armonía. Tener expectativas realistas, no idealistas, ayuda a conservar una perspectiva filosófica cuando se presentan problemas.

Jean-Jacques Rousseau afirmaba que las personas son buenas en esencia y que la civilización las corrompe (convirtiéndolas en seres políticos, entre otras cosas). En un estado natural, no seríamos propensos a ello: ésa es la idea del «buen salvaje». Rousseau y sus colegas románticos se rebelaban contra una sociedad autoritaria y resulta tentador creer que seríamos mejores personas si no tuviéramos que vivir en un mundo civilizado. En este momento, los estadounidenses están llevando a cabo el experimento de Rousseau: nos hemos incivilizado por completo. ¿Eso hace a la gente mejor? Si los actuales descendientes posmodernos de Rousseau consiguieran transformar por completo a los estadounidenses en bárbaros analfabetos e incultos (en lo que progresan a pasos agigantados) descubriríamos lo equivocado que estaba Rousseau. Su camino no llevaba al Edén, sino a la anarquía. Aristóteles sostenía que los humanos somos animales políticos por naturaleza y, si estaba en lo cierto como creo que lo estaba, siempre habrá política, incluso política de oficina, que probablemente solía ser política de caverna. El debate provechoso no es si somos o no animales políticos, sino qué tipo de civilización ofrece a sus ciudadanos una vida mejor. Ninguna civilización tiene el voto de Rousseau, pero hay otros candidatos.

> El hombre nace libre, pero por todas partes está encadenado.
>
> JEAN-JACQUES ROUSSEAU

> El hombre es un animal político por naturaleza.
>
> ARISTÓTELES

VERÓNICA

Verónica tenía el tipo de trabajo por el que se matarían los especialistas en periodismo de nuevo cuño. Investigaba, producía y escribía relatos que se difundían ante una audiencia nacional. La pega: sus relatos los firmaba una estrella del periodismo para quien trabajaba. La gran estrella tenía un nombre famoso, un gran séquito, un sueldo envidiable y probablemente todo lo que suele acompañar a una carrera profesional semejante, incluidos importantes dolores de cabeza. También tenía un asistente de primera línea que hacía posible todo eso.

Pero Verónica se sentía invisible. Nadie conocía su nombre, ni siquiera tenía novio y mucho menos un club de fans, y su sueldo, aunque era una sustanciosa cantidad, era una miseria comparado con lo que *Variety* decía que su jefe acababa de firmar. Verónica sentía que merecía mucho más reconocimiento por lo que hacía.

Veamos el caso de Verónica a través de la óptica del proceso PEACE. Según ella, su problema era que, a pesar de que se entregaba a su trabajo, se sentía descontenta. También tenía claras sus emociones: frustración, rabia, insatisfacción, envidia, soledad. A medida que iba avanzando con el análisis, veía pocas opciones. A menudo soñaba que presentaba su dimisión a la gran estrella (justo antes de dar un portazo), pero tenía el tipo de codiciado trabajo del que a cualquiera que se tomara en serio el oficio de periodista le costaría escapar.

En la etapa de meditación, le pedí a Verónica que pensara si su infelicidad procedía de la insatisfacción o de la sensación de apego no a los frutos de su propio esfuerzo, sino a los frutos de otro. Estaba orgullosa del trabajo que hacía, por lo que deseaba un mayor reconocimiento, y amaba el proceso. En muchos aspectos, encontraba su trabajo satisfactorio, lo que no era exactamente un signo de falta de realización. Pero su apego a las circunstancias del trabajo de su jefe obstruía su propio sentido de la realización, que debe proceder de dentro de uno, no de fuera. Si podía librarse de ese apego, se libraría también de la infelicidad. Al afirmar que «se moría de ganas» de algo que estaba fuera de su alcance, casi estaba muerta. Es decir, no veía el esplendor de lo que ahora tenía, de lo que ya era y todo lo que le quedaba por vivir.

> Renuncia al anhelo del pasado, renuncia al anhelo del futuro, renuncia al anhelo de lo que está en medio, y cruza a la otra orilla.
>
> BUDA

> Es mejor cumplir con nuestro deber, por defectuoso que pueda ser, que cumplir con el deber de otro, por bien que uno lo pueda hacer.
>
> *BHAGAVAD GITA*

El pensamiento hindú y budista tenían sentido para Verónica y, a medida que lo iba incorporando a su propia filosofía, volvía a repasar su análisis de la situación. Tal vez fuera cierto que la gran estrella no valoraba a Verónica todo lo que a ella le hubiera gustado, pero eso no la hacía incapaz de valorarse a sí misma. Si no podía darle las gracias en persona de vez en cuando o encontrar un modo de demostrar su reconocimiento, la gran estrella tenía un problema, pero era su problema, no el de Verónica. Sin embargo, Verónica necesitaba sentir que era esencial para el éxito de la gran estrella, pero no insustituible. ¿Recuerda a los miles de estudiantes recién graduados que babeaban por su trabajo?

Como Verónica ya sabía que era afortunada por tener dicho trabajo, quería conservarlo. Su nueva disposición (desapego a ese tipo de cosas que vienen con un trabajo de alto perfil y encontrar valor personal en un trabajo bien hecho) le ayudó a alcanzar el equilibrio. La filosofía budista dice que los conflictos externos (entre las personas) casi siempre son producto de conflictos internos (dentro de las personas). Cuando Verónica resolvió sus propios asuntos internos sobre el prestigio y el reconocimiento, el conflicto entre ella y su jefe desapareció, y volvió a recuperar su entusiasmo inicial por su gran trabajo, que le resultaba tan emocionante.

TRABAJO EN EQUIPO

Verónica era parte de un equipo, pero no era una ayudante que le da el bate al gran bateador (eso no es esencial, la gran estrella siempre podía tomar sus propios bates). Era más parecida a un receptor, que indica cómo han de ser los lanzamientos (eso es esencial: el criterio del lanzador no es suficientemente fuerte). Un equipo es siempre más importante que los jugadores individuales. Los jugadores van y vienen, pero el equipo permanece. Si de veras le gusta el juego y se entrega sinceramente a él, se sentirá feliz de jugar en su posición, cualquiera que ésta sea. Si le gusta el juego, pero cree que juega en la posición equivocada, hable con el entrenador o intente jugar en otro equipo.

Se consigue muy poco sin trabajo en equipo y en cualquier equipo, hay líderes y seguidores naturales. Es algo bueno: imagine una orquesta sin director o un equipo de fútbol americano sin entrenador ni *quarterback*. O lo que es peor, imagine un equipo formado sólo por *quarterbacks* o una orquesta en la cual en cada silla hubiera una batuta además de un instrumento. Hobbes era un fan de la autoridad reconocida, que sirve tanto para mantener la paz como para obligar a que las cosas se hagan.

Desde una perspectiva evolucionista, los humanos están genéticamente programados para cazar y recolectar. Para recolectar, basta con buscar comida en el sitio adecuado, sin más plan ni coordinación. Recolectar no es altamente cooperativo ni altamente competitivo, pero la caza es diferente. Para cazar bien, la clave es un plan unificado para hacer bien el trabajo. La caza era, en su origen, un esfuerzo de colaboración, algo que se hacía en grupo para aumentar la probabilidad de éxito, en un momento en que el éxito en la caza era vital para la supervivencia. Los resultados se compartían entre los participantes. No obstante, incluso en esta estructura comunal, un individuo, o un pequeño subgrupo, estaba al mando de organizar el grupo, trazar una ruta, designar exploradores y todo lo que fuera necesario para aumentar las posibilidades de llenar la despensa. Aun en aquellos grupos en que los individuos con menos talento ocupaban, por la razón que fuera, posiciones de autoridad, el éxito de la caza dependía de seguir la dirección de aquel que, por consentimiento general, estaba al mando. De otro modo, cada uno se lanzaría a través de los bosques en todas direcciones, asustando a la presa y temiendo golpear a uno de sus compañeros dispersos en lugar de tener un propósito firme. Uno tal vez prefiriera ir por su cuenta, pero si no conseguía una presa, no podía esperar compartir la cena con los demás.

JEFES DIFÍCILES

Una de las quejas laborales que oigo con más frecuencia es la de los jefes difíciles. Estoy seguro de que ese arquetipo se remonta tiempo atrás y que antaño había muchas quejas sobre tener que escuchar a un tipo que no podía encontrar un venado, aunque se le acercase y se presentase a sí mismo, o que ponía el grito en el cielo cada vez que uno fallaba un tiro y volvía a poner el grito en el cielo cuando le daba al blanco pero no en el centro de la diana. Si trabaja bajo las órdenes de un jefe al que no soporta, una alternativa es buscarse otro trabajo. Claro que no tiene ninguna garantía de que su nuevo jefe sea mejor, ni tampoco de que pueda seguir trabajando para el mismo jefe si encuentra a uno que le guste.

Si la única pega en su situación actual es la persona ante la que se reporta, piense detenidamente en todos los aspectos de su trabajo antes de decidir hacer un movimiento. Una alternativa más adaptable sería tomar una actitud filosófica sobre el hecho de trabajar con una persona que le permita sobresalir de entre el barullo. Tal vez tenga que tragarse la injusticia y desarrollar sus propios recursos interiores que contribuyan a hacerle una piel más gruesa. Encuentre a alguien en su compañía o en su ámbito que le tutele, que le brinde cierta aportación positiva para equilibrar el hecho de trabajar con una persona difícil. Acuérdese de preguntarse a sí mismo: «¿Qué puedo aprender de esto?» La respuesta quizás haga que la experiencia valga la pena.

Por difícil que pueda resultar la idea, éste es probablemente el «mejor camino» que recomienda el Tao. Si encuentra este camino, el Tao le enseña que nadie puede herirle. No sólo es una cuestión de ser bueno, para que nadie quiera apuñalarle por la espalda. En el camino más elevado, su espalda simplemente no puede ser alcanzada.

> He oído que aquel que sabe bien cómo conservar la vida, cuando viaja por tierra, no se encuentra con los rinocerontes ni el tigre; cuando va a la batalla no le atacan armas de ningún tipo. Los rinocerontes no encuentran lugar donde hundir su cuerno. El tigre no encuentra donde clavar sus garras, las armas no encuentran donde enterrar su hoja.
>
> LAOZI

Como vimos en el capítulo 6, que trataba sobre mantener las relaciones, la teoría de Hegel sobre las relaciones amo-esclavo explica que los esclavos tienen, en realidad, el mismo poder sobre sus amos. Los amos dependen de sus esclavos tanto emocional como económicamente. En el capítulo anterior, utilicé las ideas de Hegel para defender un equilibrio de fuerzas en una relación romántica con el fin de evitar la envolvente dinámica del amo y el esclavo. Pero un jefe y un subordinado están, por definición, en una relación jerárquica, por lo que el equilibrio de fuerzas no debería ser su meta en un escenario laboral. En lugar de ello, en este contexto, las ideas de Hegel deberían ayudarle a percatarse de su propio poder en la situación. Tal vez eso no arregle nada, pero puede ayudarle a sentirse mejor.

Que su jefe le diga que no está haciendo un buen trabajo no significa que sea cierto, y probablemente no deba temer por su puesto. Su jefe le necesita. Como mínimo, la ley del más fuerte requiere a alguien más débil (para que se cumpla la ley de que el pez grande se come al chico se requiere a alguien que se deje comer). Tal vez su jefe le grita porque su jefe le grita a él. Así pues, no devuelva los gritos, no se lo tome como algo personal y no se vaya a casa y la emprenda con su perro. Haga su trabajo lo mejor que pueda y tome el difícil camino de ser quien rompa el círculo vicioso.

Si usted es el jefe y quiere saber si sus subordinados hacen para usted el mejor trabajo y no queman su efigie a sus espaldas, la filosofía también tiene lecciones que darle. (Si simplemente quiere conformidad ciega, también hay una filosofía para guiarle. Mire qué escribió Maquiavelo: «Como el amor y el temor apenas pueden existir juntos, si debemos elegir entre ambos, es mucho más seguro ser temido que ser querido».) Kant formula la idea central: trata a los demás como fines en sí mismos, no como medios para nuestros propios fines. Puede encontrar a alguien que le escriba el informe que necesita, pero debe reconocer al que lo hace como un ser humano, no como una máquina de escribir informes. Ésta es la distinción que hizo Buber entre las relaciones yo-cosa y las relaciones yo-otro. Debe tener una relación distinta con la máquina que escupe un informe (una cosa) y la persona que lo hace (un individuo).

Laozi recomienda a los líderes demostrar humanidad, compasión y clemencia como signos de fuerza, y aconseja: «Gobierna un gran estado como cocinarías un pequeño pez.» Para aquellos que no se acercan a la cocina, eso significa hacerlo con delicadeza.

En Occidente estamos entrenados para ser duros y contundentes, y consideramos la delicadeza un punto débil, que nos hace vulnerables. Por otro lado, el Tao enseña que el verdadero signo de fuerza es permitirse el lujo de ser delicado. La regla de oro (de la que casi toda religión tiene su versión) también se aplica: Haz a los otros... Para ser un jefe respetado, debes respetar a tus empleados.

> El mejor patrón de hombres se mantiene por debajo de ellos.
>
> LAOZI

UN BUEN JEFE DE FERROCARRIL SABE CONDUCIR UN TREN

Debido a que mira el mundo a través de una óptica capitalista, Ayn Rand ha escrito más sobre todos los aspectos del trabajo que cualquier otro filósofo. Su visión del jefe ideal se refleja en sus personajes. Sus héroes y heroínas luchan por llegar a lo más alto y llevan con ellos el conocimiento de donde han estado hasta los cargos más elevados. En una novela de Rand, hasta el hijo del dueño trabaja en la planta de laminación de acero, aprendiendo a hacer todos los trabajos como preparación para cuando tome las riendas. Otro personaje, una mujer que posee su propio ferrocarril, también sabe conducir un tren. Domina las piezas del negocio y sabe cómo juntarlas. Rand reconoce que no todo el mundo que aprende a conducir un tren es capaz de dirigir todo el ferrocarril. Pero para dirigir el ferrocarril, cree que hay que saber conducir el tren. Para Rand, el jefe no debe estar por encima de un barrido y un fregado. No hay nada servil en ningún trabajo; ningún trabajo está por debajo de la dignidad de nadie.

La postura de Rand es que el liderazgo más eficaz es el liderazgo ejemplificador. Los senadores que llevan mucho tiempo en Washington pierden categoría en sus propios estados. Se inspira respeto no sólo por el rango, sino por saber lo que se necesita hacer y ponerse manos a la obra. La crítica más vehemente que se hace a quienes han ascendido hasta los cargos más elevados es que suelen olvidar de dónde vienen. El olvido constituye el mayor error: no sólo podría emplear su conocimiento para hacer mejor su actual trabajo, sino que también podría ganarse el auténtico respeto de quienes trabajan bajo sus órdenes. Y lo que es más importante, ese conocimiento nunca le permitirá olvidar que todos somos seres humanos, al margen del cargo que aparezca en su tarjeta de visita.

La mayoría hemos perdido el contacto con cualquier otro trabajo que no sea nuestra pequeña parcela laboral. No tenemos conocimiento sobre los trabajos de otras personas ni sobre los esfuerzos de otras personas. Sin embargo, dependemos del trabajo de los demás para todas nuestras necesidades. ¿Se ha parado a pensar de dónde salen esos tomates que hay en el supermercado en febrero? Esta desconexión es previsible en una sociedad globalizada altamente tecnológica, empezando por el punto más básico de que lo que consumimos cada vez tiene menos que ver con lo que producimos.

El budismo Zen ofrece otra perspectiva sobre hacer el trabajo básico. El Zen enseña que el trabajo rutinario es un valor en y por sí mismo. Humillarse a sí mismo es una vía hacia la mejora personal en la tradición budista. Cualquier tarea que haga con sumo cuidado puede ser una poderosa forma de meditación. Por este motivo los retiros Zen incluyen el trabajo y la meditación. Ningún trabajo es servil. Lo que hacemos no es lo que somos.

> [...] Baso estaba en la misma montaña sin hacer nada más que zazen día y noche. Un día el maestro Nangaku preguntó a Baso: «Señor, ¿qué hace usted aquí?» «Hago zazen», respondió Baso. «¿Qué espera conseguir haciendo zazen?», preguntó Nangaku. «Sólo intento ser un Buda», le contestó Baso. Al oír esto Nangaku agarró un ladrillo y empezó a pulirlo. Baso se sorprendió y le preguntó: «¿Por qué pules ese ladrillo?» Nangaku respondió: «Estoy intentando pulir este ladrillo hasta de-

jarlo como un espejo.» Y Baso volvió a preguntarle: «¿Cómo puedes pulir un ladrillo hasta dejarlo como un espejo?» Nangaku le respondió: «¿Cómo puedes sentarte hasta ser un Buda?»

SHIBAYAMA

Gandhi nos da un conmovedor ejemplo de esto. Sólo vestía ropa hecha en casa. Hilaba su propio algodón y enseñaba a otros a hacer lo mismo. Hacer algodón era, en cierto sentido, una manera de luchar contra el monopolio británico (los ingleses cultivaban algodón en la India, lo embarcaban hacia Gran Bretaña para ser hilado y tejido y lo volvían a embarcar hacia la India para venderlo a un precio muy elevado y obtener así enormes beneficios). Sin embargo, también daba fe de su comprensión de cosas fundamentales, como ejercer la majestad a través de la sencillez y encontrar la nobleza a través del trabajo. Imagínese al líder más poderoso de una gran nación hilando algodón en su tiempo libre. ¿Realmente parece una locura o una humillación? Luego, hágase esta pregunta: ¿Es escandaloso? ¿Es necesario negarlo en público? Es probable que los líderes hagan cosas peores en su tiempo libre.

No todo el mundo puede ser Gandhi, pero si es el jefe puede estar seguro de que tiene algo en común con él: pagará un precio por ser una figura de autoridad. La «soledad del líder» es algo inherente al liderazgo. Para conservar la fuerza de la autoridad necesita mantener un poco de distancia con respecto a quienes trabajan a sus órdenes. Ya no puede relacionarse del mismo modo. Un partidito con la gente del despacho o salir a tomar unas copas después del trabajo contribuye a crear lazos sociales, a devolver la humanidad que ciertas tendencias profesionales tienden a arrebatar, pero cuando se es el jefe hay que permanecer un poco distante, sin caer en el esnobismo. Al mismo tiempo, hay que evitar el aislamiento para no perder el contacto. Y lo que es aún más importante, no tendrá a tantas personas en las que apoyarse cuando esté capitaneando el barco. Las presiones que sufrirá serán mayores cuando no tenga a nadie con quien compartirlas. La carga del liderazgo no es para todo el mundo.

ÉTICA

Otro tema corriente es enfrentarse a un dilema ético. Encontrará un tratamiento más exhaustivo de la ética y la moralidad en el capítulo 11, pero aquí trataremos unos pocos factores específicos del trabajo. Al nivel más elemental, para vivir una vida ética necesita asegurarse de que su trabajo también es ético. Una de mis clientas dejó su trabajo de periodista porque, según me contó, estaba harta de inventar historias. Sheila se había metido en el periodismo albergando los ideales de una información objetiva pero, en su trabajo, los editores no se limitaban a asignarle un artículo, sino que le decían cuál debía ser su contenido. Su reportaje era sólo un modo de corroborar una idea preconcebida y eso chocaba con todos sus ideales. Sentía que esa fuerza directriz subyacente a su organización (y no estamos hablando del *National Inquirer*) era el márketing, e informar sobre unos hechos o descubrir la verdad no aparecía por ningún lado de la pantalla de radar.

La ética de cada uno enciende luces de aviso a distintos niveles, y Sheila notaba que le pedían que transigiera demasiado. Aunque el trabajo siempre implica compromiso, es importante saber cuándo tales componendas te hacen cruzar una línea que no quieres cruzar y actuar de un modo coherente para estar siempre en el lado bueno de la línea.

En el mundo empresarial, la ética suele ser el ámbito de actividad del departamento jurídico. Sin embargo, algo que sea legal no quiere decir que sea moral y, por la misma regla de tres, que sea moral no quiere decir que sea legal. La legalidad incluye todo lo que la ley permite o no prohíbe de forma expresa. La moralidad es una idea aún más vieja, que precede (y supuestamente informa) las leyes legisladas. Nuestras leyes son un reflejo de nuestros principios morales, que a menudo se extraen de una codificación anterior de los principios morales en la forma de leyes espirituales: las religiones organizadas.

Ahora bien, hacer algo legal no significa hacer lo correcto. Por supuesto, los puntos sobre las íes los pone el modo en que se lo dicen los tipos del departamento jurídico. Pero si algo le afecta desde el punto de vista moral, la legalidad no bastará para tranquilizarle. Los abogados estarán satisfechos con cualquier cosa que no ponga en peligro la solvencia de la compañía. Sus normas personales pueden ser otras. Evalúe la ética de la situación, determinando la lealtad para con su empresa, sus responsabilidades personales, su código de conducta profesional y su compromiso con el hecho de realizar un buen trabajo. (Dispondrá de más información sobre cómo hacerlo en el capítulo 11.) Luego, si es preciso, emprenda las acciones necesarias con el consejo de los grandes filósofos.

El argumento del agente fiel («Yo sólo cumplía órdenes») no le absolverá si da un paso en falso; por tanto, una fina línea separa lo que cree que es justo del cumplimiento del compromiso que tiene con la empresa si ésta le pide que pase por alto las implicaciones éticas de una situación. No es fácil matar o comprar la conciencia de alguien, pero todo el mundo tiene su precio. Y, una vez que haya vendido su alma (su virtud), no podrá volver a comprarla.

La filosofía china enseña que un rasgo distintivo de lo correcto es que al hacerlo usted queda libre de culpa. Si se satisface ese criterio, se está en el reino de lo moral. Otro principio filosófico primordial procede del pensamiento jainista e hindú, y se llama *ahisma*, lo que vendría a traducirse al castellano como «no hacer daño a los seres sensibles». Es la base de todo código ético profesional. Si sus acciones causan daño a otros, no son éticas. Los sistemas morales son más complicados, pero si satisface este requisito básico va por buen camino.

ABRA

Abra había disfrutado de un temprano y rápido éxito en su carrera empresarial antes de que el sistema le decepcionara. Empezó a sospechar que el objetivo final de todo negocio era el beneficio a cualquier precio y ser el primero de la competición por cualquier medio. Para muchos trabajadores eso significaba conformidad ciega a los dictados de los superiores en el organigrama, una completa falta de significado y valoración de un trabajo que se les remuneraba por días. Los altos directivos podían encontrar una cierta realización personal, pero llegaba sobre todo en forma de un sueldo gigante. En lo que a Abra concernía, lo que había que hacer para conseguir la paga diaria no podía considerarse ni sano ni humano.

Mientras disfrutaba de un permiso por maternidad, Abra empezó a ver que la creciente riqueza que estaba acumulando era una sofocante trampa para ella. A pesar de que, en apariencia, tenía éxito en el trabajo, un estilo de vida más que acomodado y una incesante búsqueda de un estatus ilusorio formaban una auténtica jaula (aunque con barrotes de oro), la cual la encerraba en un trabajo que le servía para pagar la hipoteca, el coche, el entrenador personal y la completa renovación de su hogar; paradójicamente, cada vez pasaba menos tiempo en él. Le pagaban mucho por su trabajo, pero también le costaba mucho: su precio era su satisfacción. El breve receso de Abra le había dado una nueva perspectiva y rápidamente decidió que no regresaría hasta agotar sus seis semanas de permiso. En realidad, deseaba no volver nunca.

Su jefe y sus colegas no podían creer que quisiera escapar de su despacho de directivo, pero de repente para Abra su decisión estaba clara. No tenía duda de que había hecho lo correcto para ella y su familia, pero buscó asesoramiento filosófico con mi colega Stephen Hare, porque se sentía a la deriva al no disponer de unos objetivos vitales para reemplazar su antigua ambición: ser la presidenta de la compañía para la que trabajaba. Sentía que la movía algo más allá de sus responsabilidades familiares, pero no podía identificarlo sola y, al no conocer sus metas, no sabía cómo dirigirse hacia ellas. Se sentía desorientada en general, en el momento presente y a largo plazo.

La primera tarea de Abra fue repasar sus suposiciones sobre el mundo empresarial y sobre la necesidad de una vocación más allá de la maternidad. Ya había acudido a algunos textos filosóficos en busca de respuestas (una vuelta a su educación en humanidades, antes de que lo apolillara su máster en administración de empresas), por lo que fue una buena candidata para la biblioterapia, leyendo los filósofos y luego debatiendo sus ideas con su consejero. (Eso no es para todo el mundo y, ciertamente, no es necesario para beneficiarse del saber filosófico en su propia vida.)

Empezó con el *Walden* de Henry David Thoreau, y *Small is Beautiful: Economics as if People Mattered*, de E. F. Schumacher, que examina con una postura crítica los supuestos económicos que subyacen en nuestra sociedad. Estos libros fortalecieron sus convicciones sobre los aspectos más despiadados del capitalismo contemporáneo, le ayudaron a afinar sus propias críticas y le proporcionaron esperanzadoras imágenes de arreglos alternativos. Claro que si hubiera acudido a Ayn Rand, Abra habría leído críticas de sus propias críticas, pero por eso es importante encontrar filósofos que contradigan la propia perspectiva. El propio Thoreau escribió sobre el poder de los libros para cambiar vidas («Cuántas veces un hombre ha empezado una nueva etapa en su vida a partir de la lectura de un libro») y sobre el hecho de desfilar a su propio ritmo; así pues, antes incluso de entrar en estructuras económicas y sociales, para Abra era algo bueno.

> La gran masa de hombres lleva vidas de silenciosa desesperación. Lo que se llama resignación es desesperación confirmada [...]. Es característico de la sabiduría no hacer cosas desesperadas.
>
> HENRY DAVID THOREAU

Con la confirmación de sus ideas sobre el lado oculto de los negocios e inspirada por las utopías descritas en los libros que leía, Abra empezó a pensar en el modo en que, según ella, funcionaría la sociedad en un estado ideal. Cuanto más afinara, mejor preparada estaría para vivirla. Al hacerlo, apelaba a su propio sistema ético y moral (un proceso detallado en el capítulo 11). Al mismo tiempo, Abra reconsideraba si realmente necesitaba una vocación de algún tipo en la vida o era un bagaje innecesario que acarreaba procedente del mundo empresarial.

Recordar que Aristóteles recomendaba la reflexión como la mayor felicidad fue valioso para Abra. Muchos otros filósofos pensaban lo mismo. Abra decidió ir a clases de filosofía en la universidad local, pero básicamente para su uso personal, no con un ojo puesto en una licenciatura o metas profesionales. También empezó a acudir como voluntaria a organizaciones que trabajaban para hacer del mundo un lugar mejor, un lugar más parecido al que Abra quería vivir. Aunque su meta inmediata era ser madre, utilizó sus experiencias de voluntariado para decidir que, cuando estuviera preparada para volver al trabajo a jornada completa, elegiría una compañía parecida, es decir, una más claramente motivada por algo distinto del puro beneficio económico.

A pesar de sus reservas sobre el sistema capitalista en el que vivimos, Abra se dio cuenta de que aún sigue proporcionando oportunidades para comprometerse plenamente a nivel profesional sin sentir que uno vende su alma al diablo. También entendió que el sistema sólo cambiaría en la dirección que la gente quisiera cambiarlo. El respaldo de otros filósofos le dio confianza en su fortaleza para asumir ese desafío. El primer paso fue emprender su ruta bajo sus propias estrellas.

> [...] Ninguna fortuna me parecía favorable a menos que proporcionase tiempo libre para aplicarse a la filosofía, pues ninguna vida era feliz salvo en la medida en que se vivía filosóficamente.
>
> San Agustín

10

Mediana edad sin crisis

Todo tiene su momento, y cada cosa su tiempo bajo el cielo.

ECLESIASTÉS

El tiempo no es más que el río en el que voy a pescar.

HENRY DAVID THOREAU

STELLA

Al llegar a los cincuenta, Stella hizo inventario. Vio una larga carrera como secretaria jurídica, con un puesto seguro y de valor para la compañía. Vio un matrimonio duradero y luego un largo trecho en solitario después de la muerte de su marido. Vio a sus hijos mayores emprender el rumbo hacia sus propias vidas. En general, le gustó lo que vio. Sin embargo, decidió hacer algunos cambios.

Stella se percató de que siempre había sido muy controladora y agresiva en sus relaciones y, desde que enviudó, usaba las relaciones básicamente para el sexo. Se daba cuenta de que la mayoría de la gente, salvo sus hijos, la percibía como emocionalmente fría. Sabía lo importante que eran para ella sus pocas amistades íntimas duraderas y también que podía crear lazos más íntimos si le concedían el tiempo suficiente para conocer a alguien. Ahora se sentía preparada para establecer una relación sentimental más estable con un hombre. Sabía que se encontraría bien sola (lo había estado durante casi diez años), pero resolvió acercarse a uno de los hombres con los que de vez en cuando salía para ver si podían edificar algo más duradero y satisfactorio.

En ese momento Stella decidió que, después de casi treinta años trabajando en una compañía, quería trabajar para ella misma. Había estudiado terapia artística como una forma de expresión creativa y de reducción del estrés en el curso de los años, y ahora había acabado las prácticas para convertirse en terapeuta artística. Dejó su trabajo administrativo y empezó a dirigir talleres de terapia artística en centros cívicos, centros de asistencia social y residencias de estudiantes. Pasó muchas semanas llenas de preocupación esperando con ansia esta importante transición, pero tenía confianza en sí misma y en sus capacidades. Pronto tuvo la agenda llena con meses de adelanto. Aunque no ganaba tanto como en el bufete de abogados y trabajaba casi lo mismo, se sentía inmensamente feliz y veía que estaba ayudando a sus estudiantes y a la comunidad.

¡Aquello no era una crisis de la mediana edad! Introspección, cambio profundo, pero ni un asomo de pánico. La frase crisis de la *mediana edad* suele conjurar a un hombre que se está quedando calvo, que se compra un deportivo rojo y deja a su esposa por otra mujer más joven, mientras sigue infeliz con el trabajo que ha hecho durante toda su vida, cualquiera que sea, bien pagado pero estresante o carente de incentivos. Aunque mucha gente experimenta una convulsión durante la madurez (incluso durante esos años que te hacen cambiar lo que tienes por un modelo supuestamente más sexy) «crisis» no es la palabra adecuada. El cambio es una parte natural del ciclo de la vida, pero no hay nada en la definición de cambio que necesite crisis.

Cuando se enfoca con la disposición filosófica adecuada, la mediana edad puede presentar una oportunidad para el crecimiento personal y para reajustar aspectos de la vida que tal vez haya descuidado para detrimento suyo. La historia de Stella demuestra que incluso los cambios más profundos pueden afrontarse con calma. En realidad, Stella vino a consultarme no sólo sobre los cambios que estaba haciendo sobre su vida, pues aparentemente los controlaba, sino sobre el modo de afrontar su propia mortalidad (ese tema se tratará en el capítulo 13).

CAMBIO SÍ, CRISIS NO

Así pues, en nuestro vocabulario abogo por sustituir la expresión «crisis de la mediana edad» por «cambio de la mediana edad». En los años setenta, Gail Sheehy sacó el tema del armario con *Passages*. Aunque ese libro lo hace desde una perspectiva psicológica y no filosófica, el título tiene una connotación positiva que, en mi opinión, resulta apropiada. Donde quiera que el viaje nos lleve, no es necesario pensar en él como una situación crítica o una calamidad. No podemos bañarnos dos veces en el mismo río, como aprendimos de Heráclito. (Se dice que uno de sus estudiantes más observadores le comentó que ni siquiera podemos bañarnos una. El río cambia incluso mientras nos bañamos por primera vez.) Pero ¿no preferimos bañarnos en un río que en un lodazal estancado? Sin duda sería más saludable y puede que también más placentero. Para estar clara y fresca, el agua debe moverse; y usted también.

En Occidente, por el contrario, hemos meditado poco sobre las etapas de la vida. Nos basta con las categorías de infancia y vida adulta, y esta última es considerada una vasta extensión de territorio indiferenciado, con tal vez una sola subdivisión para los «ancianos». Las mujeres disfrutan de la dudosa dicha de unas etapas biológicas más diferenciadas: menarquía, embarazo, maternidad y menopausia. La aceptación de períodos de la vida en que la energía se centra en aspectos diferentes contribuye a evitar el tipo de mentalidad de crisis que puede producirse si el cambio llega de forma inesperada. Sin embargo, el nexo unidimensional al ciclo reproductivo no tiene en cuenta las diversas facetas de la vida de toda persona. Y muchas etapas tienen una fuerte connotación negativa, como la incomodidad de la menstruación, el dolor de parto y lo indeseable de la vejez.

Tradicionalmente, los pensadores orientales consideran fases en la vida de toda persona y tienen una visión más integral, más positiva de cada etapa. Por ejemplo, Confucio reconocía que, en los diferentes períodos de la vida, la energía se concentra en distintos aspectos.

> A los quince, me dediqué en cuerpo y alma a aprender. A los treinta había plantado el pie firmemente sobre la tierra. A los cuarenta ya no sufría ante las perplejidades. A los cincuenta, sabía cuáles eran los mandatos divinos. A los sesenta, los escuchaba con oído dócil. A los setenta, podía seguir los dictados de mi propio corazón, pues ya no deseaba ir más allá de los límites del bien.
>
> Confucio

El pensamiento tradicional hindú establece cuatro etapas de la vida: la de estudiante, la de cabeza de familia, la del retiro de los asuntos terrenales y la del perfecto desapego de la lucha mundanal.

Sin un marco familiar para trazar las etapas de la vida, entraremos en crisis cuando nos enfrentemos al cambio de la mediana edad. Saber que todos atravesamos fases nos permite poner jalones a lo largo del camino de la vida adulta sin colisionar y quemar cada trecho de nuevo terreno. Ya tenemos unas etapas ampliamente definidas durante la primera parte de nuestras vidas. Uno de los libros más populares sobre el cuidado de bebés divide la vida del niño por meses, especificando lo que los padres pueden esperar cada semana. Cuando los niños crecen, nuestra sociedad reconoce una transición anual (en los cursos escolares) e incluso utilizamos etiquetas tan concretas como estudiante de primer curso, o estudiante de segundo curso. Nuestra cultura busca pocos hitos (el matrimonio, ser padres), pero a partir de ahí, campo abierto. No existe ninguna etiqueta para alguien de cuarenta y dos años, con veintiún años en un oficio y diecisiete en una relación, con hijos adolescentes y una sensación general de malestar.

No hay definición de *mediana edad* y, ciertamente, tampoco hay ningún cambio concreto que deba producirse a medida que vamos avanzando en la vida adulta. El punto central podría llegar a los treinta y cinco, los cuarenta y uno o los cincuenta y siete, o nunca. Para mucha gente no habrá una transición importante. Puede haber varias grandes transiciones o una serie de pequeños ajustes. No obstante, con la esperanza de vida más larga de toda la historia de la humanidad y con una población que sigue sana y activa durante cada vez más tiempo, nos esperan importantes transformaciones para la mayoría de la gente. Estar preparados o hacerles frente sabiendo cuál es nuestra propia filosofía constituye la clave para sacar el máximo provecho a lo que nos salga al paso.

GARY

El camino de Gary era más espinoso que el de Stella. Después de una larga carrera como fisioterapeuta de éxito, Gary advirtió fuego en el horizonte. Estaba cansado del estrés, cansado de los hospitales, cansado de la intensidad de su trabajo. Sabía qué, deseaba y necesitaba: un cambio. Sin embargo, vino a hablar conmigo porque no sabía cuál era ese cambio. Si dejaba de trabajar como fisioterapeuta, no sabía qué otra cosa podría hacer. Carecer de otras perspectivas no le asustaba, como asusta a mucha gente, sino que lo desconcertaba. No podía quitarse de encima la sensación de que debería saber lo que le esperaba. Buscó asesoramiento filosófico no tanto para descubrir lo que le esperaba como para esclarecer por qué no podía imaginarse lo que le esperaba.

Puede parecer complicado, pero a Gary el camino del entendimiento le resultaba fácil. Éste es otro ejemplo en el que pedí a un cliente que evaluara de nuevo la historia que estaba contando.

Ayudé a Gary a comprobar sus suposiciones. ¿Por qué habría de saber lo que le aguardaba en la próxima fase? Nadie lo sabe con exactitud, salvo Dios o el hado, si crees en ellos. ¿Quién era Gary para jugar a ser Dios?

Cuando pensaba como un racionalista estricto, Gary se sentía incómodo con su situación. Los racionalistas estrictos creen que podemos descubrirlo todo usando la razón. Para tales racionalistas, el mundo es cosmos (palabra griega que significa «orden»), no caos. El mundo tiene sentido. Como Gary suponía que tenía que ser capaz de descifrar exactamente lo que debía hacer a continuación, pero en realidad no podía hacerlo, pensaba que algo no andaba bien. Sin embargo, la clase de racionalismo de Leibniz parecía más aplicable a Gary. Leibniz afirmaba que aunque cualquier estado de cosas se produce por una «razón suficiente» (por ejemplo, no sucede por accidente), no siempre podemos saber cuál es su causa. Los humanos no siempre podemos descifrarlo todo. El cosmos es demasiado complejo para nosotros.

> [...] Ningún hecho puede ser cierto o existir y ninguna afirmación verdadera, sin una razón suficiente para que sea así y no de otro modo; aunque con mucha frecuencia estas razones permanecen ocultas para nosotros.
>
> GOTTFRIED LEIBNIZ

No creo que un punto de vista estrictamente racionalista nos pueda seguir guiando en mitad de la noche. Los humanos somos muy buenos planteando preguntas que no pueden responderse, incluso cuando descubrimos más y más cosas sobre el universo y su funcionamiento. Pedí a Gary que meditara sobre las limitaciones que tenía ese modo de pensar y empezara por preguntarse: «¿Es racional permanecer por tiempo indefinido en un trabajo que odio?» Probablemente no, pero eso no significa que haya una respuesta inmediata a la siguiente pregunta: «Entonces, ¿qué se supone que debo hacer en lugar de eso?»; al menos no una a la que pueda accederse sólo mediante el intelecto. Tal vez lo que tenía que hacer entonces era precisamente no saber lo que tenía que hacer.

Todo eso agradó a Gary y parafraseó el famoso pasaje del Eclesiastés «un tiempo para cada cosa bajo el sol»: hay un tiempo para saber lo que estás haciendo y un tiempo para no saberlo. Le recordé a Gary otro pasaje del Eclesiastés, que se repite en cada oportunidad: «Todo es vanidad y sufrimiento.» Pensar que sabes exactamente lo que estás haciendo es un tipo de vanidad; saber que no lo sabes, pero pensar que deberías saberlo, es harina de otro costal.

Gary se sentía más cómodo con un racionalismo revisado: las cosas tienen una explicación, aun cuando no la veamos a primera vista. Si usted está expermientando una situación de cambio, incertidumbre o infelicidad y no sabe por qué, su trabajo consiste en descubrir sus propósitos, evitando el egoísmo de presumir que ya lo sabe o debería saberlo:

> Todo tiene su momento, y cada cosa su tiempo bajo el cielo; su tiempo el nacer, y su tiempo el morir; su tiempo el plantar, y su tiempo el arrancar lo plantado. Su tiempo el matar, y su tiempo el sanar; su tiempo el destruir, y su tiempo el edificar. Su tiempo el llorar, y su tiempo el reír; su tiempo el lamentarse, y su tiempo el danzar. Su tiempo el lanzar piedras, y su tiempo el recogerlas; su tiempo el abrazarse, y su tiempo el separarse. Su tiempo el buscar, y su tiempo el perder; su tiempo el guardar, y su tiempo el tirar. Su tiempo el rasgar, y su tiempo el coser; su tiempo el callar, y su tiempo el hablar. Su tiempo el amar, y su tiempo el odiar; su tiempo la guerra, y su tiempo la paz.
>
> ECLESIASTÉS

Hubo incluso un tiempo para que los Byrds sacaran un disco que sería un gran éxito *(Turn, Turn, Turn)* con esta letra. Desde esa perspectiva, Gary empezó a ver que pasar por un período de tiempo en que no se tiene (por una vez) una dirección clara podía ser valioso. Hasta ese momento, una cosa había llevado a otra en la vida de Gary: el colegio, la universidad, el primer trabajo, el estudio de la especialidad, ascensos, etc.

Le hablé a Gary sobre el relato de ciencia ficción de Norman Spinrad *La semilla del tiempo,* en el que un hombre come una hierba que le confiere el poder de ver todo lo que ha sucedido y todo lo que va a suceder. Su vida se convierte en una tortura. Si su profesor de literatura del colegio le hubiera pedido un ensayo sobre ese relato, su frase tópica (si quería sacar un sobresaliente) habría sido algo así como: el descubrimiento es una parte de la alegría de vivir.

Gary se encontró tomando un camino sin un mapa claro, lo cual le producía ansiedad, aunque también lo estimulaba. Sus pies estaban menos seguros, pero tenía un amplio campo de visión, lo cual era fascinante. Gary prefirió considerar su incertidumbre como un gran regalo y estaba decidido a usarlo bien. Con el tiempo dejó su trabajo en el hospital sin tener ningún plan concreto. Con lo que sí contaba era con la bendición de su compañera, Mary, que tenía un buen trabajo con el que se sentía feliz. La felicidad de Gary era importante para Mary tanto como para él mismo. No quería que buscase un empleo sólo por tener empleo. Mary ganaba lo suficiente para cubrir sus gastos, por lo que Gary tuvo la oportunidad de buscar su buen camino, relativamente libre de presiones económicas.

Si contemplamos su situación a través del proceso PEACE, Gary ya había trabajado las tres primeras etapas cuando buscó asesoramiento filosófico. Había sabido identificar su problema: necesidad de cambio en su carrera. Experimentaba una mezcla de emociones (ansiedad entre ellas) sin que lo debilitasen demasiado. Analizó sus aparentes opciones pero no pudo responder a dos preguntas fundamentales: «¿Qué se supone que debo hacer ahora?» y «¿Por qué no puedo imaginarme lo que se supone que debo hacer ahora?».

Su avance se produjo en la etapa de reflexión, al considerar su futuro sin definir una oportunidad, y no una barrera. Su disposición filosófica cambió de «Debe de haber algo malo en mí, porque no puedo encontrar respuestas» a «Soy afortunado de entrar en una fase de mi vida en la que no necesito respuestas». Con tiempo para reflexionar, sería capaz de refinar su propia filosofía y tener en cuenta opciones de trabajo coherentes consigo mismo, pero lo haría con calma, en lugar de con ansiedad. ¡Leibniz sí, Librium no!

Empezando por la idea de que sabiduría no es lo mismo que conocimiento y que no saber lo que vamos a hacer no significa que no estemos haciendo lo correcto, Gary estaba en vías de encontrar respuestas al no buscarlas. En ocasiones, nuestros propósitos pueden estar mejor servidos cuando no los conocemos.

Si pudiéramos explicar el cosmos valiéndonos sólo de la razón, no habría necesidad de experimentos científicos. Cuando la razón pura falla necesitamos realizar experimentos, sin los cuales algunos de los mayores descubrimientos de todas las épocas (desde la electricidad hasta la vacuna de la polio) nunca habrían visto la luz. A veces, en la vida las respuestas no vienen inmediatamente, lo que significa que también debemos beneficiarnos de la experimentación.

GAUGUIN Y USTED

Para algunas personas, como Gary, la crisis aparece cuando no saben lo que viene a continuación. Para otras, saber lo que viene a continuación es lo que provoca la crisis. Para quienes se lamentan de que el mundo es demasiado predecible, llevar una vida programada resulta poco auténtico y hasta insoportable. Si usted se encuentra entre ellos, hallará seguridad y prosperidad en un camino hecho de riegos y descubrimientos. Usted no desea vivir de acuerdo con una interminable lista de reglas preestablecidas. Si usted es así, deberá mantener un ojo abierto por si surge el «problema Gauguin» mientras traza su ruta.

Paul Gauguin abandonó una carrera financiera de éxito, a su querida esposa y a sus hijos pequeños y se fugó a París, donde aprendió a pintar, para luego marcharse a Tahití y dedicarse a su vocación. Quienes amamos las obras de Gauguin agradecemos el magnífico regalo que su arte supone para el mundo. Ahora bien, ¿se condujo Gauguin moralmente con respecto a su familia y su negocio? ¿Hasta qué punto deben subordinarse las obligaciones y la ética a los más altos objetivos creadores? Tendrá que trazar esta línea tan fina por sí mismo, pero deberá ser consciente de dónde lo hace para equilibrar la estabilidad y la exploración.

Una de las personas que más admiro es una especie de Gauguin al revés. Tras sus estudios de filososía y lógica, Stephan Mengleberg trabajó durante años como ayudante de dirección junto a Leonard Bernstein en la Filarmónica de Nueva York. Aparte de tratarse de Leonard Bernstein, era sin duda uno de los puestos más apetecibles del mundo de la música clásica. No obstante, tras cumplir los cincuenta, oyó una vocecita interior que lo llamaba a la abogacía, de modo que se licenció en derecho y ejerció como abogado el resto de su vida. Siguió dando clases particulares de música, pero tuvo la valentía de ser honesto consigo mismo, prescindiendo de la edad, pese a que hacerlo conllevara un cambio de rumbo drástico. Que yo sepa, Stephan fue, con cincuenta y cinco años, la persona que ingresó con más edad en el colegio de abogados del estado de Nueva York.

Conocí a Judy, una mujer que, tiempo después de jubilarse como funcionaria, regresó a la facultad para estudiar historia (tema que siempre le había interesado pero al que no se había dedicado), ¡y se licenció con ochenta y cinco años! No hay razón para permitir que las arbitrarias barreras de la edad o de las etapas de la vida le impidan hacer lo que le dicta el corazón.

Ann se enfrentaba a una elección semejante a la de Gauguin, pues aspiraba a una vida más libre y creativa pero temía la pérdida de seguridad que podía conllevar. Igual que Gary, era muy eficiente en un trabajo que ya no soportaba más. Se aburría mortalmente como auxiliar administrativa en un centro sanitario y a menudo entraba en conflicto con uno de sus superiores. Le había caído del cielo una tentadora oferta de empleo, pero no acababa de decidirse a aceptarla, de modo que buscó asesoramiento filosófico para ayudarse a decidir si debía aceptar el nuevo trabajo y comprender qué era lo que la retenía. Aunque era más joven que la mayor parte de las personas cuando se enfrentan a un cambio en la mediana edad, las cuestiones que planteaba su dilema la aproximaban a quienes, con más edad, luchaban a brazo partido con asuntos semejantes. Su conflicto surgía en el ámbito laboral, pero tenía implicaciones en todos los aspectos de su vida.

Durante el año anterior, Ann había dedicado una tarde a la semana a dar clases particulares en un programa de actividades extraescolares del centro cívico de su vecindario. Había establecido una estrecha relación con una de sus alumnas, y los padres de la niña querían contratarla para que enseñara a su hija a jornada completa. Aquello supondría trabajar seis horas al día durante el siguiente curso lectivo, con el mismo sueldo que ganaba en el centro cívico. Aparte de la perspectiva de gozar de mucho más tiempo libre que con un horario de nueve a cinco más horas extraordinarias y sin tener que aguantar los embotellamientos de tráfico al ir y volver del trabajo, Ann se sentía atraída por la enseñanza, ya que consideraba que era una manera de hacer uso de todas sus capacidades al tiempo que ayudaba al prójimo.

Sin embargo, Ann estaba asustada. Los padres de la estudiante le habían propuesto un contrato de un año, y a Ann la preocupaba lo que pasaría después de ese tiempo. ¿Volverían a contratarla? ¿Seguiría necesitándola aquella niña?

¿Los padres se mostrarían complacidos con sus progresos? Incluso en el mejor de los casos, la niña se iría a la universidad en cuestión de pocos años. Ann mantenía una relación feliz y constructiva con el hombre con quien vivía, pero no deseaba depender económicamente de él. Educada bajo una estricta ética del trabajo, su intuición le decía que el pecado estaba relacionado con el no estar constantemente ocupada trabajando. Se sentía segura, aunque no realizada, con el trabajo que tenía y no estaba convencida de que debiera ponerlo en peligro para emprender una nueva aventura.

Los seres humanos, como casi todos los organismos que se limitan a intentar sobrevivir, temen lo desconocido. Puede tratarse de un temor provechoso: si usted no reconoce algo, no sabe si es seguro, de modo que más le vale retirarse a un lugar donde se sepa a salvo. Ahora bien, ¿qué ocurre si no está seguro donde se encuentra ahora? El instinto de conservación sólo nos lleva hasta aquí. Regirse por un planteamiento tan conservador da resultado para mantenerse con vida, pero no ofrece garantías de satisfacción o plenitud en la vida que así se conserva.

Quizá por eso los seres humanos también manifiestan deseo ante lo desconocido. La promesa del descubrimiento nos llena de vida. Buscamos seguridad pero, en cuanto la tenemos, la ponemos en peligro. Observe a un cachorro que busca a su madre en cuanto se ha alejado unos pasos de ella, para luego seguir aventurándose tras comprobar que sigue a su lado, y entenderá a qué me refiero. Vivimos en una tensión constante entre el consuelo de la seguridad y la emoción de las experiencias nuevas.

Ann era conservadora por naturaleza, pero hasta ella sentía la llamada de un horizonte en expansión. Sentía que estaba desaprovechando la ocasión de vivir un desafío y que la rutina laboral estaba mermando su capacidad de ser plenamente ella misma.

Las instituciones proporcionan seguridad al precio de reducir la expresión personal. Un plato de la balanza sostenía oportunidad y libertad; el otro, predeterminación y permanencia, y Ann quería que la ayudara a pesarlas.

Las filosofías hindú y budista afirman que la permanencia y la seguridad son ilusorias. Tales ilusiones atraen a las mentes codiciosas; la atracción fomenta el deseo; los deseos dan pie a los apegos; y los apegos al sufrimiento. Nos apegamos a las cosas, incluso a las cosas malas, tal como Ann se apegaba a su sofocante empleo. Preferimos lo malo conocido a lo malo por conocer. Es un consuelo que nos envenena lentamente, pero nos acostumbramos tan pronto que ni siquiera notamos su sabor. Tras largos períodos de no conocer otra cosa, los prisioneros terminan temiendo el mundo que hay más allá de sus celdas. Si un día se abrieran todas las verjas, muchos permanecerían donde están.

> Las relaciones externas que traen calor y frío, pena y felicidad, van y vienen; no son permanentes. Aguántalas con valentía [...].
>
> *BHAGAVAD GITA*

> Quienes se muestran temerosos cuando no hay nada que temer y no sienten temor cuando deberían hacerlo, tales personas, adoptando puntos de vista erróneos, se adentran en el camino de la aflicción.
>
> BUDA

La puerta estaba abierta, pero Ann titubeaba en el umbral. Las enseñanzas hindúes y budistas le parecieron acertadas y más necesarias que nunca en este mundo nuestro tan acelerado. Las cosas evolucionan tan aprisa actualmente que el mismo cambio se considera una virtud. Estamos llamados a plantar cara a nuestros temores innatos con valentía y aprender a abrazar el cambio. Aristóteles también contemplaría el cambio positivo como Dorada Mediocridad. Alentaría a Ann a aceptar la nueva oportunidad que se le ofrecía, dado que suponía un punto medio entre los extremos de permanecer esclavizada en su trabajo presente y abandonarlo sin ningún plan de futuro.

Desde un punto de vista filosófico, Ann caminaba por una línea muy fina que separa el libre albedrío del determinismo. No había dado ningún paso concreto encaminado a encontrar un nuevo empleo u otra salida a la insatisfacción que le causaba el trabajo. Sin embargo, se había puesto a tiro de la oportunidad que ahora la angustiaba. El voluntariado era la forma que tenía de ser fiel consigo misma y responder a su llamada interior.

No obstante, había adoptado una actitud fatalista, sin hacer nada para mejorar su situación, como si cualquier intento tuviera que ser en balde. De todos modos, le dio buen resultado actuar siguiendo su libre albedrío (el voluntariado), aunque no buscara ni previera tales resultados. Resolver este debate interior sobre la medida en que ella influía sobre los acontecimientos de su vida la ayudaría a avanzar en consecuencia.

Tal como hemos visto, Maquiavelo resolvió el enfrentamiento entre el libre albedrío y el determinismo al declarar que ambas ideas eran socios a partes iguales en hacer que sucedan cosas. Su consejo, por consiguiente, era no perder tiempo tratando de cambiar lo que no puede cambiarse (lo que está predeterminado), sino trabajar sobre los aspectos que uno puede modificar. Si no hubiese estado tan ocupado en forjarse la fama de príncipe del mal, Maquiavelo quizá se hubiera mostrado de acuerdo con la conocida *Oración de la Serenidad*: «Dios me otorga serenidad para aceptar lo que no puedo cambiar, valentía para cambiar las cosas que sí puedo cambiar y sabiduría para ver la diferencia entre unas y otras.»

Las personas somos criaturas manipuladoras. Sin embargo, no podemos manipular el mundo en su conjunto ni es preciso que lo hagamos. Los artistas a menudo presentan una clase de fe en sí mismos de la que el resto de nosotros puede beneficiarse: la valentía de navegar siguiendo sus propias estrellas. La respuesta a «¿Qué debería estar haciendo?» suele hallarse al volver la mirada hacia el interior, no hacia el exterior. Contestar a la llamada, sea ésta cual sea, con el tiempo puede que nos ofrezca la oportunidad que ansiamos, tal como le sucedió a Ann. La oportunidad no llama a la puerta sólo una vez: lo hace constantemente. Lo que ocurre muy a menudo es que no la oímos, o hacemos oídos sordos o tememos abrir la puerta.

Ann halló consuelo en la idea de que tanto el éxito como el fracaso son, según escribió Kipling, «impostores». En el peor de los casos, Ann sería capaz de aprender algo que le resultaría provechoso en el futuro, incluso si el trabajo como profesora particular no daba resultado a largo plazo, de modo que dejó su empleo y se embarcó en una nueva aventura profesional. Aunque la inquietaban sobremanera los cambios que se avecinaban, pasados un par de meses estuvo encantada con su nueva ocupación y su nueva vida.

Saque el mayor provecho de los cambios y obtendrá lo mejor de la vida. Olvídese de la crisis de la mediana edad. Puede padecer una crisis cada cinco minutos, o puede vivir cinco vidas sin llegar a la mediana edad. Usted elige.

11

¿Por qué una moral o una ética?

Entiendo por bien toda clase de alegría
y cuanto a ella conduce. [...] Por mal,
entiendo toda clase de pesar.

BARUCH SPINOZA

Nada puede concebirse en el mundo, ni
siquiera fuera de él, que pueda llamarse bueno
sin reserva salvo la buena
voluntad. [...]

IMMANUEL KANT

Un agente de policía de la ciudad de Nueva York se convirtió hace poco en la estrella de las noticias vespertinas gracias a esta sorprendente acción: mientras hacía su ronda a solas, encontró por casualidad treinta y cinco mil dólares de dinero blanqueado procedente del tráfico de drogas, se apoderó de ellos... ¡y los presentó como prueba! Los medios de comunicación dieron gran resonancia al caso. Los periodistas se deshicieron en alabanzas ante tamaña honestidad. El alcalde lo recompensó con una medalla a la integridad.

A mí la noticia también me alegró (ya hemos oído más que suficiente sobre la corrupción policial) hasta que escuché al agente explicar por qué lo había hecho. Confesó que había pensado quedarse con el dinero, pero luego cayó en la cuenta de que su pensión valía mucho más. Dijo que no quería correr el riesgo de quedarse sin pensión si lo atrapaban. «¿Cómo iba a comprometer mi seguridad económica por treinta y cinco mil dólares?», razonó. Esto me hizo pensar. Me pregunté cómo habría reaccionado ese mismo policía si hubiese encontrado un alijo que valiera más que su pensión. De haber seguido su propio razonamiento, se lo habría apropiado sin pensárselo dos veces.

Si el alcalde deseaba repartir medallas, en la de este sujeto tendría que haber inscrito *«franqueza»* en lugar de *«integridad»*. El agente al menos tuvo la valentía de decir la verdad. No obstante, nunca pondría su razonamiento moral como modelo ante mis hijos. Lo que en realidad estaba diciendo era: «Cumpliré la ley siempre y cuando obtenga más cumpliéndola que quebrantándola.»

Para mí, ésta no era siquiera la parte más espeluznante de la historia. Lo que me alarmó fue que nadie más diera muestras de detectar el error que había en las declaraciones de aquel hombre uniformado. Al parecer, yo era el único que se daba cuenta, el único a quien preocupaba que hacer lo correcto por un motivo equivocado no lo convertía a uno en un dechado de integridad. Los motivos tienen que ser tan honrados como los actos. La integridad supone una lealtad y un compromiso inquebrantables para con unos principios, no un cálculo frío y conveniente. Apoderarse de un dinero que pertenece a otros está mal, con independencia de la suma. Aquella historia era sobre un policía potencialmente corrupto, sólo que no le habían ofrecido su precio.

No quisiera deshonrar por completo al agente, puesto que al fin y al cabo entregó el dinero. Con un humor más generoso, quizá diría que la pifió en su declaración a la prensa. Sin embargo, debería horrorizarnos la bajeza de las pautas morales que hemos adoptado. La regla que atañe al caso (no robar) es fundamental, y la sociedad en general debería comprenderla mejor, con inclusión de los agentes de la ley y los periodistas. No obstante, los medios de comunicación trataron a esa persona como una celebridad sin detenerse a pensar en la esencia de lo que había dicho y hecho.

El objetivo de este capítulo es ayudarle a comprender y a aplicar su propio sistema ético. Cuando le lleguen sus quince minutos de fama, quiero que sea capaz de dar una respuesta convincente a la pregunta «¿Qué le pasó por la cabeza cuando decidió hacer eso?». En muchos aspectos, ésta es la clave de la mayoría de las situaciones que se describen en la Segunda parte del presente libro. No importa cuál sea el asunto que le ataña; su lucha es identificar y ocupar el elevado ámbito de la moral, hacer lo correcto y ser capaz de explicar a quien convenga (con inclusión de usted mismo) por qué decidió hacer lo que hizo. Tal como hemos visto, existen distintos criterios filosóficos que deben tenerse en cuenta cuando uno se dispone a iniciar o finalizar una relación, a dar un giro a su carrera profesional o a hacer frente a una vida familiar complicada. Ahora bien, cuando llega la hora de la verdad, la pregunta de fondo es la misma: ¿cómo puedo actuar en esta situación de acuerdo con mi esfuerzo por llevar una vida buena?

Este capítulo le ayudará a contestarla. He incluido algunos casos reales, como de costumbre, para presentar problemas éticos o morales concretos y la forma de resolverlos. De todos modos, cabe decir que el contenido de este capítulo podría sacarse a colación en muchos de los temas que aborda este libro.

MORAL Y ÉTICA

Todo el mundo emplea a la ligera los calificativos *«moral»* y *«ético»*, usándolos a menudo con redundancia como para darles más énfasis («Su conducta fue moral y ética», por ejemplo). Si pregunta a la gente cuál es la diferencia, la mayoría no tiene la menor idea; se limita a emplear la fórmula porque les suena bien. Sin embargo, podemos establecer una distinción entre ambos términos que creo que nos resultará útil. La ética se refiere a una teoría o sistema que describe qué es el bien y, por extensión, qué es el mal. La mitología y la teología son las fuentes más antiguas de ética, aunque en la actualidad se debaten más los sistemas filosóficos. La moral se refiere a las reglas que nos dicen lo que debemos hacer y lo que no. La moralidad divide a los actos en buenos y malos.

La moral tiene que ver con su vida personal: ¿cuál es la conducta adecuada en una primera cita?, ¿acaso llevarse un paquete de folios del despacho a casa para que los usen los niños constituye un crimen? La ética se centra más en lo teórico: ¿cómo juzgamos los crímenes de guante blanco a diferencia de los crímenes violentos?, ¿cómo asignar los trasplantes de órganos si la demanda supera la oferta? Las reglas según las cuales vivimos constituyen la moral; los sistemas que generan dichas reglas constituyen la ética.

La ética trata sobre lo teórico, mientras que la moral trata sobre lo práctico. La categoría de su filosofía personal será insuperable si logra aunarlas con éxito. Si distingue entre el bien y el mal, debería ser capaz de discernir si algo es correcto o equivocado. Tiene que conocer sus opciones, valorar los pros y los contras, y hallar una forma de razonar moralmente sobre lo que tiene que enfrentar de modo que pueda justificar la bondad de su respuesta. Si no se siente bien, quizá no debería hacer lo que tiene en mente. Si es lo correcto, siempre habrá una manera de justificarlo. Recuerde que la racionalización es algo completamente distinto. Usted puede racionalizar cualquier cosa, deformando y citando mal cualquier idea para que encaje en sus planes (nadie lo descubrirá; nadie es perfecto; el diablo me empujó a hacerlo, Dios me perdonará; soy el presidente). *Justificación*, no obstante, comparte la misma raíz que *justicia* y *justo*. Requiere una deliberación más profunda y, a cambio, proporciona un suelo más firme.

El desafío consiste en tener un sistema ético personal al que poder remitirse en busca de directrices morales. Tendrá que comenzar por pensar qué es bueno y qué es malo. Este problema ha desconcertado a los filósofos de todos los tiempos, así que no espere una respuesta completa e infalible al final de este capítulo. En *La república*, Platón presenta un diálogo en el que Sócrates le pide que defina el Bien: «¿Es conocimiento, placer, u otra cosa?» Ya le había propuesto varias virtudes, como la templanza y la justicia, pero enfrentado con tamaño reto, Sócrates contesta: «Me temo que está más allá de mis facultades.»

Siglos después, el panorama no devino mucho más claro. «Así pues, el Bien no es susceptible de una definición, en el sentido más importante de esta palabra», escribió G. E. Moore. Nietzsche se lamentaba de la «antigua ilusión llamada Bien y Mal». Igual que otros que lo han intentando antes que usted, quizá no sea capaz de responder a este acertijo con precisión. No obstante, hay que mojarse en el intento. Es la única forma de crear una base sólida.

Platón sostenía que las personas tienen una noción intuitiva del Bien, aunque en el mundo real sólo disponemos de pobres copias del ideal. «El más alto objeto de conocimiento es la naturaleza esencial del Bien, de donde procede el valor que otorgamos a todo lo bueno y correcto», escribió. Tal como hemos visto, no obstante, Platón nunca alcanzó su meta más elevada y nunca concretó una definición.

Hobbes adoptó otro punto de vista: «Cualquier cosa que sea objeto del apetito o el deseo del hombre, será la que el hombre, por su parte, llame "Bien"; y el objeto de su odio y aversión, "Mal".» En otras palabras, Hobbes se opone a Platón y afirma que no existe una esencia universal del bien; *bien* y *mal* sólo son etiquetas que utilizamos para describir lo que nos gusta y nos desagrada.

El Tao enseña que sólo podemos reconocer el bien comparándolo con el mal, pero tampoco propone una definición.

> [...] El más alto objeto de conocimiento es la naturaleza esencial del Bien, de donde procede el valor que otorgamos a todo lo bueno y correcto.
>
> PLATÓN

> [...] Las palabras Bien y Mal [...] siempre se usan con relación a la persona que se sirve de ellas, pues no existe nada que sea simple y absolutamente eso.
>
> THOMAS HOBBES

¿Por qué atenerse a una moral o a una ética? ¿Por qué preocuparse sobre el bien y el mal? ¿De qué nos sirve? Todo esto resulta más fácil si uno se adhiere a una religión que defina el bien y el mal, bajo la autoridad de Dios. Todas las grandes religiones ofrecen una guía moral que emana de un poder divino. Al atribuir las reglas a Dios se matan dos pájaros de un tiro: se obtiene una moral muy concreta para guiar los actos y un sistema ético absoluto donde enmarcarla. Obrar correctamente significa obedecer los mandamientos de Dios. Las reglas proceden de Dios, y Dios es bueno.

Si este planteamiento le da resultado, ciertamente lleva ventaja. Aun si usted no cree en una religión, puede servirse de la sabiduría de los teólogos antiguos, sin deber lealtad a una deidad. Las escrituras de todas las grandes religiones contienen profundas revelaciones morales de las que cualquiera puede sacar provecho. Ahora bien, para hallar soluciones filosóficas a los problemas de la vida, con fe o sin ella, tendrá que buscar y comprender los preceptos más importantes y ajustarlos a su visión personal del mundo. Seguramente ya le han dicho más de una vez que debe «andar el camino» así como «decir lo que tenga que decir». Puesto que se trata de un buen consejo, no dudo en abogar por él. Los pensamientos y razonamientos que se ocultan detrás de nuestros actos constituyen la clave para enfrentarse a cualquier situación y resolverla.

LA CIENCIA

La religión no es el único camino para hallar reglas éticas y morales. Muchas personas prefieren sustituirla por la diosa Ciencia. Un científico como E. O. Wilson, al pedir que «por un tiempo se quite a la ética de las manos de los filósofos y se someta a la biología», puede organizar un notable coro de aleluyas, sobre todo en un campus universitario. La idea consiste en buscar explicaciones evolucionistas a nuestra conducta, demostrar que la selección natural supuestamente favorece el buen comportamiento, al tiempo que contribuye a que el mal comportamiento caiga en desuso. Al parecer, seremos capaces de distinguir a los cuáqueros de los nazis analizando su ADN.

Si bien pienso que podemos aprender mucho de la teoría de la evolución, no creo que encontremos algo en nuestros genes que por sí misma nos fuerce a ser buenos o malos, o mejor, a obrar correcta o equivocadamente, algo que nos aclare, por tanto, qué es el bien y qué el mal. Las normas como «No te casarás con un primo» pueden vincularse a la biología (mezclar genes muy próximos incrementa de forma drástica el índice de anormalidades genéticas en la descendencia). Sin embargo, aunque la sociobiología nos diga que aumentamos las posibilidades de transmitir por vía genética ciertos actos altruistas, también podemos transmitirlos sin hacer otra cosa que ser promiscuos. A Herodes se le atribuyen setecientas esposas y sólo Dios sabe cuántos hijos. Aunque esto le valdría muchos puntos en el índice de salud sociobiológica (más allá de la escala de puntuación, diría yo), apuesto a que no bastaría para convertirlo en uno de los pilares de la sociedad de E. O. Wilson (ni de ningún otro).

Existe una diferencia entre lo que es bueno para nosotros y lo que es bueno en sentido universal o ideal. Creo que la ciencia nunca nos llevará hasta ahí. De hecho, el origen natural del tabú del incesto es el único ejemplo consistente de moralidad fruto de la ciencia (y, aun así, surge la pregunta de por qué se dan tantos casos de incesto a pesar del tabú).

Es obvio que poseemos (y necesitamos) muchas más normas morales para dar forma a nuestro ser y a la sociedad. Los orígenes de la moralidad distan tanto de estar claros como de la teoría de la evolución.

¿QUÉ ES EL BIEN?

Tanto la ciencia como la religión contienen porciones de verdad moral, aunque uno no suscriba sus programas al completo. Ahora bien, si éstas no le satisfacen, la filosofía laica le ofrece otro medio de aproximarse a la moralidad y a la ética. «¿Qué es el bien?» tal vez sea la pregunta más antigua de la filosofía. La filosofía occidental propone como mínimo tres formas principales de pensar sobre la respuesta: el naturalismo, al antinaturalismo y la ética de la virtud. Cada una de ellas se presenta en distintas variedades.

El primer naturalista fue Platón. Fundó la tradición idealista, que sostiene la existencia de una Forma universal, que es la Bondad. Para Platón, una Forma es una idea, no una cosa material, aunque no por ello menos real. Separa el mundo de las apariencias (las cosas concretas tal como las percibimos) del mundo de las ideas o Formas. Todas las cosas de la Tierra son copias de Formas, y mientras que las Formas en sí son perfectas (es decir, ideales), las copias son forzosamente defectuosas. Según Platón y sus seguidores, existe un ideal de Bondad. Para convertirnos en seres morales, nuestra tarea consiste en copiar el ideal tan bien como podamos. A medida que el tiempo pasa y vamos adquiriendo conocimientos, deberíamos ser capaces de hacer copias cada vez mejores, con lo cual nos iríamos acercando al ideal de Bondad. En el reino de las ideas, la Bondad desempeña la función del Sol: su radiación ilumina a todas las demás Ideas.

Platón, sin embargo, dice no poder dar una definición concreta de la Bondad. Cree que la mente puede percibir su esencia, pese a no ser capaz de expresarla con palabras. Este postulado deviene circular (una buena persona es una persona llena de esta esencia indefinible), de modo que para subir a bordo tendrá que abrirse camino sirviéndose de un conocimiento intuitivo, más que explícito, de la Bondad.

Platón creía firmemente que la educación ética era indispensable para obtener un comportamiento moral. Hacía hincapié en que la capacidad de pensar con actitud crítica (en sus tiempos, esto aludía a la geometría euclidiana) era el requisito previo de todo razonamiento moral. Por consiguiente, se quedaría horrorizado con el método que seguimos para enseñar ética a los niños más pequeños, suponiendo que lo hagamos. Si Platón tuviera que juzgar el sistema educativo estadounidense contemporáneo en su conjunto, lo encontraría éticamente empobrecido y moralmente fallido.

Haríamos bien en seguir el consejo de Platón y sentar unos cimientos de pensamiento crítico y matemáticas antes de saltar a la ética. Como mínimo, deberíamos enseñar cómo se razona sobre la causa y el efecto. Si usted tiene hijos pequeños, deténgase a pensar cuántas veces al día se oye a sí mismo decir: «Eso no se hace», «Si eres una niña buena...», «¡Eso está mal!». De acuerdo, a un crío de dos años no va a largarle un discurso sobre el motivo de cada cosa, pero a medida que sus hijos vayan creciendo será preciso que les explique las razones y los ayude a desarrollar la capacidad de pensar moralmente sobre sus actos; de lo contrario, las normas que usted dicte no les parecerán más que una lista de reglas arbitrarias. En el colegio ya no se ocuparán de hacerlo por usted, y sin ello, sus hijos no serán capaces de conducirse con arreglo a la moral, requisito imprescindible para alcanzar la madurez personal y social. ¡Y además no le obedecerán!

En tanto que los sociobiólogos consideren que la ética emana de la naturaleza, también serán naturalistas, aunque no por ello tienen que estar de acuerdo con los planteamientos idealistas de Platón. También las religiones son naturalistas, puesto que atribuyen la Bondad a Dios, quien presuntamente nos la confiere a nosotros.

Otra gran escuela filosófica occidental de pensamiento sobre «¿Qué es el bien?» es el antinaturalismo, que también se presenta en distintas variedades. El antinaturalismo, en general, afirma que no hay nada en la naturaleza que sea bueno o malo. Es decir, lo moral y lo natural son cosas distintas. Hobbes, que era nominalista, fue un gran defensor de esta escuela. Tal como hemos visto, los nominalistas sostienen que no hay valores universales, que bien y mal sólo son nombres que damos a las cosas. El bien y el mal no existen, nos diría Hobbes, sólo lo que gusta y desagrada a las personas. La moralidad, en la práctica, es limitada, personal y subjetiva. No hay dos personas que se muestren completamente de acuerdo en las reglas básicas, lo cual explica que entremos en conflicto con tanta facilidad.

G. E. Moore, otro destacado antinaturalista, creía que si bien hay muchas cosas que podemos medir con instrumentos, el Bien no se cuenta entre ellas. O mejor lo contrario, que el Bien no puede definirse ni analizarse. Cuando tratamos de valorarlo, caemos en la «falacia naturalista». Moore no reconoce ninguna esencia detectable de bondad. Nadie sabe decir qué significa el Bien, sostiene, y sin duda no es una mera cuestión de etiquetar cosas (para diferenciar su postura de la de Hobbes). Moore creía que hay actos correctos y erróneos, pero que éstos no se derivan de ninguna idea concreta del Bien.

> El bien, entonces, si con ello nos referimos a esa cualidad que afirmamos que pertenece a una cosa cuando decimos que algo es bueno, no se ajusta a ninguna definición, en el sentido más amplio de la palabra.
>
> G. E. MOORE

Hume anticipó la línea de pensamiento de Moore. Sostenía que uno nunca puede «derivar el deber del ser», dando a entender que no se puede sacar ninguna conclusión lógica sobre lo que debe hacerse partiendo simplemente de lo que se ha hecho.

Por ejemplo, sólo porque X haga daño a Y no significa

que X hiciera mal al perjudicar a Y. Sólo cabe considerarlo así mediante la premisa adicional de que hacer daño a otro está mal, pero en ese caso se habrá asumido, que no demostrado, un principio moral. Hume hacía hincapié en que, aunque emitamos juicios de valor, debemos reconocer que no son productos de hechos innegables.

Una tercera manera de pensar sobre el Bien es la llamada ética de la virtud de Aristóteles, que ya hemos visto en varios casos hasta ahora. La ética de la virtud sostiene que la bondad es resultado de las virtudes. Si inculcamos virtudes en las personas, éstas serán buenas. Este planteamiento también lo desarrollaron los confucionistas y muchos moralistas religiosos.

> Por consiguiente, es posible ir demasiado lejos, o no lo bastante, en el miedo, el orgullo, el deseo, el enojo, la piedad y el placer y el dolor en general, y el exceso y el defecto son erróneos por igual; pero sentir estas emociones en los momentos correctos, por los objetos correctos, hacia las personas correctas, por los motivos correctos y de manera correcta, constituye el bien medio o mejor, que es fruto de la virtud.
>
> ARISTÓTELES

Dadas las limitaciones inherentes a todos los enfoques que hemos resumido más arriba, habrá visto que buena parte del trabajo que debe hacer ya está hecho, pero antes de que lo emprenda quisiera incluir dos perspectivas finales procedentes de la filosofía oriental. Usted ha llegado hasta aquí en un intento por refinar su propia manera de pensar sobre lo que significa la bondad, y para acabar de embrollar el asunto ha visto un montón de teoría en muy poco tiempo. Mas he aquí una que podrá poner en práctica de inmediato: la doctrina del *ahimsa*, o del no daño. Se trata de uno de los dogmas principales de la filosofía hindú, tomada del jainismo, cuya práctica significa actuar asegurándose de no causar daño a los seres sensibles. Es, sin duda, una forma muy sencilla de medir el bien.

Lo bueno que usted sea será inversamente proporcional a la cantidad de daño que haga a los seres sensibles. Lo que perjudica a los demás es malo; lo que es malo perjudica a los demás. Lo que beneficia a los demás es bueno; lo que es bueno beneficia a los demás.

Si ha prestado la debida atención, habrá reparado en que el *ahimsa* no atañe sólo a las demás personas, sino a todos los seres sensibles. La orientación judeocristiana generalmente no incluye a los animales; al fin y al cabo, en el Génesis se otorga de una forma explícita a los seres humanos el dominio sobre ellos, y nos ha faltado tiempo para ejercer dicho poder. En mi opinión, creo que puede sacar provecho de este principio aplicándolo al prójimo para empezar, y seguramente acertará al suponer que cuanto más sensible sea una forma de vida, más daño puede causarle. Es materia de reflexión, y un aspecto que no debe pasar por alto al construir su propio sistema de valores. Es preciso que usted sepa dónde y por qué marca sus fronteras.

Para los hindúes todas las cosas están conectadas, de ahí que no restrinjan la aplicación del *ahimsa* a los seres humanos. De hecho, sostienen que la *avidya* (la ignorancia ciega, o hacer daño sin darse cuenta) no le ahorra a uno las consecuencias de hacer daño (que abordaremos enseguida). Ser consciente de su potencial para hacer daño constituye una revelación clave, y su búsqueda personal debería encaminarse a comprender cómo no hacer daño. Esto significa ser muy cuidadoso con lo que usted piensa, dice y hace.

El *ahimsa* es una idea tan poderosa que resuena a lo largo de los tiempos y por todo el planeta. Se oye de nuevo en el consejo que Hipócrates da a los médicos: «Convierte en hábito dos cosas: ayudar o, como mínimo, no hacer daño.» Y una vez más, implícitamente, en la Regla de Oro: «Haz a los demás lo que quisieras que los demás te hicieran a ti.» Aparece en Mateo 7:12: «Por ende, todo lo que querrías que los hombres te hicieran, házselo tú a ellos: pues tal es la ley de los profetas.» Asimismo, Hillel escribió: «No hagas a tu vecino lo que te resulte detestable. Eso es todo el Torá.

El resto son comentarios.» Y Aristóteles: «Deberíamos comportarnos con nuestros amigos tal como desearíamos que nuestros amigos se comportaran con nosotros.» Y Confucio: «Lo que no quieras que te hagan a ti, no se lo hagas a los demás.» Si cabe considerar que la filosofía occidental puede resumirse como una nota al pie de los textos de Platón, quizá todas las complicaciones de la ética sean notas al pie de estas formulaciones y Hillel llevara razón: el resto son comentarios.

Las tradiciones hindú y budista explican llana y detalladamente las consecuencias de hacer daño con el *karma*, una ley moral de causa y efecto. En el sentido literal del término, karma significa «los frutos maduros de los actos». Tal como reza el dicho popular: «Todo lo que sube, baja.» O como san Pablo escribió (en la Epístola a los Gálatas, 6:7): «Lo que los hombres siembren es lo que cosecharán.» Haga el bien, y el bien volverá a usted; haga el mal, y el mal volverá a usted. El misterio reside en la forma que presentará el efecto y en el tiempo que tardará en manifestarse. Tendemos a olvidar las cosas que hicimos para que la bola comenzara a rodar (para bien o para mal), pero esto no significa que no haya una conexión. Puede que si descubrimos las conexiones aprendamos dónde poner los pies al avanzar, pero aunque no adivinemos la pauta, creer en esto constituye una gran motivación para obrar correctamente. En resumen, el mensaje es que todo cuanto pensamos, decimos y hacemos comporta una serie de consecuencias. En la sociedad norteamericana contemporánea, actuamos con demasiada frecuencia como si no conociéramos esta clase de responsabilidad.

> Si un hombre lleva a cabo una obra meritoria, dejad que la repita una y otra vez; dejad que desarrolle el ansia de hacer el bien; la felicidad es el fruto de la acumulación de méritos. Hasta el malechor halla algo de felicidad si el resultado de su fechoría no madura; pero cuando madura, conoce sus pérfidos resultados. Inclu-

so quien hace buenas obras conoce días malos mientras su mérito no ha madurado; pero cuando su mérito ha madurado del todo, conoce los felices resultados de sus obras meritorias.

BUDA

Si toda esta filosofía del no daño le ha llevado a preguntarse si está hecho de buena madera, observe que cuando tiene en cuenta el karma, el *ahimsa* supone un modo de velar por la propia conservación; de ahí el consejo del Dalai Lama de ser «sabiamente egoísta».

La filosofía china adopta un enfoque más práctico de la ética de la virtud para definir el Bien. Confucio lo hace de la forma más rígida. Sus principales preocupaciones son la tradición, la estructura, el deber, la familia, el gobierno y el mantenimiento del orden social. Para él, el Bien es, sencillamente, todo lo que sostiene y defiende estos valores.

En la doctrina de los opuestos, el Tao enseña que el bien en estado puro no existe. Laozi cree que sólo reconocemos el bien por comparación con el mal. Kant expresó esta idea de otra manera: si sólo hubiese una mano en el universo, ¿cómo sabríamos si era una mano izquierda o una derecha? Los conocidos remolinos del símbolo del yin-yang representan este concepto al contener un pequeño círculo del color opuesto dentro de los lados negro y blanco. Esto nos recuerda que el bien no es el contrario del mal, sino el complemento, y que todo contiene parte de su complementario. En tiempos de bonanza, asegúrese de alinearse con el bien y de evitar el mal. En tiempos malos, su tarea será hallar el camino hacia la luz en medio de la oscuridad.

Cuando todo el mundo entiende que la belleza es bella, es porque existe la fealdad. Cuando todos comprenden que la bondad es buena, es porque existe el mal.

LAOZI

A estas alturas probablemente ya se habrá dado cuenta de que aún no hemos contestado a la pregunta «¿Qué es el bien?». Esto se debe, como habrá visto, a que no existe una única respuesta. Y en función de a quién escuche uno, tal vez esta pregunta no se pueda responder, al menos de una forma explícita. Salvo si está dispuesto a suscribir de un modo incondicional uno de los conjuntos de directrices existentes, no existe un sistema ético universal que pueda utilizar para sacar una moral incontestable. No existen argumentos concluyentes a favor de ninguna teoría ética que excluyan a las demás. La noción del bien la formulan de forma distinta personas distintas. Sin embargo, esto no nos convierte en relativistas morales: pese a la diversidad de sistemas éticos, la mayor parte de la gente sigue creyendo que el asesinato, la violación y el robo (entre otras acciones) están mal.

¿QUÉ ES CORRECTO?

Así pues, sin saber de forma concluyente qué es el bien, ¿cómo vamos a saber qué es correcto? No es tarea fácil. Incluso si supiera qué es el bien, seguiría enfrentado a un dilema: la elección entre dos formas principales de entender lo que es correcto. Estas dos formas se llaman deontología y teleología.

Los deontólogos creen que la corrección o la impropiedad de un acto no tiene nada que ver con la bondad o la maldad de su resultado: los actos son correctos o inicuos en sí mismos. Así, por ejemplo, si usted suscribe los Diez Mandamientos, cuenta con un conjunto de reglas que le dicen lo que es correcto y lo que no. Los libros de reglas son útiles porque permiten comprobar la corrección o impropiedad de un acto por adelantado. No obstante, los libros de reglas también resultan inútiles en la medida en que casi todas las reglas tienen excepciones. Aunque la mayor parte de la gente se pone de acuerdo en las reglas básicas (p. ej., «No matarás»), la mayoría también defiende algunas excepciones

(p. ej., en defensa propia, en la guerra, en caso de aborto o eutanasia). Por consiguiente, los deontólogos a veces terminan matándose entre sí debido a los desacuerdos que suscitan las excepciones a la regla «No matarás». El punto fuerte de la deontología es que proporciona reglas morales; su punto débil reside en la dificultad de establecer excepciones viables.

Los teleólogos creen que la corrección o la impropiedad de un acto depende parcial o incluso completamente de la bondad o la maldad de su resultado. Si, por ejemplo, usted suscribe el utilitarismo («el mayor bien para la mayoría»), es un teleólogo. Mientras que un deontólogo quizá condenara a Robin Hood (porque robar es incorrecto), un teleólogo esperaría a ver qué hace con el botín. Si Robin Hood abriera una cuenta en un banco suizo, el teleólogo diría que obró incorrectamente porque robó en beneficio propio; si Robin Hood repartiera el botín entre los pobres, el teleólogo diría que obró correctamente porque ayudaba a los demás. Ahora bien, a la teleología también puede salirle el tiro por la culata. Supongamos que se ha cometido un crimen y que noventa y nueve vecinos de la víctima deciden acorralar al primer desconocido que ven, condenarlo sumariamente y lincharlo. Lo hacen, y los noventa y nueve duermen tranquilos toda la noche. La mayor felicidad para la mayoría puede dar como resultado la mayor desgracia para la minoría. El punto fuerte de la teleología es su apertura de miras; su punto débil es que puede pasar por alto los derechos individuales y los procedimientos debidos.

Entonces, ¿cómo se queda usted, o su búsqueda de una vida correcta? Pues con el relativismo metaético, para usar la expresión técnica. Tal como vimos en el capítulo 8, el relativismo es la creencia en que no existe lo correcto en términos absolutos; que algunas acciones son más apropiadas en unas circunstancias que en otras. La metaética es la comparación de sistemas éticos rivales: unos sistemas éticos son más apropiados en unas circunstancias que en otras. Si es capaz de imaginar que a veces la deontología da mejor resultado que la teleología, y que a veces ocurre lo contrario, entonces usted es un relativista metaético. Sólo le queda rezar para que nadie le pida que defina el término *«mejor»*.

Si en estos momentos se enfrenta a un conflicto concreto, utilícelo como caso de estudio para desarrollar su sistema ético personal. Asegúrese, de todos modos, de que sea cual fuere el resultado que obtenga, éste también funcione en un sentido general. Si no se halla ante un problema moral o ético, seguirá haciendo bien en preparar su teoría para tenerla a punto cuando la necesite en la práctica.

Todo esto puede hacerlo usted por su cuenta, con un amigo o con su pareja. Siempre puede recurrir al consejo profesional cuando necesite la orientación de un experto o si se queda atascado.

Con independencia de cómo realice este trabajo, la clave para alcanzar una forma provechosa y duradera de pensar sobre la ética es la consistencia.

Es preciso que elabore un sistema con el que pueda vivir en paz y unas reglas que pueda explicarse a sí mismo y también a los demás.

LA ÉTICA EN PELIGRO

Todo su sistema de creencias está compuesto de varios conjuntos de creencias que abarcan distintas categorías: religión, política, creencias de los padres, creencias de los semejantes, y así sucesivamente. Cada conjunto está formado por unas premisas que cree verdaderas y argumentos que cree bien fundados, aunque la experiencia y la razón puedan modificar cualquiera de esos elementos en cualquier momento. Estos conjuntos no suelen convivir en armonía, y a veces surgen conflictos de conciencia cuando una premisa que se cree cierta en un conjunto de creencias se contradice con una premisa que se tiene por cierta en otro conjunto de creencias. Por ejemplo, quizá tropiece con la idea de que «el divorcio es pecado». Sin embargo, se dirá a sí mismo, «Mis padres están divorciados y son buenas personas». Se preguntará si ambas premisas pueden ser ciertas, pero no estará muy seguro de querer invalidar su educación religiosa o la sabiduría adquirida de su familia. Se hallará en conflicto. Padecerá lo que los psicólogos denominan una «disonancia cognitiva». Los consejeros filosóficos lo llaman «disonancia existencial». La gente corriente tal vez lo llame «sentimientos confusos».

Si nunca ha resuelto a su entera satisfacción un sistema ético, significa que necesita hacerlo. Si ya lo ha hecho, no consienta que un supuesto conflicto lo asuste ni que lo obligue a perder fe en su sistema. Deje que le empuje a estudiarlo un poco más en profundidad, introduciendo sutilezas. Quizá quiera desprenderse de una de las creencias en discordia, pero no hay obligación de que así sea. Puede juzgar una situación problemática desde distintos puntos de vista. También puede surgir el modo de armonizar la disonancia mediante la acción en lugar de (o como complemento a) la razón. Hable con su párroco. Pregunte a sus padres qué opinan de su ruptura. Hile delgado cuando tenga que elegir el compañero de su vida y lleve a cabo el trabajo necesario para mantener la relación.

> Nadie tiene una creencia con absoluta independencia de toda otra creencia. Las creencias siempre se dan en conjuntos o grupos. Siempre ocupan su lugar en sistemas de creencias, nunca están aisladas.
>
> THOMAS GREEN

TED

Para que se haga una idea de cómo puede poner sus principios en acción, he aquí el caso de Ted, un director de instituto. Aunque el dilema que vamos a exponer aquí es muy concreto, comienzo por éste porque el asunto y la solución están bastante bien definidos (un lujo comparado con la mayoría de casos de la vida real). En esta situación es fácil aislarlos, por lo que el proceso resulta más comprensible.

En el instituto de Ted, los estudiantes organizaron una cuestación para una sociedad benéfica. Para incentivar la participación de los estudiantes, Ted preparó un sorteo con varios premios. Los estudiantes recibían un billete de lotería por cada diez dólares de donativos recolectados. En el vestíbulo del despacho de Ted, los estudiantes dispusieron una serie de cajas, cada una con un cartel que anunciaba el premio correspondiente del sorteo. Los estudiantes echaban sus billetes a una u otra caja, de acuerdo con sus premios favoritos.

En el momento culminante de la campaña, los estudiantes se reunieron en el auditorio para la tan esperada entrega de premios. Ted, como maestro de ceremonias, sacó un billete de cada caja. Uno tras otro, los estudiantes subieron a recoger sus premios (discos compactos, entradas de cine, vales de regalo para una tienda de ropa y el gran premio, una bicicleta de montaña) entre los vítores de sus compañeros. En el momento más álgido, Ted anunció la impresionante suma total de la contribución de la escuela a la beneficencia. Y tuvo la impresión de que aquella asamblea había supuesto un tanto a favor para el espíritu de escuela y el espíritu de voluntarismo.

Al día siguiente, sin embargo, fue a verle un estudiante para informarlo de que la ganadora de la bicicleta no había participado en la cuestación. Lo ocurrido era que Tiwana había recibido el billete de Clarabel, que había recaudado una buena cantidad de dinero, como prueba de su amistad. La queja del estudiante puso a Ted ante un dilema ético. ¿Tiwana tenía derecho al premio sólo por estar en posesión del billete ganador? ¿Era justo que recibiera el premio en liza pese a no haber participado en la cuestación? El rumor corrió como la pólvora por la escuela, y los padres no tardaron en llamar para preguntar sobre la situación.

Ted estaba bloqueado. No veía una forma justa de salir de aquel embrollo sin echar a perder los buenos sentimientos que habían generado la cuestación y el sorteo de premios, sentimientos que ya se estaban desvaneciendo ante la inquietud provocada por aquel imprevisto. Estaba tan angustiado que no podía dormir dándole vueltas al asunto, de modo que me llamó para que le ayudara encontrar una solución que le hiciera sentir bien consigo y que supiera cómo defender ante los demás. Me expuso las opciones que veía: Tiwana se queda la bicicleta; Clarabel se queda la bicicleta; se vuelve a sortear la bicicleta, con el billete de Tiwana en manos de Clarabel; Tiwana y Clarabel resuelven por su cuenta de quién es la bicicleta, se compra otra bicicleta y se sortea al siguiente billete que salga de la caja.

Ted no quería celebrar otro sorteo (pues en sí había sido justo) ni comprar otra bicicleta (de este modo, mermaba la cantidad destinada a beneficencia). Me dijo que había hablado con las dos chicas y sus respectivos padres, y todos salvo uno estaban dispuestos a resolver la situación de una forma u otra. Pues el padre de Clarabel se mostraba inflexible: la bicicleta era de Clarabel. Aun así, la intuición de Ted no le permitía darse por satisfecho con ninguna de las opciones mencionadas. Quería tomar la decisión más correcta y buscó consejo ético para llegar hasta ella. Juntos resolvimos el problema.

Como muchos clientes, Ted había dado por sí mismo los tres primeros pasos del proceso PEACE (identificar el problema, expresar sus sentimientos y analizar las opciones), pero se había quedado atascado. Necesitaba consejo filosófico para contemplar el mejor camino y comprender los motivos que lo respaldaban.

Estuve de acuerdo con Ted en que no era conveniente volver a celebrar el sorteo, así que nos centramos en si Tiwana debía quedarse con la bicicleta o si había que entregársela a Clarabel. Comentamos varias ideas filosóficas relacionadas con cada supuesto. La clave del asunto consistía en separar los postulados legales de los morales. En términos legales, el billete (y con él la bicicleta) era de Tiwana, puesto que Clarabel se lo había dado por voluntad propia.

La posesión, se dice, lo es casi todo en la ley. (Por supuesto, si la posesión fuese ilícita, si Tiwana le hubiese robado el billete a Clarabel, la ley reconocería el derecho de propiedad de Clarabel.)

La legalidad, no obstante, no es lo mismo que la moralidad. En este caso, los billetes los ganaban sólo los estudiantes que recaudaban fondos para la beneficencia, no era como tener un billete de la lotería nacional que alguien ha comprado y te ha regalado. En este caso, tenía que realizar actos muy concretos (a saber, recaudar fondos para la beneficencia) para disfrutar del derecho moral a un billete. Un abogado diría que, dado que Clarabel había ganado el billete legítimamente y se lo había entregado a Tiwana por voluntad propia, el billete (y, por consiguiente, el premio) pertenecía a Tiwana. Un abogado no tendría en cuenta la ofensa moral a los demás estudiantes que se habían esforzado recaudando fondos para la beneficencia, quienes de esta forma adquirieron el derecho a ganar un premio, y quienes, en consecuencia, no veían bien que alguien que no había recaudado ni un céntimo se llevara el gran premio. Si nos fijamos bien, aquí también hay una lección sobre obras de caridad que podrían aprender todos los estudiantes (y sus padres) que se quejaron. ¿Dónde reside la verdadera caridad, en ayudar a los necesitados como ejercicio de compasión o en ayudar a los necesitados para ganar un premio? (Tampoco le pregunte esto a su abogado.)

Al aclarar el aspecto moral, a saber, que Tiwana no tenía derecho moral al billete, Ted vio claramente el rumbo que deseaba seguir. Estuvo convencido de poder alcanzar las elevadas cimas de la moralidad y explicarle su razonamiento a cualquiera; de esta manera, apaciguaría lo que ya se había convertido en una cuestión espinosa para muchas personas. Declaró en público que los billetes eran intransferibles y se disculpó por no haberlo hecho saber desde el principio. Expuso su razonamiento sobre el derecho de propiedad sobre el billete. Luego anunció que el billete premiado con la bicicleta (y, por tanto, la propia bicicleta) pertenecía con toda justicia a Clarabel. Clarabel, naturalmente, era libre de quedarse con la bicicleta o de regalársela a Tiwana. Fíjese en que nadie podía quejarse de que Clarabel ganara la bicicleta: se había ganado su billete. Por otra parte, nadie podía quejarse si luego ella decidía regalársela a su amiga. Que Tiwana terminara quedándose con la bicicleta o no, es lo de menos: la forma de obtenerla es lo que cuenta.

En nuestra sociedad, muchos creen erróneamente que la ley establece principios morales; todo lo legal, suponen muchos, es moral. La moral de una sociedad se refleja en sus leyes (por ejemplo, al condenar los abusos infantiles porque son perniciosos y, por consiguiente, malos), pero una legislación no basta para que una sociedad se vuelva moral. Pensemos que el genocidio fue legal en la Alemania nazi, así como lo fueron las purgas de Stalin (el asesinato de decenas de millones de inocentes) en la Unión Soviética. O el aborto y la pena capital en Estados Unidos. Ambos son legales, pero también cuentan con ruidosos opositores que los declaran inmorales. Las empresas tabacaleras operan dentro de la ley, pero son muchos quienes consideran que su negocio es inmoral. En el polo opuesto, infinidad de personas creen en privado en la moralidad de la eutanasia, y sin embargo sigue siendo ilegal. Si algo se puede aprender de esta cuestión, es que los sistemas éticos meditados a fondo y aplicados por personas sensatas pueden dar lugar a conflictos, porque la moralidad no es un campo como la aritmética: no todas las respuestas son objetivamente verdaderas o falsas.

El otro punto fundamental que cabe destacar del caso de Ted es que las buenas intenciones no bastan para asegurar que se sostengan los principios morales. Recuerde el refrán sobre la carretera al infierno pavimentada con ellos (¡con las buenas intenciones, no los refranes!). Todos los que participaron en la recaudación de fondos y en el sorteo lo hicieron con buena intención, pero el conflicto con los premios no estaba previsto, y resolverlo exigió más trabajo y noches de insomnio de lo que nadie habría imaginado. No obstante, una vez que la contemplación de Ted abarcó la distinción entre el derecho moral y el legal, fue capaz de tomar una decisión y de recobrar el equilibrio como director.

Hace bien al amedrentarse ante la inmensa tarea que le espera, pero la otra lección que cabe sacar del caso de Ted es que puede encontrar una solución ética a sus problemas. El Antiguo Testamento nos dice que Dios salvó a Noé del diluvio no porque fuese un dechado de virtudes, sino porque era «inocente entre las gentes de su tiempo», y «honrado entre los de su generación» (Génesis 6:9 y 7:1). Noé tenía sus defectos, pero al parecer vivía en una sociedad sumamente corrupta. Sus esfuerzos en nombre de la buena vida le valieron un asiento reservado en el arca. Usted no tiene que ser perfecto para ser bueno.

JACKIE Y DAVID

He aquí otro caso de alguien que trata de resolver un dilema moral, para ilustrar cómo pueden manejarse los intereses personales encontrados.

Jackie y David se mudaron a la ciudad de Nueva York desde un pueblo de California dos años antes del nacimiento de su hija. David consiguió un puesto importante en Wall Street y Jackie estuvo encantada de dejar su empleo fijo y trabajar por su cuenta para tomarle el pulso a la vida de la gran ciudad. Disfrutaban de cada momento que pasaban en Manhattan (una vez repuestos de la tremenda conmoción ante el precio de los pisos), puesto que conocían el éxito en sus carreras profesionales, con un crecimiento que habría sido imposible en su pueblo natal, y además disponían de la amplia oferta cultural de Nueva York.

No obstante, ahora que tenían una hija, Tamara, que ya había cumplido dos años, Jackie comenzó a preguntarse si debían seguir viviendo en la ciudad. Le preocupaban la seguridad y la educación de su hija. Por más que Jackie apreciara las oportunidades que le ofrecía la ciudad, se cuestionaba si la pequeña localidad de California donde ella había crecido y se había casado no proporcionaría una infancia más plena a su hija. Conocía las excelentes escuelas públicas del lugar, y en cambio encontraba que la intensa competición para lograr un hueco en las mejores escuelas privadas de Manhattan (y la ferocidad de la competición entre las escuelas) resultaba desalentadora y no del todo saludable. ¡Y luego estaba el precio! Se temía que en Nueva York nunca sería capaz de permitir que Tamara fuera sola al colegio (ni a la tienda de la esquina, de hecho) y guardaba como oro en paño el recuerdo de las tardes que había pasado jugando feliz en la calle con sus amigos de infancia. A Jackie no le molestaba la implacable atención que los neoyorquinos prestan al éxito personal, pero le inquietaba el impacto que la concentración en lo que uno hace y lo que uno gana, por oposición a lo que uno realmente es, pudiera tener sobre una niña que se estaba formando.

Por otra parte, como sabía por experiencia propia, las oportunidades culturales y, en su día, profesionales que Manhattan ponía a su alcance aventajaban de largo a las que encontraría en provincias. En los colegios privados de Nueva York, los párvulos aprenden a jugar al ajedrez y a manejar ordenadores. Muchos licenciados, al terminar la carrera ingresan en la Ivy League y ya han realizado prácticas en laboratorios de investigación junto a los más destacados científicos. Jackie se imaginaba llevando a Tamara a un museo de arte distinto cada sábado, inscribiéndola a clases de canto con una celebridad de Broadway o regalándole un abono de temporada para el ballet por su cumpleaños. O bien en una zona residencial de California, ¿haciendo mandados en el centro comercial? Bueno, a ella no le había ido tan mal, aunque, a decir verdad, pasó muchos fines de semana aburridos cuando era adolescente.

Los padres de Jackie y los de David vivían en la costa del Pacífico, como el resto de sus familias respectivas. Las dos visitas anuales parecían más que suficientes al principio, pero ahora las tías y los tíos se quejaban de que Tamara era un ser humano distinto cada vez que la veían, pues crecía y cambiaba muy deprisa. Jackie y David dejaron muchos buenos amigos en su California natal, algunos de los cuales ya eran padres a su vez. En Nueva York tenían su círculo social, pero trabar una profunda amistad lleva su tiempo. Jackie se preguntaba si las ventajas de Nueva York compensarían ese distanciamiento de la familia y los amigos. De una cosa estaba segura: si se dignaba mudarse a una zona residencial de las afueras, lo haría cerca de su familia y sus amigos. El condado de Westchester no estaba hecho para ella.

David, por su parte, estaba contento de vivir en Nueva York. Eso no quitaba que quisiera lo mejor para su hija, y dijo a Jackie que regresaría a California si estaba convencida de que era preciso hacerlo. Le constaba que ambos pagarían un precio a título personal, tanto en el progreso de su carrera profesional como de sus ingresos, aunque tampoco le importaría reducir los pagos de la hipoteca y volver a tener un jardincito.

Jackie y David tenían una visión diferente del asunto, y las cosas se estaban poniendo tensas en su matrimonio, pese a que si en algo estaban de acuerdo era en querer hacer lo mejor como padres. David deseaba que Jackie se repusiera de su inquietud, que se calmara y disfrutara de la vida familiar como venían haciendo (y eso incluía sus florecientes carreras y cuentas corrientes). Jackie esperaba que David compartiera su inquietud y que colaborara con ella para hallar una solución, no que se limitara a decir que haría lo que ella decidiera.

Jackie tenía en mente una lista muy larga con los pros y contras de cada situación, pero no acababa de arreglárselas para sacar algo en claro. Esta duda interminable había conseguido agotar la paciencia de David. Su mejor amiga vivía en California, así que en cuanto se lo mencionara ya sabía la respuesta: ¡vuelve a casa! Fue entonces cuando Jackie vino a verme.

Se enfrentaba a un auténtico dilema: dos opciones, y ninguna de ellas del todo satisfactoria. Estaba decidida a encontrar y seguir un camino moral para cruzar aquella espesura; quería ser una persona moral y una buena madre. Sabía por intuición que las relaciones son morales además de emocionales, y quería hacer lo mejor para su hija. Se comprometía a hacerlo, incluso si significaba elegir algo menos apetecible para ella. Si era necesario, estaba dispuesta a renunciar a bienes materiales y oportunidades profesionales. En resumidas cuentas, estaba tratando de llevar una vida buena, pero tenía que habérselas con la pregunta inevitable: ¿Qué significa eso? ¿Qué es una vida buena? ¿Hacer el bien? ¿El bien para quién?

Suponiendo que todos lográramos ponernos de acuerdo en lo que significa la bondad (cosa que, como hemos visto, no sucede), aún nos quedaría por ponderar estas cuestiones con sumo detenimiento porque las respuestas se aplican de forma distinta en situaciones distintas. Un buen plátano, por ejemplo, no es lo mismo que una buena manzana; las cualidades que constituyen *buen/buena* pueden variar según los aspectos que se tomen en consideración. Asimismo, ser un buen padre puede ser una cosa, ser un buen esposo otra y otra ser un buen empleado. Estos intereses a menudo se dan la mano, pero cuando no se entienden puede resultar un conflicto descorazonador, tal como Jackie estaba teniendo ocasión de comprobar.

Lo que finalmente la impulsó a consultar con un tercero no fue su incapacidad para decidirse entre Nueva York y California, sino el miedo a que esa decisión pudiera ser contraproducente para su matrimonio. ¿Qué pasaba si lo mejor para Tamara era regresar a California, pero lo mejor para la relación de Jackie y David era permanecer en Nueva York? ¿Acaso tomar una opción en función de las necesidades de Tamara a expensas del matrimonio era realmente lo mejor para su hija?

Resultaba obvio que Jackie debía tomar una decisión u otra, de modo que lo primero que le pedí fue que escribiera una lista con todos los pros y contras y que los clasificara. Rara vez basta con sumar las columnas y tomar una decisión basada en los resultados, pero disponer de algo concreto con lo que trabajar le ayudará a discernir sus preferencias y le dará una referencia para compararlas. Para Jackie, supuso un primer paso provechoso para expresar con claridad lo que deseaba.

La pregunta que quedaba pendiente era la del millón: ¿cómo se pesan estos factores en liza? La fase siguiente consistió para Jackie en corroborar sus premisas, con vistas a obtener una imagen más clara y verdadera de sus opciones. Por ejemplo, Jackie dijo que le daba miedo exponer a Tamara a la violencia de la ciudad de Nueva York. Ahora bien, la realidad de la violencia en Nueva York no tiene nada que ver con el mito de las malas calles. Los titulares no cuentan toda la historia, pero incluso ahí había pasado por alto los titulares sobre la caída en picado del índice de delincuencia para fijarse en los titulares sobre las distintas tragedias sin sentido que son noticia. Tuvo que reconocer que pasan cosas malas en todas partes, y volver a asentarse en las afueras no garantizaba ni de lejos que Tamara estuviera a salvo. Por la misma regla de tres, Jackie también debía comparar la imagen de una Tamara de dieciséis años en el metro con la imagen de una Tamara de dieciséis años tras el volante de un coche, como último asalto del combate entre Nueva York y California. Jackie y David sin duda iban a proteger a su hija en la medida de lo posible tanto si vivían en un sitio como en otro, dándole como haría cualquiera la oportunidad de gozar de una infancia segura.

Una vez aclarada toda la gama de opciones, Jackie vio claramente que no había una única respuesta correcta, y que ni siquiera el asesoramiento profesional iba a cambiar eso. Por otra parte, lo bueno era que ninguna de las dos situaciones era del todo mala. Hiciera lo que hiciese, acabaría con una mezcla de pros y contras. Halló cierto consuelo en las enseñanzas del Tao, los cuales nos dicen que no puede reconocerse lo positivo sin algo negativo con lo que compararlo. Las complicaciones a las que se enfrentaba pusieron de relieve los mejores aspectos de las dos opciones de que disponía. Del mismo modo, la edad de oro de la economía estadounidense, la formidable prosperidad de los años de Eisenhower y Kennedy, se vivió bajo la sombra de la guerra fría. Sabíamos lo que nos arriesgábamos a perder, así que pusimos especial cuidado en sustentarlo.

Finalmente, Jackie se dio cuenta de que con el cariño incondicional de sus padres, Tamara crecería igual en una costa que en otra, por lo que la decisión que tomara debía tener en cuenta otros factores además de las necesidades de su hija. Jackie también era consciente de que, una vez tomada la decisión, debería ceñirse a ella, apaciguando su debate interior sobre lo que debía hacer para vivir con plenitud, fuera cual fuese su elección. Aliviada al comprobar que la decisión no era tan crítica como se había figurado, se sintió libre de elegir sus propios pros y contras, puesto que, fuera donde fuese, viviría en un mundo imperfecto. Ninguna de las dos opciones era absolutamente correcta o errónea. Lo que había sembrado la duda en Jackie era el temor a que hubiese una opción así y no ser capaz de verla. Por último, comprendió que el compromiso que adquiriera no iba a ser ni mucho menos irrevocable. Debía dar una oportunidad justa a su elección, y si en último término resultaba que los inconvenientes pesaban más que las ventajas, siempre podría cambiar de opinión.

Puesto que todo cambia, la respuesta que en aquel momento, con un bebé, era correcta, quizá no lo sería tanto para la misma familia con una adolescente, o con más hijos, o con una nueva carrera para David. Cuando del futuro se trata, la filosofía no nos sirve para hacer pronósticos. Es mucho más útil en el presente. Y en su presente, Jackie comprendió que no estaba contra las cuerdas. Sería una buena madre y daría la mejor educación a su hija en cualquiera de las dos costas. Entendió que tomar una decisión ética no es como echar una moneda al aire, pero que aun así no había garantías de que una opción fuese claramente mejor que la otra. Lo correcto, pues, es sacar lo mejor (y evitar lo peor) de la decisión tomada.

Jackie, David y Tamara se quedaron en Nueva York. Les gustaba vivir allí, y las razones por las que habían abandonado California seguían vigentes. La inquietud de Jackie ante la idea de vivir en Manhattan con una niña se esfumó en cuanto se convenció de que seguía un camino moral y que no faltaba a sus obligaciones con Tamara al satisfacer sus intereses y los de su marido.

La ecuanimidad recobrada devolvió el equilibrio al matrimonio, y Jackie y David construyeron juntos un hogar acogedor y seguro para Tamara.

MICHAEL

Un colega mío, Keith Burkum, me comentó un caso suyo que saca a relucir otro aspecto de la toma de decisiones éticas para vivir con arreglo a una moral. Michael era el alcalde de un pueblo pequeño, empleo que le ocupaba media jornada. Una organización religiosa tenía previsto abrir un hospicio en el pueblo para personas seropositivas, pero no tardó en tropezar con la fuerte oposición de los lugareños. Pese a haber cumplido con todos lo requisitos legales, a los fundadores del hospicio no se les había ocurrido someter a aprobación pública su proyecto. Los detractores, a todas luces movidos por un temor irracional e infundado al VIH, exigieron que Michael celebrara una asamblea pública para airear el asunto, con la intención de evitar que el hospicio abriera sus puertas.

Las dos partes en conflicto presentaban problemas éticos y estratégicos, pero ahora nos centraremos en el dilema de Michael. Se encontraba atrapado entre la responsabilidad para con sus electores y la voluntad personal de apoyar al hospicio. Creía sinceramente que la organización religiosa estaba trabajando por el bien de la comunidad que ponía trabas a su iniciativa, la misma comunidad que lo había elegido alcalde y que ahora le pedía que detuviera aquel proyecto.

Cuando Michael expuso su caso al consejero filosófico, comentó con éste las ideas de Aristóteles sobre la interacción entre la ética y la política, ámbitos que solemos considerar completamente aparte, uno en la esfera de lo privado y otro en la de lo público. Para Aristóteles, para llevar una vida buena no basta con atenerse a una serie de reglas. La ética de la virtud significa desarrollar rasgos de personalidad que nos ayuden a llevar esa clase de vida. Y también significa tomar en consideración no sólo lo que es bueno para uno, sino también lo que es bueno para el mundo donde vivimos. Entre las virtudes que considera necesarias para llevar una vida buena, incluye la valentía, la justicia, la templanza e incluso el sentido del humor.

Michael se centró en la justicia. Aristóteles escribió que, para quienes ocupan puestos de mando, la equidad es un componente clave de la justicia a la que hay que recurrir cuando una situación sobrepasa el ámbito de la normas y leyes establecidas, como sucedía en su caso. Michael se mostró de acuerdo con la idea de Aristóteles de que los políticos son responsables de velar por la ética general de la sociedad, así como por las preocupaciones concretas de su circunscripción electoral.

Con estas armas, Michael se dispuso a buscar una solución equitativa al conflicto de su pueblo. Instó a la organización del hospicio, como miembros de la comunidad, a comunicar clara y abiertamente sus planes. Explicó a los detractores que el hospicio no suponía ningún riesgo sanitario y los invitó a estudiar el proyecto desde una óptica más objetiva, desprendiéndose de los temores sin fundamento real en favor de algo que podía ayudar a mucha gente.

> Lo equitativo es al mismo tiempo justo y mejor que justo en un sentido. No es mejor que lo justo en general, pero sí mejor que la equivocación debida a la generalidad de la ley. Y ésta es la verdadera naturaleza de lo equitativo, una rectificación de la ley cuando la ley se queda corta debido a su universalidad.
>
> ARISTÓTELES

Michael tuvo la sensación de que el camino elegido le conducía hacia donde quería llegar: un compromiso serio con los deseos del pueblo que representaba y con lo mejor para la comunidad (donde ambos propósitos no se solapaban), así como a los dictados de su conciencia. Si su plan hubiese calmado el revuelo, habría estado satisfecho de haber obrado con equidad. Sin embargo, era alcalde en el mundo real y, a veces, el mundo real no se comporta tal como los filósofos piensan que debería hacerlo.

La organización religiosa trató una y otra vez de hacerse escuchar por el pueblo en general y por los detractores en particular, pero sus esfuerzos no fueron correspondidos. Al final, la protesta llegó a tales extremos que Michael consideró que debía dar vía libre a las actuaciones judiciales que reclamaba el pueblo. El tribunal desestimó la demanda para cerrar el hospicio, y el pueblo no tuvo más remedio que aceptar su apertura.

Michael se mostraba optimista respecto a su posible reelección, aunque estaba tan desalentado por el papel que la virtud desempeña en la democracia que no estaba seguro de querer seguir en el cargo durante otro mandato. Pese a estar complacido con la solución final, tenía la sensación de haber puesto en entredicho sus principios al autorizar el pleito. Por otra parte, ni siquiera a posteriori discernía una forma mejor de salir airoso de aquel campo de batalla.

Deberíamos felicitar a Michael por haberse esforzado tanto en obrar éticamente en un mundo que suele mostrarse hostil con quienes lo hacen. Hallará consuelo teleológico en el hecho de que el resultado fue el correcto, aunque el proceso necesario para llegar hasta él fuese un camino un tanto espinoso. Intentar limpiar una cosa sucia sin mancharse no es tarea fácil, y a menudo imposible, como Michael tuvo ocasión de comprobar. Ahora bien, ¿dónde estaríamos si nadie lo intentara nunca?

EL MITO DEL ANILLO DE GIGUES

Me gustaría dejarle con una respuesta posible a dos mil quinientos años de desconcierto a propósito de la dificultad para decidir que algo es correcto o erróneo. Platón recupera el mito del anillo de Gigues para efectuar el trabajo preliminar a *La república*. En un diálogo entre Glauco y Sócrates, Glauco relata el cuento. Un pastor encuentra un anillo mágico, famoso por hacer invisible a su dueño cada vez que se lo pida. Al pastor le lleva poco tiempo descubrir todo lo que este poder le permite hacer (escuchar a escondidas, robar, entrar en sitios sin derecho) y al cabo de nada ya ha amasado una fortuna, seducido a la reina y asesinado al rey, con lo que se ha convertido en el nuevo soberano. Como pasa desapercibido a su antojo, sale impune de todo esto y, para rizar el rizo, goza de la inmunidad que le confiere ser el rey.

¿Se trata de un caso en el que el crimen es provechoso? No lo creo así, ya que en cuestiones morales quien mal anda, mal acaba. Si los budistas llevan razón (y no es que el budismo figurara en el ideario de Platón), el rey pastor debería guardarse de dar la espalda a la puerta. Puede que haya trepado a lo más alto, pero ahora lo único que puede pasarle es que caiga.

No obstante, Platón aún no ha terminado con el relato. Glauco pregunta a Sócrates qué nos permite decir que lo que hizo el pastor es incorrecto. Cualquiera de nosotros se quedaría con el anillo si se le presentara la ocasión, y en posesión del anillo, ¿quién no actuaría como el pastor? Imagíneselo: podría hacer lo que quisiera con absoluta impunidad. La respuesta de Sócrates (o de Platón) es *La república*, obra en la que describe una sociedad tan perfecta que si un buhonero llegara a la ciudad con una carreta cargada de anillos de Gigues nadie le daría un céntimo por ellos. Si todo el mundo tuviera cuanto desea, si todo el mundo viviera feliz y contento, ¿de qué le iba servir semejante anillo a nadie? Su única utilidad consiste en que capacita a uno para conseguir lo que de otro modo sería imposible.

La postura optimista de Platón es que deberíamos esforzarnos en hacer el mundo mejor en lugar de consagrar tanta energía a inventar formas de salirnos con la nuestra en la más absoluta impunidad. Platón tenía una visión política muy detallada de su utopía, aunque creo que los actos individuales y la responsabilidad personal son las primeras tablas de la plataforma. Usted está sentando los cimientos ahora mismo al comprometerse a elaborar un sistema ético que rija su vida.

> [...] Digo de los injustos que en su mayoría, aunque escapen en la juventud, terminan siendo atrapados y parecen estúpidos al final de su camino, y cuando llegan abatidos a la vejez, tanto los ciudadanos como los extranjeros se mofan de ellos; acaban derrotados y convertidos en lo que el oído educado no quiere escuchar. [...].
>
> PLATÓN

Por mi parte, me encantaría vivir en un mundo donde las personas se abstuvieran de hacer según qué cosas simplemente porque están mal, no sólo porque tengan miedo a que las atrapen. Espero con ansia el día en que veré en televisión al policía desconcertarse cuando un periodista le pregunte qué le pasó por la cabeza al entregar los treinta cinco mil dólares en lugar de apropiárselos. El dinero no le pertenecía. Él era agente de la ley. ¿Qué otra cosa iba a hacer con el botín sino presentarlo como prueba?

12

Hallar significado y propósito

Declarar que la existencia es absurda es negar que se le pueda dar sentido alguna vez; decir que es ambigua es afirmar que su significado nunca es el mismo, que constantemente ha de ser adquirido.

SIMONE DE BEAUVOIR

Nada contribuye más a tranquilizar la mente como un firme propósito, un punto en el que el alma pueda fijar su ojo intelectual.

MARY WOLLSTONECRAFT

El sentimiento generalizado de falta de sentido personal ha sido la gran calamidad filosófica del siglo XX, y sin duda nos seguirá de cerca en este milenio.

Son tantos los que carecen de un propósito firme en sus vidas, que esa carencia ha llegado a considerarse algo normal. Pero pocos viven felices de este modo. No nos suele satisfacer la idea de que nuestras vidas y nuestro mundo sean fortuitos por completo, de que no tengan pies ni cabeza. Y cuanto más miramos en esa dirección, sin hallar otra respuesta, más difícil de soportar nos resulta.

Los existencialistas tan sólo tienen parte de la culpa. Vivían en extremo relajados (pasando el rato en la *Rive Gauche*, fumando cigarrillos, profundizando en sus pensamientos, garabateando filosofía y poesía en manteles y servilletas de papel), hasta tal punto que consiguieron dar un toque romántico al hecho de matar a Dios o caer en el abismo.

QUIZÁ SEA SÓLO UNA FASE

Nos hemos centrado sólo en el aspecto oscuro de los existencialistas, sin analizar con detenimiento su trabajo, y ése es precisamente nuestro error. El existencialismo, en el fondo, no trata únicamente de la angustia y el terror, ni siquiera del aburrimiento. Si así fuera no le convendría, pues le despojaría de una buena parte de la exquisitez de la vida. Por este motivo contemplo el existencialismo como una fase (algo por lo que pasas, pero en lo que no te quedas). Los existencialistas con más éxito recuperaron un sentido secular del significado y del deber de entre las cenizas de un mundo que se había concebido como la creación y el designio de una fuerza superior. El existencialismo pregunta: «Sin Dios, sin un gran designio, ¿qué debemos hacer?» Si sigue su camino hasta llegar a esa cuestión final, podrá restaurar el sentido del propósito. Mientras dé por sentado que en la vida hay algo bueno por hacer, su propósito será descubrir y realizar lo que considere correcto.

El existencialismo fomenta también la autenticidad, la responsabilidad personal y el libre albedrío. Así pues, la buena noticia es que tiene la oportunidad de elegir el modo de abordar el vacío creado al declarar muerto a Dios. Muchas personas examinan el existencialismo de un modo superficial, concluyen que la vida no tiene sentido y se preguntan por qué, si es así, han de molestarse por hacer nada. He aquí mi argumento favorito para evitar ese derrumbe en la depresión existencial: si la vida, tal como la conocemos, es en realidad un accidente de lo más inverosímil, cuánta más razón para apreciarla. Si venimos de la nada y vamos hacia la nada, yo propongo que pasemos el tiempo que nos queda celebrando la existencia misma de la vida. El tiempo que pasamos aquí posee un valor incalculable (de hecho, deberíamos decir que es un tiempo insustituible). Viva, pues, con autenticidad. El único problema es que tiene que descubrir lo que significa para usted vivir auténticamente, pero sin duda implicará, al menos, un compromiso (no una huida) con la vida misma. En lugar de desesperarse, utilice su libre albedrío para optar por una apreciación renovada de cada momento de su vida.

Estos puntos de vista del existencialismo, empero, son nuevos para la mayoría de la gente, y muchas personas se quedan con la vaga noción de que Dios está muerto, que el infierno son los demás, con la náusea de la nada y el absurdo de la vida. No tiene por qué preocuparse. Su amigo y vecino filósofo está aquí para ayudarle a atravesar esas tinieblas. Como sé lo que va a preguntarme, ya le digo que no, no conozco la respuesta final a la pregunta «¿Cuál es el sentido de la vida?». Y si la conociera, podría no ser válida para usted. Sin embargo, puesto que ha sido la clásica pregunta que se han formulado los filósofos de todos los tiempos, sí cuento con algunas herramientas que usted puede emplear para responder por sí mismo a esa pregunta.

SIGNIFICADO Y PROPÓSITO

La primera clave es distinguir entre significado y propósito. Dichos términos suelen emplearse indistintamente, pero desearía señalar una diferencia entre ambos para ayudarle a aplicarlos a su propia vida. El propósito es un objeto último o un fin que ha de alcanzarse. Es una meta. El significado tiene que ver con el modo en que comprende su vida sobre una base continuada. El significado se encuentra en el modo en que ocurren las cosas, no necesariamente en el resultado final. La comprensión depende de la experiencia, y el significado (al igual que la experiencia) es muy personal.

Imagine que está sentado en un restaurante, mirando el menú. ¿Cuál es el propósito del menú? Ayudarle a elegir algo para comer. ¿Cuál es su significado? Ofrecerle información acerca de sus posibles elecciones. Si está en un restaurante en Francia y no habla francés, el menú no significará nada para usted (a pesar de que conozca su propósito). Así pues, es posible encontrar propósito sin significado. Por otra parte, si no tiene ningún problema para comprender el menú, pero los precios del restaurante son tan elevados que no puede o no quiere pedir nada para comer, en ese caso el menú tiene significado para usted, pero su propósito no le sirve. Por tanto, puede encontrar significado sin propósito. Imagine, ahora, a un individuo que nunca ha entrado en un restaurante y que, además, no sabe leer. El menú, para él, carecerá de significado y tampoco tendrá propósito alguno. Finalmente, supongamos que el menú incluye varias fotos de diversos y apetitosos platos y que una persona, en lugar de pedir la comida, empieza a comerse las fotos. Sin duda, estará confundiendo el significado con el propósito.

Lo mismo ocurre cuando viaja en coche y consulta el mapa de carreteras. El significado del mapa es la representación del territorio; el propósito del mismo es guiarle hasta su destino. Normalmente, sabemos que no basta con trazar una ruta sobre el mapa para llegar al lugar deseado, lo que sería, una vez más, confundir significado y propósito. Éste es, en esencia, el consejo filosófico de Alfred Korzybski (y más tarde de Alan Watts): el menú no es la comida, el mapa no es el territorio. Del mismo modo, el significado no es el propósito.

> Un mapa no es el territorio que éste representa pero, si es correcto, tiene una estructura similar a la del territorio; de ahí su utilidad.
>
> ALFRED KORZYBSKI

Así pues, si ya tiene algún propósito, el hecho de comprender el significado de las cosas puede ayudarle a satisfacerlo. Pero si no tiene propósito, o no consigue encontrarlo, entonces los significados le serán menos útiles. El mapa más exacto del mundo es inútil si no tiene intención de ir a ningún lado.

Y, de todos modos, no siempre quiere un mapa ni necesita saber a dónde va. Salir de compras en una ciudad extranjera sin una guía o explorar la selva sin un mapa puede ser arriesgado, pero también muy gratificador. Quizá su propósito sea sólo el de explorar y pueda asignar un significado a todo cuanto encuentre en su viaje. Así pues, volviendo a las disposiciones filosóficas de cada individuo: el significado y el propósito dependen en gran medida de usted. Las cosas simples pueden ser muy significativas; las cosas inexplicables pueden tener un gran propósito.

> Abarco lo común, exploro y me siento a los pies de lo conocido, lo inferior. Permíteme comprender el presente y podrás tener los mundos del ayer y del mañana. ¿De qué cosas conocemos realmente el significado? La harina en el barril; la leche en la sartén; la balada en la calle; las noticias en el barco.
>
> RALPH WALDO EMERSON

Nos sentimos mucho más felices cuando creemos tener un propósito, aunque no sepamos cuál es en realidad, o pueda ser. No obstante, aún nos sentimos más felices si lo conocemos porque, sabiendo el propósito, resulta más fácil comprender el significado. Hay muchas cosas con significado que no forman parte de nuestro propósito, pero no por ello son menos significativas. También podemos encontrar significado a nuestro alrededor sin conocer nuestro propósito (y, por tanto, sin saber lo que encaja en nuestro propósito). Igualmente, podría estar seguro de su propósito predominante y, aun así, luchar cada día contra la carencia de significado. Así pues, tener un propósito no garantiza que su vida sea significativa, por si acaso estuviera pensando en firmar con alguien que le ofreciera un propósito hecho a su medida.

Podría tener un solo propósito durante toda su vida o, lo que es más probable, una serie fluctuante de propósitos en diferentes momentos de la vida. Por ejemplo, considerar la paternidad como su propósito más elevado durante un tiempo y, más tarde, cuando sus hijos son mayores, abrazar su carrera o su desarrollo personal como propósito principal. Ahora bien, si se siente atraído por la odontología, por poner un ejemplo, y quiere hacer algo más que soportar la jubilación, será mejor que busque otra prioridad para cuando deje de visitar a diario a sus pacientes. Su propósito actual podría ser, asimismo, descubrir su próximo propósito o su propósito general, como el fisioterapeuta del capítulo 10, que dejó su trabajo sin saber qué haría a continuación para ganarse la vida. Vale la pena mencionar aquí el Eclesiastés: «Hay, bajo los cielos, una estación para cada cosa y un tiempo para cada propósito.»

El propósito es más obstinado de lo que pueda imaginar, aunque no lo reconozca. Debe recordar esto, por si alguna vez se le ocurriera apropiarse de los sueños de otra persona. Si la tía Millie ha atesorado durante años la idea de que usted sea neurocirujano y a usted lo único que le mueve es tocar el oboe, siga con ello, acepte el trabajo de media jornada en la orquesta y un empleo diurno para pagar las facturas.

Las escuelas de medicina siempre estarán ahí, en caso de que cambiara de opinión, y nunca tendrá paz si pasa por alto sus propios deseos. No es fácil disuadir a uno de su propósito.

Cada mes dirijo un debate filosófico en una librería local y, entre los asiduos, hay uno que se autoproclama nihilista (alguien que no cree en nada, que carece de ideales, lealtades o propósitos). Sin embargo, él está ahí, siempre en el centro de un nudo de gente, tratando de sacar a relucir algún tema, disfrutando de lo lindo con las reacciones que sus propuestas extremistas despiertan en los demás. ¿Acaso su propósito consiste en decir a todo el mundo que no hay propósito? Negar el significado es revelador para él.

Si no tiene suficiente flexibilidad para perseguir propósitos distintos a lo largo de la vida, podría acabar como la tan popular «reina del baile», que veinte años después sigue viviendo de la lejana gloria de su juventud sin tener en perspectiva ningún otro propósito. No estamos hechos para hacer una sola cosa, sino para hacer una cosa después de otra. No se aferre a nada, ni intente que nada rebase el límite de su tiempo. Si ha logrado un propósito, nadie se lo puede arrebatar. No obstante, un propósito no es para toda la vida; nada es para toda la vida. Podrá paladearlo y revivirlo, pero tiene que estar dispuesto a abandonarlo. Si no se separa de él, es muy probable que no encuentre otro. Soltarlo no es fácil, de ahí que reconozca la imagen de la reina del baile, incapaz de avanzar. Es una condición común. En *A un atleta que muere joven*, A. E. Housman escribe: «Chico listo, para desaparecer tan precozmente y sin ser percibido / De los campos en los que no arraiga el mito / [...] / Ahora no engrandecerás la derrota / De los jóvenes que agotaron su honra...» Si prefiere, en cambio, no morir joven sólo para evitar una mayor transición de propósitos, su otra alternativa es dejar que surjan otros propósitos en cuanto acabe con los actuales. Necesitará coraje, pero tiene que seguir adelante.

El propósito no es algo que pueda obtener sólo con desearlo. Nadie ni nada puede proporcionarle un propósito. Tiene que encontrarlo usted mismo. El verdadero propósito puede no ser obvio y es posible que necesite mucho tiempo para descubrirlo, pero eso no significa que no exista. Mientras encuentre significado a lo largo del camino, no estará perdiendo el tiempo.

Es también más fácil creer en un propósito desconocido que descifrar un significado desconocido. Hallar significado puede ser un reto constante. Al mismo tiempo, tiene que tener en perspectiva otras alternativas. Cuando está atascado en un monstruoso embotellamiento de tráfico, su frustración y los minutos que se escapan pueden hacer desaparecer tanto el significado como el propósito. En lugar de ponerse agresivo en la carretera, haría mejor en contemplar el ineludible paso del tiempo y reflexionar sobre el mejor modo de utilizarlo.

> ¡Sujeta bien el tiempo! Protégelo, vigílalo, cada hora, cada minuto. Si no lo tienes en cuenta se desvanece. [...] Considera sagrado cada momento. Dalle a cada uno claridad y significado, a cada uno el peso de tu atención, a cada uno su verdadero y merecido logro.
>
> THOMAS MANN

En vez de tocar la bocina, insultar al imbécil que se le acaba de cruzar o liarse a tiros con él, respire hondo. En lugar de hacer un corte de mangas a alguien que le pita, considérese afortunado por estar respirando. No puede disolver el atasco, pero sí puede disolver su estrés cuando está atrapado en uno de ellos.

En el poema *Si*, la sugerencia de Kipling para una vida satisfactoria es «llenar el minuto implacable con sesenta segundos dignos de ser vividos». Lo que pretendía Kipling era hallar significado en los pequeños momentos de la vida cotidiana, en lugar de desperdiciarlos, y un propósito en la acumulación de dichos momentos. Ese camino está pavimentado con significado y conduce a un propósito.

> Si puedes llenar el minuto implacable
> Con sesenta segundos dignos de su transcurso,
> Tuya es la tierra y todo cuanto contiene,
> Y, lo que es más, ¡tú serás un hombre, hijo mío!
>
> RUDYARD KIPLING

Del mismo modo podríamos decir: «¡Tú serás una mujer, hija mía!», (sólo que aquí no se considera ni rima).

A veces, entender nuestras vidas puede resultar muy difícil. Desearíamos encontrar una pauta (algo más que una acumulación de hábitos o un instinto para transmitir nuestros genes). Queremos que esa pauta nos empuje hacia cosas mejores. Una perspectiva tan optimista como ésta es el ungüento más dulce cuando algo nos causa dolor. Pueden sucedernos cosas desagradables, pero, al menos, vivirlas puede hacer de nosotros personas mejores. Los filósofos, desde Heráclito hasta Laozi, coinciden en que el cambio es la única constante en la vida, y todos tenemos nuestras altas y bajas. Nos gustaría creer que lo que vivimos (particularmente lo malo) sirve para enseñarnos una lección y nos permite ser más de lo que de otro modo hubiéramos sido. No puedo decirle si alguien o algo nos ha proporcionado estas experiencias con la intención de que aprendamos de ellas. Sin embargo, como individuos con libre albedrío, ciertamente podemos optar por utilizar cualquier cosa que se cruce en nuestro camino como alimento para nuestra evolución personal.

PERCEPCIÓN RETROSPECTIVA DE VEINTE SOBRE VEINTE

Muchos de mis clientes consideran útil hablar y reflexionar sobre el significado y el propósito. Los que se sienten perdidos comprenden a menudo que, de hecho, se amarran a uno de ellos, lo que les impide progresar en el descubrimiento del otro. Dese cuenta de que no necesita identificar los dos a cada minuto para que la vida sea satisfactoria. Tener dudas sobre su propósito en este momento no es lo mismo que tener una vida carente de propósito. Además, es un error suponer que su experiencia carece de significado sólo porque no sea capaz de descubrirlo de inmediato. Se lo voy a demostrar.

Piense en un hombre de sesenta y seis años que, al volver la vista atrás, se considera un abyecto fracaso: Winston

Churchill, por ejemplo. Churchill había sido soldado, periodista, parlamentario y autor. Publicó su primera obra antes de cumplir veinticinco años. Fue ministro de Marina. Fue elegido diputado para el Parlamento cuando todavía era joven y, a lo largo de los años, ocupó una amplia variedad de puestos importantes en el Gobierno. No obstante, Churchill estaba convencido de que su verdadera tarea en la vida era ser primer ministro y, al no haber conseguido llegar tan lejos, se sintió inútil a pesar de sus múltiples logros. La historia, de todos modos, guarda de él un recuerdo completamente contrario al que Churchill tenía de sí mismo a sus sesenta y seis años.

Con una percepción retrospectiva de veinte sobre veinte, podemos ver que todas sus experiencias previas fueron requisitos necesarios para alcanzar su más elevado cargo en el Gobierno, y que no hubiera llegado a ser el gran líder mundial que fue, si se hubiera trasladado demasiado pronto al número 10 de la calle Downing. Los fatalistas dirían que la historia había reservado el propósito final de Churchill (enfrentarse a Hitler y ganar la batalla de Inglaterra), aunque él mismo no pudiera saberlo mientras se preparaba para llevar a cabo tal hazaña.

No se salta de ninguna parte a otra. Siempre se está en algún lugar. A pesar de que no quiera estar donde se encuentra ahora o no sepa dónde está, de todos modos estará en algún punto de su camino. Churchill pensaba que había dejado escapar la oportunidad de realizarse en su vocación, sin comprender que estaba todavía en el camino correcto, aunque aún no hubiera llegado a su destino. Si usted, al igual que Churchill (disfrute de esto ahora, pues no cada día tendrá ocasión de decir: «¡Oh, sí, soy como Winston Churchill!»), piensa que está perdido, quizás es porque todavía no ve la pauta que debe seguir. Quizá se dirige sin saberlo hacia algo (o ya está implicado en algo) que es importante para usted.

Una vida llena de sentido tiene siempre una pauta intrincada, y si va a ser intrincada, tendrá elementos que no comprenderemos mientras estén sucediendo. Eudora Welty recomienda «un constante respeto por lo desconocido en la vida humana y una idea de dónde hallar las hebras, cómo proseguir, cómo conectar; encuentra en lo espeso del enredo la hebra que sigue una clara trayectoria. Las hebras están todas ahí: para la memoria nunca nada se pierde realmente».

DIOS NECESITA DE USTED

Los primeros griegos veían el mundo como un lugar ordenado en el que todo se revelaba para un propósito específico o «fin último» llamado *telos*. Su filosofía del propósito se llama «teología». Ellos asumían que las personas, al igual que todos los fenómenos de la naturaleza, tienen también un propósito. Los eruditos judíos se hicieron eco de este modo de pensar y posteriormente lo incorporaron los pensadores cristianos. Desde un punto de vista teológico, el propósito de la vida terrenal es prepararse para el cielo, para la venida del Mesías o para el Día del Juicio Final, o la redención de las almas, etc., (dependiendo de cada teología concreta). Si la religión ha tenido tanto éxito a lo largo de los tiempos se debe, en parte, al hecho de que proporciona significado y propósito a los individuos, lo que resulta más difícil de obtener en una sociedad consumista, pues no encontrará significado o propósito en un catálogo de unos grandes almacenes ni podrá encargarlos a *La tienda en casa*. Así pues, el despejado camino de una religión organizada puede ser realmente llamativo.

> ¿Cómo podría existir el hombre si Dios no le necesitara y cómo existirías tú? Necesitas a Dios para ser, y Dios necesita de ti, pues es éste el significado de tu vida.
>
> Martin Buber

Las tradiciones judeocristianas asumen que la vida tiene un significado superior. Sin embargo, como nuestra sociedad se ha ido distanciando cada vez más de esas raíces, se ha perdido tal significado. Si usted todavía extrae alimento de esas raíces, cuenta con una gran ventaja con vistas a descubrir su propósito. Todas las instituciones perfectamente estructuradas (tales como las religiosas, las militares o las grandes empresas) le proporcionan significado y propósito a cambio de todo lo que ellas exigen de usted, más el orden que imponen en su vida. No obstante, nadie, ni siquiera Dios, un general o un alto ejecutivo, le proporciona un significado y un propósito completo, listo para consumir, firmado, sellado y entregado. Es, más bien, como si le suministraran la arcilla que usted tiene que modelar. Pero al menos no necesita pensar en cómo debe elaborar la arcilla y, si fuera así, este capítulo es una receta como encontrará pocas.

EL MONJE

Por si acaso deseara que la religión hiciera por usted parte de este trabajo, he aquí un caso que confirma que la fe no ofrece garantías duraderas. Un colega de asesoramiento filosófico, Ben Mijuskovic, tuvo un cliente, Fred, que había sido monje durante diez años. Fred había estado luchando durante un tiempo contra los síntomas de la depresión (cansancio, insomnio, desesperación, vulnerabilidad e incluso pensamientos de suicidio). Después de que el consejero pastoral fracasara en el intento por aliviar su sufrimiento, Fred visitó a un psicólogo. Había tenido una infancia dichosa y segura, y se había entregado feliz a la orden durante la mayor parte de su vida de adulto, por lo que la exploración de su pasado tampoco le aportó alivio alguno. Finalmente, probó con los medicamentos sin obtener éxito. Ahora bien, después de hablar con un consejero filosófico, llegó a comprender el porqué de su depresión.

Fred explicó que la parte más dolorosa de su depresión era que su fe ya no tenía significado para él. Mientras hablaba, se lamentó de lo mucho que le habían costado sus votos: no tenía familia biológica, ni relaciones sexuales, ni una vida integrada en la sociedad. Durante casi todos esos años, en el monasterio, había aceptado con gratitud los beneficios que le aportaban todos esos sacrificios: una espiritualidad profunda, una relación personal con Dios y la habilidad de compartir con otros la alegría y la paz permanentes que éstos le habían procurado. Odiaba su depresión porque le había robado la satisfacción que una vez le proporcionó su vida monástica.

Ben le sugirió que considerara la opción de que la pérdida del significado pudiera ser la causante de sus sentimientos depresivos, en vez de ser del modo contrario. Los americanos hemos sido bombardeados con tanta propaganda sobre la depresión provocada por los desequilibrios químicos, que hemos perdido de vista la posibilidad de que nuestros estados mentales también desempeñen un papel crucial en nuestra química cerebral. No todas las depresiones tienen un origen estrictamente físico. Ben se preguntaba si la depresión de Fred podría ser filosófica. Después de todo, Fred ya había tratado de solucionarla con la medicina sin obtener resultados, lo que sugería que en su depresión intervenía algo más que un desequilibrio químico.

Fred apenas reflexionó antes de responder. Tan pronto como oyó la pregunta, comprendió que, simplemente, había estado mirando por el otro lado del telescopio. Había permanecido tan atrincherado en su vida de monje (y hasta hacía poco, había sido feliz así), que no había reconocido el momento en que sus creencias empezaron a sufrir un cambio. Después de varias sesiones, Fred pudo digerir este nuevo descubrimiento y llegó a admitir que la vida monacal ya no le satisfacía. Había crecido, madurado, cambiado. Temía que el camino en el que se encontraba ahora hubiera dejado de ser el camino hacia su verdadera identidad. Había perdido el sentido de su propósito y, con ello, el sentido del significado en su vida diaria. Fred jamás había experimentado una vida de adulto sin un propósito definitivo. ¡No es de extrañar que se sintiera deprimido!

Finalmente, Fred optó por abandonar el monasterio. Renunciar a los votos religiosos no es algo que se pueda tomar a la ligera, por supuesto, y la decisión fue dolorosa. No obstante, su depresión se esfumó, aunque tuvo que trabajar duro por construirse una nueva vida dentro de la sociedad. Fred experimentó un fuerte sentimiento de liberación y de renovación. Nunca dejó de ser una persona profundamente religiosa, e incluso adoptó en su nueva vida algunos de los rituales del monasterio. No sabía bien qué nuevo propósito (o qué nueva fase del mismo propósito general) iluminaría su vida, pero estaba dispuesto a esperar hasta que éste se desarrollara.

Hallar propósito y significado puede implicar mucho trabajo, aun cuando se sigue una fe religiosa. La historia de Fred demuestra, asimismo, que cualquier persona puede caer en una depresión filosófica y salir airoso de ella, por muy profunda y compleja que ésta sea. Como en el caso de Fred, el descubrimiento filosófico que permite ver las cosas de otro modo puede ser pequeño. El poder proviene de tomarse el tiempo necesario para absorber todo su impacto.

DIOS ME HA ATRACADO

Otro de mis colegas, Peter Raabe, resolvió también, con la filosofía, el caso de un cliente que se hallaba en un conflicto espiritual muy distinto. Sherman había sido un alcohólico y un drogadicto que se había pasado toda la juventud atracando y robando para poder pagarse sus vicios. Unos años atrás comprendió, de repente, que estaba desperdiciando su vida, lo que le impulsó a matricularse en la universidad, tener un trabajo de media jornada y llevar una vida ordenada.

Sherman era un americano nativo, pero había sido adoptado por una pareja cristiana cuando no era más que un bebé.

Una parte integral de lo que produjo ese cambio en su vida había sido su búsqueda de una espiritualidad modelada, principalmente, por sus progenitores biológicos. Gracias a ellos, descubrió un gran espíritu venerado por su tribu y combinó dicha creencia con ideas complementarias de la New Age sobre Dios. Su fe personal en un Dios amoroso y benévolo, que se ocupaba de todo, permitía a Sherman perdonarse a sí mismo su antiguo estilo de vida (y sentirse perdonado por la gracia de Dios). Creía que todo formaba parte del Diseño Divino e interpretaba cuanto le sucedía como el resultado del amor de Dios.

Pero Sherman cayó en una crisis de fe cuando una noche, al regresar a su casa en compañía de un amigo, fue atracado a la salida del cine por unos agresores armados con cuchillos. ¿Cómo podía Dios permitir eso, especialmente cuando había logrado ese difícil triunfo de enmendarse de sus actos? ¿Era acaso algún tipo de retribución divina por los pecados que había cometido en el pasado? ¿O el castigo por sus errores más recientes, a pesar de que nada de lo que hubiera hecho últimamente pudiera compararse con sus antiguas fechorías? Sherman se enfadó con Dios por traicionar su confianza y empezó a preguntarse si, durante todo ese tiempo, había tenido un concepto equivocado de Dios. Después, se sintió culpable por haberse enfadado con Dios y por haber puesto en duda sus propias creencias. Y más tarde se enfadó todavía más por verse obligado a sentirse culpable. Para Sherman, el atraco en sí mismo no había sido tan grave como la sacudida que con ello habían recibido los fundamentos de su fe. Pues si éstos se desmoronaban, dejaba de ser el niño adorado por un Dios bondadoso. ¿Cuál sería su propósito si no era servir el propósito de Dios? Ya no habría nada que le separara de su vida delictiva.

Sherman estaba experimentando un conflicto entre sus suposiciones (un Dios bondadoso controla todo lo que nos sucede) y su experiencia (me han atracado). Dado que la experiencia en sí era innegable y, al mismo tiempo, se sentía incapaz de abandonar sus creencias, Sherman buscó asesoramiento filosófico.

Sherman estaba atrapado en su propia lógica. Por difícil que resultara para alguien que se tiene por una persona dotada de mucha fe, Sherman empezó a analizar sus suposiciones. Con el consejero filosófico enumeró una serie de explicaciones alternativas: Dios no lo planea todo. Dios me está poniendo a prueba como hizo con Job. Dios se muestra a veces airado. Dios no existe. No hice nada malo. Prestaba suficiente atención a mi seguridad personal. Dios no lo controla todo. Esta experiencia está destinada a incrementar mi empatía por los muchos tipos de sufrimiento que existen en el mundo. He puesto demasiada carga en las manos de Dios, sin responsabilizarme lo suficiente de mi propia persona. El atraco no fue más que un accidente; nada personal. Los únicos responsables del mismo son los propios atracadores. Fue esta última idea la que liberó a Sherman. Sabía, por los días que había tenido la sartén por el mango, que Dios no figuraba en los planes de los atracadores. Éstos seguramente estarían ocupados en dar con la víctima adecuada (de pequeña estatura y apariencia opulenta, que se encontrara en un callejón oscuro) y no en si eso era o no lo que Dios deseaba de ellos. Sherman sabía que una figura paterna benevolente, Dios, no anotaba en una lista los pecados de los mortales con la intención de desquitarse después, especialmente cuando la persona en cuestión había realizado tales progresos. Lo que Sherman no había podido comprender, cuando estaba aferrado a la idea de que el atraco era parte del Diseño Divino, era que quizá ni Dios ni él mismo eran los culpables. Si se debía señalar a alguien, era sólo a los atracadores.

Ese infortunio fue útil para Sherman, ya que le incitó a examinarse de un modo más minucioso y a buscar una solución a su problema. Sherman comprendió que era absurdo enfadarse con Dios. Y, aunque fuera natural estar enojado con los atracadores, tal actitud no le llevaría a ninguna parte. Había decidido volcar su enfado sobre sí mismo, por haber supuesto que todo iría bien siempre y por haber eludido cierta responsabilidad personal, con el pretexto de dejar todo en manos de Dios. Pero se negó a revolcarse en ese enfado y trató de utilizarlo como una oportunidad para la contemplación constructiva y el cambio.

El coraje que mostró Sherman al considerar falsas algunas de las creencias que habían guiado su vida le proporcionó la confianza de reclamarlas, aunque ampliadas. La discusión filosófica ayudó a Sherman a alcanzar un punto en el que sus creencias y experiencias eran mutuamente congruentes. Modificó la visión que tenía del mundo, incluyendo el hecho de que, a veces, te pueden suceder cosas desagradables y éstas no siempre suceden porque seas malo. Sherman liberó a Dios de las obligaciones microadministrativas, sin abandonar su fe en una fuerza conductora de bondad esencial, y utilizó su crisis para examinar su compromiso espiritual y profundizar en él.

¿HAY PROPÓSITO SIN DIOS?

El hecho de que no haya Dios no implica necesariamente que no haya propósito. No tiene que desesperarse sólo porque no está seguro de la existencia de Dios. Si no le satisface la explicación que le brinda el Génesis de la vida, tal como la conocemos, tendrá que buscar otra. Existen muchas teorías plausibles, como puede adivinar por la larga lista que Sherman compuso con el fin de estudiar su situación concreta. Aun cuando todo fuera un accidente, no habría razón alguna para creer que su vida no tiene propósito. Si por casualidad le tocara la lotería, encontraría todo tipo de propósitos a esa fortuna inesperada. De un hecho fortuito puede sacar frutos importantes, y el gran obsequio de la vida, tal cual es, quizá sea uno. El único modo de hacer justicia a la vida es vivirla tan plenamente como sea posible (lo que no hacemos con la suficiente frecuencia).

Las adversidades y las tragedias que debemos afrontar nos colocan a menudo en el camino adecuado para descubrir (o redescubrir) nuestro propósito. Éste es un modo de hallar significado en las situaciones más difíciles. Necesitamos creer en el orden de las cosas para dar sentido a nuestro mundo, para alcanzar la clase de comprensión que se requiere para el significado. Cada cultura ha unido los puntos estelares en el firmamento formando diferentes constelaciones, proyectando orden sobre la aleatoriedad como un modo de entenderla. Cuando podemos percibir una pauta, tenemos el significado. Cuando tenemos el significado, podemos encontrar el propósito.

Tendemos a rechazar las cosas desagradables, como si no tuvieran cabida dentro de la pauta, pero algunas filosofías, como el Tao, justifican siempre el entrelazado de opuestos. Si está buscando el bien, encontrará también el mal. Si busca el significado, vivirá ciertas cosas inexplicables. Si no comprende un acontecimiento como parte de la pauta, es porque probablemente todavía no ha visto la totalidad del proyecto.

MARTINE

Martine tenía también dificultades para coordinar su propósito con su experiencia. Aceptaba cualquier empleo que estuviera relacionado con producción cinematográfica, pero lo que la hacía soportar esos trabajos tan poco agradecidos y todos esos cambios de piso era el proyecto de realizar su propia película. Sería una película ecologista, apremiante, sobre cómo salvar el planeta. Retrataría con tanto rigor el futuro al que nos dirigimos que todo el mundo tendría que tomar nota y examinar de nuevo su propio impacto en el planeta. Siempre había soñado en que, algún día, se unieran los públicos del mundo entero para buscar soluciones. Martine alimentaba su proyecto y, mientras tanto, sudaba la gota gorda en sucios y desagradecidos trabajos. (Si ha leído atentamente estas líneas, habrá comprendido que Martine tenía una clara visión de su propósito, a pesar de que la mayor parte de sus experiencias cotidianas carecieran de significado.) En su tiempo libre, trabajaba como voluntaria en un grupo ecologista para la defensa de la naturaleza. Esa tarea era muy importante para ella, pero cuanto más aprendía sobre la superpoblación, sobre el calentamiento del planeta y la contaminación en general, más se desesperaba.

Pasaron los años y, aunque Martine había acumulado para entonces un extenso conocimiento sobre producción cinematográfica y medio ambiente, su propia película nunca salió de su bloc de notas. Para ella, cada vez estaba más claro que lo más probable era que los seres humanos se extinguieran en el plazo de treinta años. Así pues, ¿para qué poner tantísimo esfuerzo en hacer una película? Esa deflación de su sueño le hizo sentir como si su vida careciera de propósito. Estaba desalentada y trastornada; su trabajo más importante iba a quedar cancelado por decisión propia. Se mostraba preocupaba por su desorientación y, de este modo, encontró el camino hacia mi despacho.

El erudito taoísta Zhuangzi escribió que el sabio evita el desastre considerando evitable lo que parece inevitable. La parte que complementa su pensamiento es que el ignorante corre hacia el desastre considerando lo que es evitable como inevitable. Discutí de ello con Martine y le desafié a que considerara de qué manera podía estar segura de que ese futuro que ella veía con tanta claridad fuera realmente inevitable.

> El hombre sabio contempla lo inevitable y decide que no es inevitable [...]. El hombre común contempla lo que no es inevitable y decide que es inevitable [...].
>
> ZHUANGZI

Le propuse, también, que contemplara su situación desde una perspectiva más amplia. Para este propósito, le comenté que en unos pocos miles de millones de años nuestro sol se convertiría en una supernova, y su abrasadora y expansiva envoltura incineraría la Tierra. ¿Acaso esta inminente catástrofe debería obligarnos a ponernos, de prisa y corriendo, el hábito de penitencia y llorar la muerte del planeta Tierra? No, respondió Martine, ese desastre estaba todavía demasiado lejos para preocuparse por él ahora. Le sugerí que si no estaba desmoralizada por la inevitable destrucción del planeta en un futuro lejano, no debería deprimirse por la posible extinción de nuestra especie en un futuro más cercano. ¿Quién sabe lo que ocurrirá en las próximas décadas? Ella respondió que las tendencias que la alarmaban estaban completamente fuera de control; pensaba que era demasiado tarde para hacer algo al respecto.

En ese caso, dije, ella podría aceptar una sugerencia lógica de Zhuangzi. Si fuerzas irresistibles ya habían condenado a la raza humana a su extinción, entonces no había nada que ni ella ni nadie pudiera hacer. Así pues, le sugerí que adelante con su película. Eso no podía hacer mal a nadie y sentiría que tenía un propósito (no parecía tener otros planes importantes para los próximos treinta años). De todos modos, al menos debía considerar la posibilidad de que nuestro destino no estuviera todavía sellado y que contábamos con los medios para evitar nuestra propia extinción. En ese caso, también tendría que llevar a cabo su proyecto ya que podrá ser útil. Por consiguiente, la única alternativa válida era que hiciera su película.

Le sugerí asimismo, ya desde un nivel puramente práctico, que desglosara la realización de la película en una serie de objetivos manejables. Cualquier persona se sentiría acobardada si se enfrentara de golpe con la urgencia de juntar el dinero necesario, reunir a todas las personas implicadas y llenar todos esos minutos de película. El hecho de realizar todas esas tareas una detrás de otra, sobre una base puramente práctica, le ayudaría a poner en marcha su proyecto y sacarlo adelante. Estaba claro que hacer esa película era crucial para mantener el sentimiento de significado y de propósito en su vida; por tanto, tenía sentido poner orden en la logística para facilitar al máximo el proceso.

Algo grande sólo puede ser la suma de diversas cosas pequeñas. Una vida de propósito se construye paso a paso. Una vida sin sentido no siempre se llena de significado con una cegadora ráfaga de luz (son pocos los que experimentan esa epifanía). Puede elaborarla por sí mismo, pero con pequeñas piezas que debe ir ensamblando de forma gradual. No espere a que las fuerzas externas realicen el trabajo, porque es posible que ese día no llegue nunca.

El logro de su propósito más amplio puede hallarse en el futuro, pero las prácticas que le llevan hasta él ocurren hoy. Las ardillas se pasan el otoño almacenando nueces para el invierno y, aunque no vayan a necesitarlas durante meses, cada nuez cuenta. Pruebe este experimento: póngase una meta modesta y alcáncela. Mire si ese sentimiento de logro no hace que se sienta ya un poco mejor. Limpie la casa (o tan sólo un armario). Matricúlese en un curso. Aprenda tácticas de defensa personal. Empiece a jugar al bridge. Cualquier cosa que esté a su alcance le servirá. Puede que no siempre sea tan literal, pero una sucesión de propósitos a corto plazo puede dar sentido a un propósito a largo término. El propósito, al igual que el significado, aparece a menudo de forma retroactiva.

La visión de Martine sobre el futuro la debilitaba en el presente. Estaba creando una profecía de realización personal, que sin duda se cumpliría, si permitía que sus temores la paralizaran. Martine cometió un error lógico al suponer que no había presente porque no había futuro. La prueba de que había un presente era que nosotros dos estábamos ahí sentados, entablando una conversación, y, puesto que la existencia del presente era innegable, debería tenerlo en cuenta. Es importante no permanecer demasiado en el pasado o en el futuro, porque esta actitud no hace más que oscurecer el presente, con el que de todos modos hay que contar. Para Martine, aceptar su presente fue suficiente para restablecer su sentimiento de significado diario y renovar su propósito de hacer realidad su película.

MARTHA

Los casos que hasta ahora he presentado tenían que ver con la crisis de propósito. No obstante, un asesor filosófico también puede solucionar una crisis de significado. Mi colega británico, Simon du Plock, asesoró a una joven que estaba estudiando en el extranjero por un año. Tras una actuación brillante en la academia al principio del primer semestre, Martha empezó a faltar a clase y permanecía callada y ensimismada los días que asistía a la escuela. Ella confesó que sentía como si ya no pudiera con todo el trabajo y que la idea de suspender sus exámenes finales la tenía aterrorizada.

La causa del vertiginoso desmoronamiento de Martha no se hizo patente de inmediato. Sin embargo, a lo largo de las sesiones, ella misma reveló el meollo de su problema: había preferido compartir una casa, fuera de la ciudad universitaria, que vivir en la residencia de estudiantes, y sentía que sus compañeros de piso se estaban aprovechando económicamente de ella. La consideraban una extranjera privilegiada y se negaban a relacionarse con ella. Martha había imaginado que si vivía con londinenses experimentaría el «auténtico» Londres y, en cambio, se veía penosamente privada de ello al fracasar en su intento de trabar amistad con esos londinenses, quienes habían erigido un muro a su alrededor.

Continuemos analizando este caso en el contexto del proceso PEACE. Los sentimientos que Martha experimentaba eran enfado, temor, desengaño y rechazo. También sentía injusticia y una falta de confianza en sí misma. Como la mayor parte de los clientes, ella era plenamente consciente de sus emociones antes de empezar el asesoramiento, aunque también es verdad que se había analizado menos que otros. Se veía como una víctima, la víctima inocente de los malintencionados extranjeros, sola en un mundo que no tenía sentido, que no respondía a sus actos tal como ella había imaginado. Hablando con su consejero, Martha conectó sus problemas externos con la experiencia de estar lejos de casa y ser independiente, de vivir sin sus padres, y también con el hecho de que era la primera vez que viajaba al extranjero. Tomar por primera vez las riendas de su vida por sí sola había resultado ser más complicado, más difícil y menos glorioso de lo que ella había previsto.

Una revelación filosófica en el estadio de contemplación calmó los mares en los que navegaba Martha, y redujo a su forma más sencilla el significado que Martha había extraído de sus experiencias; en palabras de Du Plock, «la aclaración de los significados se incrustaron en el lenguaje del cliente». Cuando se le preguntó por qué había ido a Londres, Martha respondió que quería ampliar su formación. Se le pidió, entonces, que definiera el término «formación» y ella habló de grados y niveles, así como de puertas hacia profesiones bien remuneradas (una visión de la formación orientada hacia el resultado como un medio para conseguir un meta). Su consejero filosófico le sugirió una forma más abierta de contemplar la formación como experiencia (y lo que aprendía de dicha experiencia). Este enfoque iluminó de inmediato la perspectiva de Martha. Desde ésta, se enorgullecía de su espíritu aventurero, aun cuando sus aventuras no hubieran salido como ella había planeado (o como ella hubiera deseado). Empezó a ver sus esfuerzos por establecer una vida independiente como un importante rito de transición de niño a adulto. También se responsabilizó de sus decisiones equivocadas, lo que en el momento presente era menos cómodo que hacerse la víctima desvalida. No obstante, a largo plazo, restableció el sentimiento de su propio poder. Si ella podía provocar una situación negativa con acciones poco juiciosas, también podía provocar, la próxima vez, situaciones positivas con planes evaluados con más cautela.

Martha restableció su estado de equilibrio al poner en práctica lo que había aprendido. Consideró que la desagradable situación en el piso era el precio que debía pagar por su formación en la vida (por lo que ella, después de todo, estaba allí) y decidió cambiar de vivienda para el segundo semestre. Con la mente despejada, concentró de nuevo sus energías en los estudios académicos con tiempo suficiente para prepararse para los exámenes finales. Aclarar el significado de las experiencias de su vida y relacionarlas con un propósito que resonaba de ella proporcionaron a Martha la paz mental que necesitaba para alcanzar su meta.

LA GRADUACIÓN

En la escuela, te habitúas a trabajar en una serie de unidades que, de forma progresiva te llevan hacia metas mayores. Cada año entras en un nuevo nivel y subes otro peldaño hacia la graduación. El propósito del tercer curso, por ejemplo, es llevarte hasta el cuarto curso, pero el significado del tercer curso se encuentra en lo que aprendes y haces cada día (generalmente sin pensar en el cuarto curso). Así pues, aprendes a leer y a hacer divisiones, aprendes el modo de establecer las reglas para un juego de pelota durante el recreo, te das cuenta de lo que ocurre cuando llevas malas notas a casa, y aprendes también a hacer y mantener amistades. Ahora bien, ese progreso del tercer curso hacia el cuarto sirve, además, a una meta aún más amplia: prepararse para la escuela superior y, quizá, para la universidad.

En la vida, tal como en la escuela, cuando se aprende lo que se tiene que aprender en un determinado nivel se pasa al siguiente. Pero es obvio que la vida no está tan pulcramente organizada como la escuela. Nadie le ofrece vacaciones de verano, ni le proporciona el birrete y la toga para la ceremonia de entrega de títulos. Tiene que reconocer las transiciones por su cuenta, y hacer eso es la clave hacia una satisfacción duradera. De lo contrario, seguirá todavía en el tercer curso mientras que todos los demás estarán sacándose el carnet de conducir y trasladándose a su propio apartamento.

Si crees en la reencarnación, la vida es como la escuela. Cada vida sirve para preparar la siguiente, hasta que obtienes, finalmente, el título superior de la Escuela de la Vida y de la Muerte. Pero aun cuando la transmigración de las almas no sea su fuerte, este sentimiento de evolución hacia niveles cada vez más avanzados le será de gran utilidad.

Segunda Madre

Una de mis colegas asesoras era una científica que había conseguido una cátedra en la universidad, en una época en que muy pocas mujeres llegaban más allá de la escuela superior de biología. En un mundo competitivo y en su mayor parte machista, Irene consagró toda su energía a su carrera y se vio recompensada con un reconocimiento creciente por su excelente erudición y su brillante trabajo de investigación. A nivel personal, esto le costó un elevado precio: aunque disfrutaba de un matrimonio sólido, Irene nunca se había visto capaz de apartarse de la ciencia lo suficiente como para tener y educar a un hijo. Cuando pasaron los años y su posición en el mundo académico se hubo afianzado, se dio cuenta de que lamentaba haber dejado pasar la experiencia de la maternidad.

Así pues, después de una larga (y exitosa) entrega a un propósito, emergió un segundo y sorprendente propósito. Formar una familia biológica ya no era una opción viable para Irene, pero tampoco lo era ahogarse en el lamento. En su lugar, creó un programa para preparar a estudiantes prometedores, especialmente mujeres jóvenes, desde su primer año de carrera de ciencias, claro está. No era éste el tipo de tarea del que se ocupaba el profesorado universitario, pero pronto se convirtió en un éxito rotundo y un buen número de los científicos de hoy en día, al mirar hacia atrás, acreditan a Irene como la mujer que encendió y estimuló su interés.

El éxito que lograba Irene en cualquier cometido que se proponía no sorprendía a nadie, pero nadie (ni siquiera ella) hubiera previsto la función de segunda madre que adoptó con los estudiantes. Irene halló un nuevo propósito en ser un mentor intelectual y una madre adoptiva para estos grupos de hombres y mujeres jóvenes. Al reconocer sin temor los cambios en el sentido de su propósito, Irene combinó y llevó a cabo dos aspectos importantes de su personalidad sin perder jamás su propósito y expandiendo, al mismo tiempo, sus fuentes de significado.

LUZ ROJA, LUZ VERDE

Después de todo esto, quizá se sienta dispuesto a abandonar la elaboración de su propósito en favor del destino. El fatalismo puede ser destructivo, como vimos en los casos de Martine y Sherman, pero también puede resultar atractivo en el sentido de que proporciona conclusiones como las que hemos visto. Puede desentenderse de todo este asunto, tarareando «Qué será, será, será lo que deba ser», imitando perfectamente a Doris Day. Ahora bien, al final el fatalismo le despoja a uno de su propósito. Sólo está interpretando el guión de otra persona. Le convierte en un agente pasivo, sin responsabilizarse de nada.

Tolstói era un fatalista influyente. Para él, Napoleón no era en absoluto responsable de la hecatombe en las guerras napoleónicas, sino un peón en un juego cósmico; él estaba predestinado a ejecutar todos sus movimientos desde el principio del universo. En mi opinión, ese parecer no es coherente. No sabemos nada sobre el destino. No sabemos si la historia de la humanidad es un desdoblamiento del destino, una cuestión de suerte o un asunto de voluntad. En cualquiera de los casos, tenemos poca certeza, y sin ella yo elijo lo que es mejor para nuestra moral. Puede requerir más trabajo por nuestra parte, pero yo creo en el libre albedrío y en nuestra capacidad para tenernos por responsables de nuestras acciones.

> Los reyes son esclavos de la historia.
>
> LEV TOLSTÓI

Isaac Bashevis Singer dijo: «Cuando cruzo la calle con un fatalista, siento algo extraño: el fatalista suele esperar a que el semáforo se ponga verde.» Singer, con su chiste filosófico, quería significar que, si uno cree que todo está predeterminado, entonces también cree que lo están la causa de la muerte y el momento exacto de ésta. Puesto que no hay nada que uno pueda hacer para cambiar su destino, no puede morir antes de su hora (ni siquiera cruzando Manhattan) a menos, claro está, que esté destinado a morir cruzando Manhattan. (Para Singer, la respuesta inmediata del fatalista sería: «Estaba destinado a detenerme ante el semáforo en rojo.»)

LA DEPRESIÓN

Las consideraciones filosóficas tienen su lugar incluso en casos en los que la depresión es de origen biológico, no sólo existencial. El malestar existencial, o la muerte del alma, puede estar agravando su situación, en cuyo caso le será útil el trabajo filosófico, al menos en parte. Las carencias de propósito, de vivacidad y de ilusión ante la vida, que son características de la depresión, pueden ser también tratadas por la filosofía, no sólo por la psicología y la medicina.

Si está deprimido, independientemente de si existe o no un componente biológico, con toda seguridad se sentirá despojado de significado y propósito. Considere lo siguiente: es posible que su propósito sea pasar por esa depresión. Lo mismo se aplica a la ansiedad, a la pena y a la insatisfacción general. Su aflicción no sólo merma su calidad de vida; le desafía también a superarla. Incluso en condiciones que se consideran puramente biológicas, como el cáncer, se ha demostrado que un tratamiento exitoso no depende sólo de la medicina, sino también de la actitud del paciente. Sus perspectivas y su disposición (su filosofía) pueden influir en el desenlace de la batalla. Aquellos cuyo propósito es salir vencedores de la batalla tienen más probabilidades de lograrlo.

EL ABURRIMIENTO

La causa más común de la pérdida de propósito es, simplemente, el aburrimiento. Parece que el aburrimiento es una característica exclusiva de los seres humanos (ningún otro animal, en su hábitat natural, lo manifiesta). El hecho es que los animales están demasiado ocupados como para aburrirse (deben buscar alimento, evitar ser alimento de otros, defender su territorio, tratar de aparearse, ocuparse de sus crías, prepararse para la próxima estación). Esto es aplicable a los animales salvajes e incluso a los domésticos, que dependen del ser humano para su supervivencia. En cambio, los animales en cautiverio (p. ej., las fieras salvajes encerradas en los zoos), sí presentan signos de aburrimiento, generalmente acompañados de un comportamiento anormal o demente (cosa que hay que resaltar, ya que es, sin duda, una condición propia del cautiverio, no del animal).

El animal humano pertenece un poco a cada una de estas categorías. A veces somos salvajes. Más a menudo estamos domesticados (o, si lo prefiere, civilizados). Habrá oído decir que «el matrimonio le ha domesticado», aunque suela ser una protesta (de, por ejemplo, los miembros de una hermandad por la «pérdida» de un compañero). Podemos resistirnos, pero necesitamos cierto grado de domesticación para avanzar, tanto en el terreno individual como en el social. También somos criaturas cautivas, aunque no sea siempre en el sentido literal del término. Por decirlo de una forma más figurativa, somos cautivos dentro de los límites de nuestro lenguaje, cultura y experiencia.

Nadie (ni un ser humano ni ningún otro animal) se aburre en una crisis. Todo el mundo tiene su propósito durante una catástrofe: preservar su propia vida. Los animales no humanos ejercen menos control sobre su entorno que los humanos, por lo que se ven más amenazados en su vida cotidiana. Hemos pensado y luchado mucho para obtener una condición relativamente fácil; por consiguiente, para la mayoría de la gente de los países desarrollados la vida no representa una larga serie de esfuerzos a fin de sobrevivir. Sin embargo, es peligroso poseer todo lo que se necesita (e incluso es más peligroso poseer todo cuanto se desea). Si su meta son los bienes materiales y ya dispone de todos ellos, el sentimiento de no tener más montañas que escalar es desesperante. Dicen que Alejandro Magno lloró por no tener más mundos que conquistar.

No le estoy recomendando que provoque catástrofes sólo para mantener el interés. Las emociones moderadas (como las montañas rusas) o, incluso, los deportes «de máximo riesgo» son estimulantes porque invocan el sentimiento de enfrentarse al peligro, en un estilo de vida en el que los peligros son pocos. Una aventura más arriesgada combate también el aburrimiento, pero le aleja del «camino medio» recomendado por Buda y Aristóteles. Puede que quienes escalen el Everest no se aburran mientras están concentrados en su único propósito (alcanzar los ocho mil metros sobre el nivel del mar) y luchan sólo por seguir respirando. No obstante, como demuestra la tragedia de que dio cuenta Jon Krakauer en su libro *Mal de altura*, cuando sucede lo peor, el propósito que parecía tan dulce al principio se torna rápidamente amargo. ¿Y qué otra cosa les queda por hacer a los que consiguen descender de la cima? Para la mayoría de ellos parece haber una larga serie de escaladas de picos, en los que corren riesgos cada vez mayores. ¿Es realmente necesario rozar la muerte a cada instante para sentirse vivo? No para quienes están dispuestos a escalar las montañas internas mediante el trabajo filosófico.

Existe una estrategia muy simple que podemos desarrollar una vez que hemos comprendido el impacto del aburrimiento sobre nuestros sentimientos de falta de propósito. Algunos de nosotros necesitamos volver un poco a la vida salvaje para refrescar nuestra sensibilidad. Cuando la domesticación (y el cautiverio) han hecho su trabajo, una bocanada de aire fresco puede aclarar la mente. «Volver a la naturaleza» tendrá un significado diferente para diferentes personas. No se fatigue acampando donde no hay agua corriente si sabe que se va a sentir desgraciado sin su ducha diaria. Descubra qué es lo que a usted le conviene: dar una vuelta a la manzana en un día soleado, haraganear en su jardín o permanecer completamente solo durante un mes en la zona más agreste de un parque nacional. Conectarse de nuevo con el mundo natural, de la forma que a usted más le convenga, es el modo más seguro de recuperar la perspectiva de su vida como parte de una totalidad mayor; no como una parte aislada y accidental de un pedazo masivo de caos, ni como una patética ruedecilla en el engranaje de una máquina implacable, sino como una parte integral de un sistema complejo y vibrante. Esto es lo que descubrió Thoreau en *Walden, la desobediencia civil.*

> Indudablemente, el tedio y el aburrimiento, que presumen de haber agotado la variedad y los goces de la vida, son tan viejos como Adán. Pero las capacidades del hombre jamás se han medido; ni nos corresponde a nosotros juzgar por cualquier precedente lo que el hombre puede hacer, pues es muy poco lo que ha intentado.
>
> HENRY DAVID THOREAU

La experiencia con la naturaleza contribuye a avivar de nuevo nuestra apreciación de la vida misma, uno de los mejores métodos para hallar significado y propósito. Comprender que la vida es un gran regalo y disfrutar de todas las actividades como parte de la vida diaria son también grandes antídotos contra la carencia de propósito.

AYÚDESE A SÍ MISMO AYUDANDO A LOS DEMÁS

El modo más seguro de contrarrestar los sentimientos de vacío en su vida es ayudando a otros. Esta alternativa le proporciona un significado y un propósito que no puede negar. Puede ayudarle a descubrir oportunidades que antes permanecían ocultas para usted; y ver el mundo a través de la experiencia de otros le ayudará a escapar de su propio cautiverio. Sentir que la vida carece de sentido es, en cierto modo, un lujo. Si estuviera luchando por mantenerse con vida nunca se pararía a pensar en el significado de sus acciones. Por tanto, si ha leído hasta aquí es porque es uno de los opulentos. Conectar con alguien menos afortunado que usted le aportaría mucho y, como mínimo, se sentiría agradecido por cuanto posee.

> Si contribuyes a la felicidad de otras personas, encontrarás el verdadero bien, el auténtico significado de la vida.
>
> DALAI LAMA

AL MAL TIEMPO, BUENA CARA

La última opción sencilla, en la lucha contra la carencia de significado o de propósito, es tomar una heroica decisión: apriete los dientes y resista. Las cosas cambian. Una vez que hayan tocado fondo, no pueden sino mejorar. (Si empeoran, ¡obviamente no habían llegado al fondo!). Herman Hesse ganó el premio Nobel de Literatura, pero tiempo antes había contemplado seriamente la posibilidad de suicidarse, tan profunda era su convicción de que vivir no tenía sentido. Su talento como escritor surgió más tarde, pero hasta entonces no logró comprender su propósito, y sin éste su vida cotidiana carecía de significado. Sus libros exploraron los problemas de identidad personal, los significados internos y los propósitos ocultos de la vida, así como las pautas para el camino a la Iluminación. La dificultad de su propio camino iluminó sus escritos, que a su vez inspiraron a toda una generación, aunque fuera éste un propósito sin duda desconocido para él, durante sus primeros años de lucha. En último término, decidió mantenerse firme hasta que mejoraran las cosas.

De usted depende el poco o mucho consuelo que encuentre en la noción de que, si puede armarse de paciencia y coraje (dos virtudes cardinales), se producirá un cambio. Somos casi siempre capaces de extraer significado y propósito de los acontecimientos, incluso de los más terribles, pero a veces necesitamos tiempo.

13

Sacar provecho de las pérdidas

Si un hombre escucha por la mañana
el camino correcto, puede morir por la tarde sin
arrepentimiento.

CONFUCIO

Todo hombre de edad avanzada sabe que
morirá pronto pero, ¿qué significa saber, en su
caso? [...] La verdad es que la idea de que la
muerte se aproxima está equivocada. La muerte
no está ni cerca ni lejos. [...] No es correcto
hablar de una relación con la muerte: la realidad
es que el anciano, como todos los demás
hombres, tiene una relación con la vida
y con nada más.

SIMONE DE BEAUVOIR

Veamos ahora la parábola budista de la semilla de sésamo. Una joven y afligida madre, lamentando la muerte de su bebé, busca consejo en Buda. La mujer explica a Buda su insoportable pesar y su incapacidad para reponerse a esa devastadora pérdida. Buda le pide que llame a todas las puertas del pueblo y pida una semilla de sésamo en cada casa en la que no se haya conocido la muerte. Después, deberá traérselas a él. Ella, obediente, va de puerta en puerta y, mientras sale con las manos vacías de cada una de las casas, comprende que no hay ningún hogar que no haya sido azotado por la muerte. La mujer regresa donde Buda sin semilla alguna, y Buda le dice lo que ella ya ha comprendido: que no está sola. La muerte es algo que alcanza a todos, a cada familia. Es sólo una cuestión de tiempo. Lo que es inevitable, le dice el maestro, no debe lamentarse en exceso.

Tal reflexión no podrá hacer regresar a la persona llorada, pero nos permitirá, sin embargo, comprender la muerte como parte necesaria de la vida. Tampoco disipará el dolor o la necesidad de llorar la muerte, pero sin duda nos ayudará a afrontarla de un modo más estoico (filosófico) o, al menos, sin sorpresa ni sobresalto. La muerte no tiene por qué ser una catástrofe que tome por sorpresa a los vivos.

> Cierta es la muerte para los nacidos
> Y cierto el nacimiento para los muertos;
> Por consiguiente,
> Uno no debe lamentarse por lo inevitable.
>
> *BHAGAVAD GITA*

UNA GRAN SORPRESA

En Occidente, el tema de la muerte siempre horroriza a la gente. No nos relacionamos bien con ella, de hecho apenas nos relacionamos con ella. Nos gusta como pasatiempo, y nos hartamos de ver escenas violentas en la televisión, el cine y en los juegos de vídeo. Pero si sacamos la muerte de la pantalla y la trasladamos a la vida real, no somos capaces ni de mirarla. Así pues, navegamos en el buen barco de la *negación*, pensando que la vida no tiene fin, que la muerte no existe o que no nos alcanzará a nosotros. Concebimos la muerte como la peor de las cosas y, por consiguiente, no queremos saber nada de ella. Hemos diseñado hospitales y funerarias para que hagan el trabajo sucio, así que no necesitamos relacionarnos con ella (hasta que nos encontremos ante la puerta de una de esas pavorosas instituciones).

La habilidad para apartarse de la realidad de la muerte es un lujo moderno. No hace mucho tiempo, la muerte tenía su lugar en la vida cotidiana. Varias generaciones vivían bajo el mismo techo, y la gente nacía y moría en casa. Enfermedades que ahora raras veces son fatales mataban a la gente de forma rutinaria antes de que existieran los antibióticos y otros avances médicos.

Los padres no esperaban que todos sus hijos alcanzaran la edad adulta; la mitad moría en la niñez. La esperanza de vida era mucho menor. Y cuando morías, lo más probable es que te instalaran en tu propia sala de estar. La muerte era un acontecimiento normal, esperado y tangible.

En nuestros tiempos, la muerte de un ser querido o la expectativa de nuestra propia muerte es una carga insoportable, pues no tenemos preparación alguna. Por encima de todo, la muerte es parte natural del ciclo de la vida, pero si después de negar la muerte nos sobra algo de energía, la empleamos en mantenerla apartada. No nos queda mucha energía para aceptar que la muerte es inevitable; quizá sea porque somos organismos biológicos que harían cualquier cosa por mantenerse con vida. Cuando la pata de un lobo o de otro animal queda atrapada en una trampa, éste sabe que ha de roer su pata hasta cortarla para seguir viviendo, aunque sea con sólo tres patas. Poseemos instinto de conservación. Freud lo llama Eros, el instinto (o impulso natural) por la vida misma.

Ahora bien, de nada sirve pensar que la muerte no ocurrirá, para después quedar devastado cuando ocurre. El primer obstáculo que debe afrontar para soportar la pérdida de un ser querido, o afrontar su propia mortalidad, es reconocer que la muerte es parte de la vida, aunque el hecho de prepararse de esta manera no signifique que esa pérdida no vaya a dolerle. No obstante, del reconocimiento de la muerte como algo natural surge la capacidad de fortalecerse psíquicamente y de abrazar una disposición filosófica que le resulte adecuada.

POR QUÉ LLORAMOS LA MUERTE

Cuando mueren las personas queridas, mueren con ellas universos enteros. Los que todavía estamos aquí no nos entristecemos por ellas, sino por nosotros. Esas personas eran esenciales para nuestra existencia. Sus vidas eran luces que alumbraban las nuestras. Las amábamos y nos amaban; de repente, sentimos menos amor y nos sentimos menos amados. Esas personas eran soles para nosotros, pero sus rayos ya no podrán calentarnos. Echamos de menos algo que no puede ser restituido. Lo que se ha perdido no es sólo la persona, sino nuestra relación con ella. Nos quedan los recuerdos, pero no la conexión emocional inmediata. Personas distintas hacen surgir en nosotros distintas facetas de nuestro carácter. Gran parte de lo que somos no es sino un reflejo en los demás. Descartes se olvidó de algo cuando concluyó: «Pienso, luego existo.» Omitió el aspecto social de la existencia humana, es decir: «Otros piensan en mí, luego existo.» Cuando muere alguien perdemos esa parte de nosotros, así como a la persona difunta. Nos sentimos disminuidos por la ausencia del ser amado.

Hobbes consideraba a los humanos unos seres dotados básicamente de amor propio, y ese sentimiento de pérdida lo confirma. Nuestro llanto es, en primer lugar y sobre todo, por nosotros. Esto no es malo. No hay que confundirlo con el mero egoísmo, que descuida los intereses ajenos en favor de los propios. No sabemos lo que ocurre después de la muerte. Tenemos una serie de creencias que nos proporcionan respuestas, pero ninguna de ellas puede demostrarse. Así pues, cuando muere un ser querido, lo que necesitamos hacer es dejarle marchar, buscar consuelo y atesorar nuestros recuerdos.

El Tao nos enseña que podemos llegar a conocer las cosas comparándolas con sus complementos, como ocurre con la muerte y la vida. Quienes han estado cerca de la muerte (quienes han sobrevivido a un serio accidente o se han curado de un cáncer luchando contra viento y marea) nos dicen que ahora aprecian más la vida porque se han encontrado cara a cara con la muerte. Son pocas las personas que aprecian la vida como se debe. Estamos bloqueados satisfaciendo nuestros deseos inmediatos, llevando a cabo metas a largo plazo y soñando despiertos el resto del tiempo. Hasta la Declaración de la Independencia exige la búsqueda de la felicidad (si no su logro). Como vimos en el capítulo anterior, un propósito único y global puede ser clave para una vida satisfactoria. Pero ahí no se acaba todo. Un exceso de perspectivas acerca de la gran película oblitera el valor de un día, o incluso de una hora de vida. Quienes se han enfrentado con la perspectiva inmediata de no tener más días o más horas comprenden el valor de la vida con una claridad de la que carecen los demás.

Por suerte para nosotros, ésta es una actitud que podemos cultivar sin arriesgar nuestras vidas. Tenemos que mirar de frente a la muerte, pero para ello no hace falta ser temerario. No necesitamos un escenario catastrófico (quedarse sin frenos, un análisis clínico que dice «maligno», jugar a la ruleta rusa), sino, simplemente, una detenida contemplación. Ahora mismo, la mayoría de nosotros disfrutamos de este lujo. Si tiene elección, no espere hasta que esté cantando *Beat the Clock*.

LA FE

Cada religión proporciona distintas respuestas sobre el significado de la muerte. Así que, si usted profesa una fe determinada, empieza el camino con algunos mapas que le guiarán durante el viaje. Pero todavía no ha llegado a su destino. ¿Acaso el hecho de creer en algo divino, en la recompensa eterna o en el cielo, hace que la muerte sea menos dolorosa? No. Con suerte, el pensamiento de que su ser querido haya pasado a mejor vida le reconfortará sólo en cierta medida. Usted está todavía aquí, sin tener ni idea de cuándo se reunirá con la persona fallecida, si es que alguna vez se reúne con ella. Incluso los consejeros espirituales admiten que no basta con exclamar que el difunto «está ahora en manos del Señor», aunque ellos, como el resto de nosotros, a menudo no saben qué más decir. (Esto lo he aprendido de los que han buscado consejo filosófico con el fin de incrementar sus conocimientos para ofrecérselos después a sus propios clientes.)

Hobbes escribió que todas las religiones derivan del miedo. Freud, al igual que muchos psicólogos y psiquiatras posteriores, estaba de acuerdo con él: la gente tiene pavor a la muerte e inventa fábulas sobre el más allá (religiones) para compensar sus últimas (aunque también pueriles) ansiedades. Independientemente de si le gusta o no esta fórmula, es evidente que le ayuda a recordar que los humanos tememos a lo desconocido. La muerte es el ejemplo máximo de lo desconocido. Inquietarse a causa de ella es una medida preventiva (saludable). Si no sabemos si es venenosa la serpiente que se cruza en nuestro camino, es más seguro temerla que acariciarla. Pero además de aplacar el temor a lo desconocido, las religiones proporcionan también esperanza: esperanza por algo que se encuentra más allá de este mundo. La religión le ayuda a enfrentarse a lo desconocido, especialmente si tiene mucha fe.

Y los que no están seguros de lo que creen también pueden hallar consuelo en la fe. Hay personas que abrazan la religión, o la descubren de nuevo, cuando se dan cuenta de que han cruzado el ecuador de su vida. Un cínico diría que lo que les ocurre es que tienen miedo a la muerte y buscan una seguridad establecida. ¿Y qué hay de malo en ello? Nada proporciona tanta tranquilidad como la seguridad; las creencias pueden aliviar. Otras personas se niegan a preocuparse por lo que pueda o no pueda ocurrir en la «próxima vida». Sea como fuere, la incipiente comprensión de que es mortal sólo debería infundirle ánimos para sacar el máximo partido de su existencia y concentrarse en una vida de virtud y esfuerzo. Si no hay nada después de la muerte, al menos sabrá que ha hecho cuanto ha podido en esta vida. Y si hay algo más, debería ser juzgado favorablemente. Puede que esto sea hacer apuestas compensatorias, pero ¿por qué no?

La mayor parte de las culturas y religiones cuenta con una serie de convenciones para hacer frente a las consecuencias de la muerte, ya sea un *shiva* judío, un velorio irlandés o cualquier otro de los innumerables ejemplos. En su mayoría, celebran la vida de la persona difunta reuniendo familia y amigos para comer y beber juntos, y compartir recuerdos. Puede llegar incluso a resultar grato. Generalmente, al menos hay un gracioso en cada reunión. Es cierto que todo esto ayuda, pero sólo de forma temporal. Después, cuando los asistentes regresan a sus casas, uno se queda solo. Nos hacen falta las ceremonias y el apoyo emocional de los demás y, quizás, una guía espiritual. Pero, a veces, todo esto no es suficiente para remontar el golpe. Cuando concluyen las ceremonias tradicionales, necesitamos la contemplación filosófica para seguir avanzando.

LA TAZA DE TÉ VACÍA

Otra parábola budista nos enseña a afrontar la muerte con ecuanimidad. Un monje tenía siempre una taza de té al lado de su cama. Por la noche, antes de acostarse, la ponía boca abajo y, por la mañana, le daba la vuelta. Cuando un novicio le preguntó perplejo acerca de esa costumbre, el monje explicó que cada noche vaciaba simbólicamente la taza de la vida, como signo de aceptación de su propia mortalidad. El ritual le recordaba que aquel día había hecho cuanto debía y que, por tanto, estaba preparado en el caso de que le sorprendiera la muerte. Y cada mañana ponía la taza boca arriba para aceptar el obsequio de un nuevo día. El monje vivía la vida día a día, reconociendo cada amanecer que constituía un regalo maravilloso, pero también estaba preparado para abandonar este mundo al final de cada jornada.

El primer paso para crear su propia disposición filosófica sobre la muerte, la pérdida y el duelo es apreciar la vida. Vivir en el momento presente es la mejor manera de hacerlo. Necesita ser consciente de la transitoriedad para mantenerse en esa vía. Sabemos cuán cierto es eso, pero nos engañamos pensando que «larga duración» es sinónimo de «permanencia» y, de algún modo, el fin siempre nos toma por sorpresa. Nunca pensamos que la muerte pueda ocurrirnos a nosotros. Si ha estado conduciendo durante toda su vida sin tener un solo accidente, lo más probable es que se crea invencible en lugar de sencillamente afortunado. Pero cuantos más días buenos tengamos en este planeta más agradecidos debemos sentirnos por tan impredecible don (sin esperar que dure para siempre).

Son muchas las personas que ponen el presente al servicio del pasado o del futuro. Están siempre ocupadas, rumiando sobre la semana anterior o manipulando el mañana, y nunca están en el ahora. La historia pertenece al pasado; no es posible modificarla. El futuro es incierto; no se puede contar con él. Lo que sí tiene es el presente. Aprecie el estar vivo ahora y reducirá al máximo el arrepentimiento cuando sus momentos se agoten.

LO QUE USTED CREE

El siguiente paso para construir su propia disposición es considerar de nuevo sus creencias sobre la vida y la muerte. Haga uso de su imaginación y pregúntese: «¿Dónde estaba yo antes de nacer? ¿Dónde estaré después de la muerte?» Visite un cementerio para reflexionar sobre esa experiencia. Contemple todas esas lápidas; cada una representa a alguien que fue una vez un ser vivo, con preocupaciones y ambiciones, con amigos y enemigos, con quince minutos de fama y docenas de días difíciles. Formúlese esta pregunta: «¿Dónde están todos ellos ahora?» Piense en lo largas o lo cortas que fueron sus vidas y pregúntese si todos aquellos que les recordaban se habrán ido a su vez. Así pues, ¿qué es lo importante para usted en este momento? ¿Qué es significativo para usted hoy? ¿Qué es vital para usted ahora?

Yo solía quedar atrapado en los embotellamientos de tráfico que se producían cerca de un cementerio. Cuando la circulación se detenía un rato largo, miraba por la ventana; podía leer los nombres en las lápidas y reflexionar sobre el tema de la muerte. Jamás me he sentido tan dichoso de estar vivo y atrapado en un atasco. Advertí que, en la proximidad del cementerio, los otros conductores también se sentían insólitamente agradecidos: nunca tocaron la bocina, jamás renegaron ni trataron de adelantarse unos a otros cerca de ese lugar. Supongo que también se sentían felices de estar vivos y atrapados en el atasco. Así que, exactamente ¿dónde está atrapado usted en estos momentos? ¿Lo ve? Eso no tiene mucha importancia mientras se sienta feliz de estar vivo.

Platón, Pitágoras, Empédocles y otros griegos antiguos creían en la transmigración de las almas (p. ej., reencarnación), una idea que posiblemente habían tomado prestada de Oriente. Sostenían que una parte vital de lo que somos sobrevive a la muerte y regresa bajo otras formas y, de este modo, podían abordar la muerte como un final no tan abrumador. La mayor parte del pensamiento occidental sobre la muerte fue cedido más tarde a la cristiandad (aun así, cabe decir que la Iglesia primitiva mantuvo una doctrina de reencarnación hasta bien avanzado el siglo VI).

El hinduismo y algunas escuelas de budismo proponen la muerte del cuerpo pero no la del espíritu, como parte del ciclo del nacimiento, la muerte y el renacimiento, que constituye el camino del progreso espiritual. Tanto si acepta como si no la reencarnación como parte integrante de dicho ciclo, la idea de la interrelación entre el nacimiento, la vida y la muerte contrarresta nuestra negación de la mortalidad.

Según el pensamiento hinduista, cada tiempo de vida te ofrece la posibilidad de adquirir conocimiento y experiencia que llevas contigo a la próxima vida, lo que te permite progresar de forma gradual hacia la unión con la divinidad. Ahora bien, como ya he comentado, no es preciso que usted crea en la reencarnación a fin de ver la vida como una oportunidad para adquirir conocimiento y experiencia en servicio del progreso y, más allá de eso, como una oportunidad para alistar su progreso al servicio de la Iluminación.

NADIE MUERE

El budismo clásico nos enseña que la muerte no existe porque el yo no existe. El yo personal o ego (con todos sus recuerdos, deseos, anhelos, ansiedades, apegos y proyectos) es un espejismo embriagador que nos ciega y nos distrae de la imperturbable realidad de la consciencia pura (o «naturaleza búdica»). Lo que usted concibe como su «yo» es una ilusión. Dejar que esa ilusión responda al teléfono, asista a las reuniones y dirija su vida es la causa de muchos problemas. La pregunta es: ¿quién concibe la ilusión del «yo»? El espejismo ha nacido; por tanto, muere. Lo que lo concibe no ha nacido, y, en consecuencia, no muere. La práctica budista implica colocar al yo donde le corresponde (que es en ningún lugar). Evidentemente, al ego no le gusta esto y trata de impedir que lo practique. Su tarea es encenderle, no serenarle. Si ha eliminado el «yo», no puede experimentar su muerte, que es lo que tememos: el fin de la experiencia personal. Hume lo descubrió por su cuenta y, sin saberlo, estaba de acuerdo con Buda en que el yo es una ilusión. Aquí no hay nadie realmente, así que nadie muere de verdad.

> Cuando me adentro en lo que denomino «yo», siempre tropiezo con una u otra percepción particular, de calor o de frío, de luz o de sombra, de amor o de odio, de

> dolor o de placer. Jamás logro permanecer, siquiera un instante, sin percepción, y jamás logro observar nada que no sea percepción.
>
> DAVID HUME

La filosofía budista a menudo es mal interpretada por muchos occidentales, que ven algo esencialmente repugnante en la aniquilación intencionada del ego. Aquí, una vez más, es el ego quien habla. Éste, como es de suponer, no puede ni quiere renunciar a su poder. Sólo las personas que, emocionalmente, han sufrido bastante (o demasiado) son capaces de comprender que es el yo quien perpetúa su sufrimiento emocional. Si logra entender lo que Buda y Hume querían decir acerca del carácter ilusorio del yo y luego sitúa al yo en su lugar, entonces también será capaz de sobrellevar la muerte con ecuanimidad.

> Eres tú quien debe hacer el esfuerzo. Los budas sólo pueden mostrarte el camino. Aquellos que han entrado en el camino y devienen meditativos están liberados de las trabas del sufrimiento. [...] La gente acosada por el ansia da vueltas y más vueltas, como una liebre atrapada en una red [...] y no pueden liberarse de su sufrimiento durante mucho tiempo.
>
> BUDA

El libro tibetano de los muertos describe cinco estadios de existencia después de la muerte, llamados *bardos*, y proporciona yogas avanzados (no el hata-yoga elemental que suele practicarse en los centros de yoga) con vistas a guiarle en el proceso. Los tibetanos son, que yo sepa, los únicos que afirman tener un conocimiento empírico de la existencia continuada después de la muerte y que enseñan técnicas (a sus yoguis más avanzados) para controlar el viaje desde la muerte hasta el renacimiento. Esta perspectiva es muy distinta de la creencia harto más común y pasiva de la reencarnación. Los tibetanos le enseñan el modo de elegir el vientre materno de su renacimiento. No sólo puede responsabilizarse de su vida, sino que puede, incluso, responsabilizarse de su muerte.

En muchas culturas, la experiencia de la muerte es como resolver el enigma o el misterio esencial. Ciertas tradiciones de nativos americanos llaman a la muerte «cruzar las grandes aguas». Se contempla la muerte como un proceso de descubrimiento o como un importante viaje. Puede que necesite coraje para afrontarla, pero no tiene que ser algo que le infunda terror.

SONIA E ISABELLE, SEGUNDA PARTE

En el capítulo 8, dedicado a la familia, expusimos el caso de Sonia, quien mantenía una difícil relación con su madre, Isabelle. Cuando Sonia vino a verme, la joven estaba luchando con todas sus fuerzas contra las limitaciones y exigencias de su madre. No obstante, a medida que íbamos avanzando en las sesiones y el problema se iba resolviendo poco a poco, surgió una nueva complicación: a Isabelle le habían diagnosticado un cáncer terminal.

Tal situación es ya difícil de por sí, independientemente de las otras circunstancias, pero Sonia e Isabelle fueron capaces de explotarla para obtener un fin valioso. Aunque su relación ya había empezado a suavizarse, emplearon la enfermedad terminal como una oportunidad para poder progresar hacia una reconciliación absoluta. Habían tenido unas peleas terribles, pero la muerte inminente proporcionó una perspectiva a los esfuerzos de ambas. Sus conflictos concretos perdieron importancia, y madre e hija hicieron las paces. La muerte puede hacer emerger nuestra humanidad; las diferencias personales tienden a importar menos.

Para Sonia, el diagnóstico de su madre significaba tener que crecer. Su padre era absolutamente incapaz de hacer frente a la situación, por lo que, cuando Isabelle empezó a debilitarse, una gran parte de la responsabilidad recayó sobre ella. El hecho de invertir las funciones asistido-asistente reclamaba toda su energía; no obstante, le permitió compensar a su madre por los cuidados que de ella había recibido a lo largo de la vida, mientras que su madre pudo, por fin, recibir de su hija, en lugar de ser su hija quien recibiera de ella. Sonia supo estar a la altura de sus responsabilidades, por difíciles que éstas fueran, y con ello adquirió madurez.

Lo que podemos aprender de la situación de Isabelle y Sonia es que la muerte ilumina las relaciones humanas, concentrando la mente como no lo hace ningún otro fenómeno. Oímos tan a menudo frases como: «Nunca le dije realmente lo que sentía por él, lo que significaba para mí», o «Nunca le dije lo mucho que la quería», que si las leyeras en una novela las desecharías como clichés. La muerte quizá sea inevitable, pero perder a alguien en unas circunstancias que hubieran podido ser otras es el modo más doloroso de experimentarla. El carácter inevitable e imprevisible de la muerte nos ofrece las más poderosas razones para mantener una buena relación con los demás o reparar los daños causados. La muerte duele más si nunca llegaste a decir o hacer algo que hubieras querido decir o hacer. No hay nada peor que quedarse con el deseo de echar marcha atrás y de volver a vivir algo, cosa que, evidentemente, nunca se logra. Por otra parte, si la muerte trunca una relación sana, el dolor que usted siente llega a lo más hondo de su corazón (está perdiendo algo realmente bueno). Pero el hecho de saber que la relación fue todo lo que pudo haber sido le proporcionará, sin duda, cierto alivio.

La muerte no siempre se anuncia con antelación. Los rayos fulminan, los aviones se estrellan. La vida puede ser muy breve. Casi ninguno de nosotros sabe cuánto tiempo de vida le queda y quizá sea mejor así. Pero no cabe derrochar lo que uno tiene. En este sentido, Sonia e Isabelle tuvieron mucha suerte. Pudieron utilizar el poco tiempo del que disponían para emprender una cura emocional, aun cuando la recuperación física ya no fuera posible. Tal vez resulte extraño hablar de suerte en el caso de una chica que afronta la muerte de su madre, pero tomar una actitud filosófica significa, en parte, contemplar los aspectos positivos tanto como los negativos. Nada se gana ignorándolos, y el hecho de apreciarlos suele aliviar el paso por la aflicción.

STELLA

En el capítulo 10 conocimos a Stella, cuando la presenté como un ejemplo positivo del cambio que se experimenta al llegar a los cincuenta, en oposición a la crisis que tiene lugar a esa edad. Puesto que su transición había sido más bien suave, la razón por la que buscó asesoramiento filosófico fue su necesidad de afrontar su propia mortalidad. Era todavía una mujer fuerte y relativamente joven, pero el hecho de acercarse a los cincuenta la impulsaba a encontrar una respuesta coherente a la cuestión de la muerte. La fe religiosa en la que fue educada y que con su marido había seguido cuando sus niños eran pequeños ya no le aportaba nada. En ese estadio de su vida, se sentía perdida cuando se trataba de contemplar el fin de su existencia (la suya y la de los demás) y consideraba que era una cuestión que debía resolver.

Como puede ver, la exitosa trayectoria de Stella, hasta llegar al campo minado de los cincuenta, no implicaba que controlara cada aspecto de su vida. No obstante, dado que había puesto mucho empeño en solucionar los temas que conciernen al cambio de los cincuenta, ya había despachado mucho trabajo en lo que concierne al proceso PEACE. Yo le enseñé, entonces, los pasos explícitos del proceso y Stella trató de integrar lo que había aprendido al afrontar otras situaciones de la vida, con el fin de emplearlo en su enfrentamiento con la muerte. Lo que pretendía Stella, en este nivel esencial, era incrementar las disposiciones que la habían ayudado en épocas difíciles, para poder afrontar de este modo el último misterio de la vida.

Stella era una persona autoritaria, propensa a ejercer la máxima influencia en los demás y su entorno. Su vejez la abordó del mismo modo: hacía todo cuanto estaba en su mano para mantenerse en forma y no envejecer más pronto o más rápido de lo necesario. A veces, su falta de confianza no la dejaba disfrutar plenamente de la vida pero, al menos en el campo de la salud física, había encontrado un equilibrio. Comía bien, hacía ejercicio, dormía mucho e incluso empezaba a investigar técnicas para reducir el estrés. Sin embargo, Stella se dio cuenta de que, por mucho que se mantuviera activa, llegaría un momento en el que su energía mermaría y de que, en la vejez y en la muerte, hay siempre una serie de factores que están fuera de todo control.

Me dijo sin rodeos: «Me figuro que o se crece o se envejece. Yo dejé de crecer hace ya mucho tiempo.» Stella estaba, pues, decidida a sacar el máximo partido de su vida, pero también deseaba familiarizarse con la vejez y la inevitabilidad de la muerte. Y era ahí donde le resultaba difícil avanzar. Era consciente de que tenía que hacerlo, pero no sabía cómo.

El único tipo de duelo que podemos comprender de verdad es el de la pérdida de otros. No solemos ser muy buenos en eso, pero cuando se trata de contemplar nuestra propia muerte ni siquiera tocamos fondo. Pensar en la propia muerte es siempre abstracto: se puede experimentar la muerte de otros, pero no la propia (a menos que los tibetanos tengan razón). Usted no puede concebirse a sí mismo como inexistente porque el mismo hecho de tratar de concebir eso implica que existe. En cualquier caso, los seres humanos tienen amor propio más que suficiente para que la extinción personal les perturbe de verdad. Y no estoy diciendo que seamos narcisistas, aunque algunos terapeutas estarían encantados con usted si entrara en su consulta y les confesara que no soporta la idea de dejar de honrar al mundo con su presencia. Probablemente seguiría una terapia hasta el día de su muerte.

Es natural que reflexione más acerca de su propia mortalidad a medida que va envejeciendo, aunque los hay que nunca piensan en ella. Pero cuando nos damos cuenta de que hemos vivido ya más tiempo del que nos queda por vivir, el miedo a la muerte se apodera de nosotros, a menos que tengamos preparada una defensa filosófica. Ciertos psicólogos consideran que el temor a la muerte es la base de todas las neurosis. Yo pienso que una cierta dosis de trepidación es normal y saludable porque, tal como he mencionado, el miedo nos mantiene alejados de situaciones peligrosas. Pero un miedo paralizante es totalmente innecesario, si puede hacer las paces con el concepto de la muerte.

La ecuanimidad en este campo es especialmente difícil para quienes viven la vida al máximo. Pasar de la reluciente tapicería de la vida a, potencialmente, la nada absoluta puede parecer una tarea demasiado difícil. Esto es sólo un aviso, porque esa forma de amar la vida es justo la que desearía que adoptara. Aunque no voy a dejarle con esa paradoja. Vivir la vida con la máxima intensidad le proporciona la mejor posición para aceptar la muerte cuando llegue el momento, aunque el proceso de la muerte resulte más desalentador. En el umbral de la muerte (o cuando la divise en el horizonte), si ha vivido de un modo intenso y significativo sabrá que su existencia no ha sido en vano. Haber vivido con dignidad, haber amado y sido amado, haber disfrutado de cuanto la vida tenía que ofrecer y haber sido, de algún modo, importante para alguien es lo que todos esperamos de la vida.

> Si esto es morir, no es de mi agrado.
>
> LYTTON STRACHEY

SERIE A O SERIE B

Como he mencionado antes, la filosofía occidental es relativamente limitada en cuanto a sus ofertas sobre la muerte. Por regla general, tiende hacia uno de los dos extremos: una reiteración de la fe judeocristiana, que cree en la vida después de la muerte, o una negación escéptica de la existencia de otra vida, combinada con una espera materialista del olvido personal.

En otras palabras: o todo o nada. No obstante, para los que no son ni teístas ni ateos aparece una alternativa inesperada: una ingeniosa aplicación de la filosofía del tiempo de John McTaggart, llevada a cabo por mi colega Stanley Chan. El trabajo de McTaggart sobre el tiempo suele enseñarse como parte de la filosofía de la física, pero Chan ha adoptado las ideas de McTaggart sobre el tiempo con el único fin de aconsejar a los clientes que afrontan una pérdida. Chan es un asistente social de Toronto a quien se remiten los enfermos de cáncer en fase terminal, en los casos en los que los médicos no pueden hacer más que paliar el dolor.

Según McTaggart, existen dos modos de concebir el tiempo: la serie A y la serie B. En la serie A, cada momento es pasado, y presente o futuro. Cada momento pasado fue antes un momento presente y también uno futuro; por tanto, cualquier momento tiene la propiedad de ser pasado, presente y futuro (aunque siempre en tiempos distintos). Ahora bien, esta perspectiva es problemática, pues los propios términos *«pasado»*, *«presente»* y *«futuro»* encarnan ya el concepto del tiempo. Ahora hemos de comprender cómo se mueven «por» el tiempo los diferentes puntos «en» el tiempo. Si afirmamos que los momentos pasados ya se han acabado, mientras que los momentos futuros todavía están por llegar, el tiempo se convierte, entonces, en un momento presente en constante movimiento.

Como señala Chan, esto no resulta especialmente útil en la tarea de asumir la muerte, pues sugiere que el momento presente es todo cuanto tienes y que necesitas estar vivo para experimentarlo. Cuando estás muerto, tu reloj ha dejado de hacer tic-tac y ya no tienes tiempo alguno.

En comparación, la serie B de McTaggart adopta una visión relacional del tiempo: afirma que cada momento ocurre o bien antes o bien después de cualquier otro. Cuando una cosa ha ocurrido antes que otra, entonces las cosas ocurren siempre en ese orden; el orden de los acontecimientos no puede alterarse con el paso del tiempo. De este modo, todos los eventos en la serie B quedan establecidos para siempre en cuanto a su relación con otros acontecimientos. Como sostiene Chan, ello implica un sentimiento de persistencia o durabilidad, una especie de registro que no puede ser olvidado por los acontecimientos subsiguientes. Si la vida sólo se contempla desde esta perspectiva se convierte en un hilo en el tapiz de la serie B. Y cuando la vida llegue a su fin, no habrá posibilidad de que acontezca un no devenir. Todos los acontecimientos, incluyendo los de su propia vida, se encuentran de algún modo preservados en la serie B del tiempo. Usted tiene una rebanada de inmortalidad, y una rebanada, por fina que sea, es mejor que nada.

Chan considera que esta noción es muy reconfortante para las personas moribundas que no creen en una vida futura y que tienen dificultades para aceptar la perspectiva del olvido. Nadie vive eternamente, pero en la serie B una vida queda preservada para siempre.

A pesar de que no todo el mundo es suficientemente filosófico para percibir la diferencia, Chan comprobó que los pacientes en fase terminal están mucho más predispuestos a ello. La gente consigue asumir mejor la muerte cuando comprende que, aunque ésta ponga fin a la vida, no la anula. Y, evidentemente, no es preciso encontrarse a las puertas de la muerte para apreciar que la vida es una secuencia de acontecimientos y que, a pesar de que dicha secuencia tenga un acontecimiento final, la totalidad de la vida no queda arrasada por él. Éste es un modo de conceptuar el significado e impacto duraderos de su vida en el mundo, sin necesidad de creer en un alma que existe fuera de los límites físicos del cuerpo.

Mediante la reflexión sobre la serie B, Stella consiguió asumir también su vejez. Su juventud pertenecía al pasado, pero el hecho de haber sido joven una vez (con todas las experiencias propias de esa edad a las que cualquier joven aspira) no cambiaría nunca. Eso le permitió aprovechar al máximo su presente sin obsesionarse por el pasado y sin temer el futuro.

JOANNE

Pensar en la serie B también ayudó a Joanne a aceptar la muerte de su hijo. Joanne tenía dos hijos ya mayores y cinco nietos. Se había casado, enviudado, casado de nuevo y divorciado, y había triunfado en su profesión. Ahora, cerca de los sesenta, era una mujer imbuida de experiencia y sabiduría. Sabía mucho sobre ella misma, sobre los demás y sobre la vida. Su problema, no obstante, tenía que ver con la muerte: su hijo Justin había fallecido de cáncer hacía ya muchos años. Joanne siguió adelante con su vida, pero jamás superó esa pérdida. La muerte (y, en particular, la muerte de un hijo) es quizás el reto más grande con el que se enfrenta la filosofía.

Con Joanne no utilicé la parábola budista de la semilla de sésamo, pues su duelo había durado tantos años que se había convertido en un hábito en extremo arraigado. Ciertas ideas expresadas mediante parábolas pueden ayudar a prevenir la formación de hábitos, pero se necesitan otras distintas para romperlos. Veamos cómo funciona esto en el caso de Joanne y en el contexto del proceso PEACE.

El problema: El hijo de Joanne, Justin, falleció de cáncer a los ocho años de edad. Joanne se había negado a aceptar esa muerte. Continuó lamentando su pérdida durante décadas y nunca llegó a recuperarse realmente de ese pesar. Cada aniversario de la muerte de Justin era un día terrible para ella.

Las emociones: Joanne se sentía triste y enfadada con mucha frecuencia, por lo que su vida privada era terrible y las relaciones con su familia y amigos habían perdido atractivo. No obstante, era muy eficaz en su trabajo. La psicoterapia y los fármacos que le habían recetado no habían aliviado sus sentimientos negativos.

El análisis: Joanne quería ser una buena madre, y lo había sido para todos sus hijos, pero parecía reprocharse el no haber sido capaz de salvar a Justin del cáncer, a pesar de haber hecho todo cuanto estaba en su mano en aquel tiempo. Se diría que interpretaba la muerte de su hijo como una prueba de que era una madre inadecuada, aunque no fuera éste el caso. El único modo que tenía de seguir mimando a su hijo fallecido era llorándolo; la única manera de seguir mimándolo era seguir llorándolo (que es lo que Joanne había estado haciendo durante los últimos treinta años).

La contemplación: Pensando en la serie B, Joanne empezó a comprender que la muerte prematura de Justin no había borrado sus ocho años de vida. Ahora podía recordar felizmente los años que lo tuvo consigo y apreciar ese regalo que le ofreció la vida sin hundirse en un abismo de desesperación y culpabilidad por su muerte. De hecho, el modo más idóneo de mimar a Justin era recordándolo en sus mejores momentos y comprendiendo, mediante la serie B, que la muerte no puede despojar a nadie de éstos.

El equilibrio: Esta nueva disposición proporcionó a Joanne un modo de romper con sus arraigados hábitos, que tanto estaban debilitando su vida privada y social. Poco a poco empezó a disfrutar de la vida. Jamás olvidaría a Justin, pero ahora experimentaría su recuerdo como algo agradable.

GREGORY

Mi colega canadiense Stephen Hare tuvo un cliente particularmente memorable, que fue a verle con el propósito de hallar una buena razón para no suicidarse. Había tenido una vida rica y mantenía una relación excelente con su numerosa familia, pero durante los últimos años (tenía casi ochenta) su salud había desmejorado de forma progresiva, y hacía poco se había visto obligado a abandonar su única y verdadera pasión: el esquí. Su memoria y concentración ya no eran las de antes y temía haber sufrido un ataque de apoplejía que los médicos no le habían diagnosticado, además de los problemas de corazón con los que se enfrentaba.

Lo que más temía Gregory era sufrir un infarto o una apoplejía y en vez de morir quedar incapacitado. No quería ser una carga mayor para su pareja o para sus hijos, ni verse impedido hasta el punto de no poder suicidarse si así lo deseara. Los médicos le dijeron que podía sufrir un infarto o una apoplejía, como él temía, pero fueron incapaces de cuantificar el riesgo o de estimar el tiempo que le quedaba de vida; de todas maneras, añadieron, había muy pocas probabilidades de que muriera de eso.

Hasta entonces, su deterioro había sido claro pero lento. Sus problemas de salud y su temor a las inevitables complicaciones que le deparara el futuro le dejaron lo suficientemente deprimido como para seguir el consejo que le había dado el médico: que tomara antidepresivos. De todos modos, todavía no los había probado.

Así y todo, Gregory reveló que, en general, gozaba de una calidad de vida muy alta. Además de una sólida relación con su pareja, contaba con un amplio círculo social, tenía hijos y nietos a los que adoraba y dinero suficiente para no preocuparse por él. Hacía excursiones, jugaba a golf, asistía a conciertos e iba al teatro y al cine con regularidad. Llevaba, en suma, una vida plena, y aunque no se veía capaz de hacer todo lo que antes hacía, disfrutaba de su situación actual. Sus seres queridos recibirían un golpe muy duro si muriera, admitió Gregory.

Su consejero le planteó la posibilidad de que su pregunta no fuera la adecuada o, al menos, que fuera precipitada. Dados los muchos aspectos positivos de su vida y la imposibilidad de predecir cómo evolucionaría su salud, ¿qué razón tenía para suicidarse? El deterioro físico, por espantoso que sea, no es suficiente para negar el valor intrínseco de la vida, cuando esa vida está colmada de amor y de vitalidad. Incluso ante las circunstancias más duras, una incapacidad inminente, es posible que uno no se incline por el suicidio, aunque más tarde pueda cambiar de parecer. Gregory estaba de acuerdo. Él casi había reconocido ya que el momento todavía no había llegado, y por esta razón no había hecho más que buscar consejo filosófico. Finalmente, comprendió que sus seres queridos preferirían tomar la responsabilidad de cuidarse cada vez más de él que perderle antes de tiempo.

Gregory decidió sofocar los temores que sentía alimentando su deseo de vivir, sin excluir por ello la previsión de una eutanasia voluntaria pasiva, en caso necesario. Sabía que tal previsión era a veces demasiado controvertida como para ser burlada, pero estaba dispuesto a contrarrestar ese riesgo con una vida activa de calidad. La tarea que le quedaba por hacer era la de ampliar su perspectiva filosófica para incluir la enfermedad progresiva como parte natural de la vejez. Hacer frente al deterioro físico requiere coraje, pero un tipo de coraje distinto del que Gregory había desarrollado durante sus años de practicar deportes de riesgo.

> Los cobardes mueren miles de veces antes de su muerte;
> Los valientes experimentan la muerte una sola vez.
> De todos los prodigios que hasta ahora he oído,
> Es para mí el más extraño el del miedo de los hombres;
> Al ver que la muerte, un final necesario,
> Vendrá cuando tenga que venir.
>
> WILLIAM SHAKESPEARE

Lo que Gregory necesitaba, en realidad, era distanciarse un poco de su postura filosófica sobre la muerte, para contemplarla desde una perspectiva personal y emocional. Éste es un camino que deberá encontrar por sí mismo. Usted no desea desapegarse tanto como para perder de vista el valor que tiene su vida para sí mismo y para los demás.

Ninguna teoría sobre lo que ocurre después de la muerte ha sido científicamente demostrada. Por consiguiente, si está buscando respuestas, tendrá que considerar distintas posibilidades y adoptar, después, la que sea más valiosa para usted. Mantenga la mente abierta y reconozca que en realidad no sabemos lo que es estar vivo o muerto. Personalmente, he experimentado demasiado para quedar satisfecho con la idea de que la muerte es la nada absoluta. Considero concebible la existencia de algo más, pero he aceptado que no sabemos nada al respecto.

Sabemos, sin embargo, que la muerte puede ser una separación muy dolorosa, independientemente de si existe o no algo después de ella. La persona desaparecida sigue viviendo en nuestro corazón. Nos encanta recordar a nuestros seres queridos. Deberíamos recordar las cosas buenas y olvidar las malas, aunque, como Shakespeare bien sabía, a veces ocurre justamente lo contrario: «El mal que hacen los hombres sobrevive a los hombres; lo bueno que han hecho suele ser enterrado con sus huesos.»

Cuanto más próximo esté a una persona, más dolorosa le resultará su muerte. Cuando dos personas se convierten en una, ambas están, en cierto sentido, reducidas a media persona (ninguna de las dos se siente incompleta mientras la otra le proporciona tal estado de plenitud, pero ninguna de ellas puede sentirse como un todo sin la otra).

La muerte puede crear un inmenso vacío. No estoy diciendo de ningún modo que se deba evitar tal proximidad, aunque ese tipo de apego conlleva, por sí mismo, un tremendo potencial para el dolor. El secreto consiste en amar sin un apego egoísta. Las personas afligidas durante largo tiempo por la pérdida de un ser amado están afligidas por su propio apego, no por su amor. Puede amar a alguien con toda su alma mientras vive, y amar su recuerdo después de su muerte; o reír a carcajadas cuando piensa en algo gracioso que dijo o hizo, y también llorar cuando se sienta triste porque ya no está aquí. Ahora bien, no es ni deseable ni necesario encerrarse de forma permanente en el dolor. Si parte de usted ha muerto con la persona amada, abandone su apego y recuperará de nuevo su integridad. De hecho, mejorará la calidad de su amor por el difunto y dejará de sentirse debilitado.

Si necesita ayuda para despojarse de su apego, existen muchas teorías y prácticas filosóficas que puede explorar. He sugerido unas cuantas en este capítulo. Según mi experiencia, las teorías y prácticas budistas son los medios más eficaces y fiables para superar la aflicción (fueron diseñados para ello y se han ido perfeccionado a lo largo de dos milenios y medio). La filosofía budista aporta la disposición más saludable frente al dolor; sus prácticas le ayudarán a sustituir los hábitos destructivos por los constructivos.

El budismo ha llegado a Occidente a través de tradiciones muy diversas (encuentre una que le convenga). Todas ellas tienen un denominador común: las Cuatro Verdades Nobles del Buda. Primera, la vida implica sufrimiento. Segunda, el sufrimiento cuenta con causas identificables. Tercera, estas causas pueden ser eliminadas. Cuarta, las prácticas apropiadas eliminan tales causas. Las tres primeras verdades son teóricas, y existen miles de libros que exponen esa teoría. La cuarta verdad implica practicar, y son muchos los lugares en los que se puede aprender a hacerlo. No importa que sea religioso o no (después de todo, las personas religiosas y las que no lo son sufren por igual). El budismo no tiene en cuenta el Dios o los dioses que usted venera o se niega a venerar; lo que tiene en cuenta es su sufrimiento. Cuando esté preparado, puede ayudarle a ir más allá del dolor personal.

La enfermedad física causa sufrimiento pero, si se cura, el sufrimiento cesa. No obstante, hay personas que, sin estar físicamente enfermas, sufren sin necesidad, sufren más de lo que deberían, a causa de problemas no resueltos que derivan de las cuestiones cotidianas del vivir y el morir. El sufrimiento innecesario o excesivo es, en sí mismo, un tipo de problema que este capítulo (y este libro) le ha enseñado a solucionar desde una óptica filosófica. Sólo cuando se harte del sufrimiento innecesario, dará los pasos para superarlo. De usted depende.

> Sólo cuando uno esté enfermo de esta enfermedad podrá liberarse de la enfermedad. El Sabio nunca está enfermo, porque está enfermo de esta enfermedad; por tanto, no está enfermo.
>
> LAOZI

TERCERA PARTE

MÁS ALLÁ DEL ASESORAMIENTO
AL CLIENTE

14

Practicar la filosofía con grupos y organizaciones

La multitud es falsa.

SØREN KIERKEGAARD

Casi todos nosotros nos hemos visto a
veces impulsados, aun cuando el impulso haya
sido breve, a intervenir en la solución de los
problemas de la sociedad, y casi todos nosotros
sabemos muy bien que nuestra tarea es dejar un
mundo algo mejor de como lo encontramos.

CYRIL JOAD

Aunque el tema central de este libro sea el de explorar el trabajo filosófico individual o asesorado, la práctica filosófica tiene también aplicaciones más amplias. Los consejeros filosóficos trabajan con los grupos como moderadores y con las organizaciones como consultores. El trabajo con los grupos puede ser informal o formal. Los grupos informales se reúnen con regularidad en los cafés filosóficos a fin de llevar a cabo un debate público. Los grupos formales participan en un proceso denominado Diálogo Socrático, con el propósito de dar respuesta a cuestiones específicas. En cuanto a la consultoría, el filósofo de empresa se convertirá en parte integrante de las organizaciones del siglo XXI, con una plaza de aparcamiento reservada en la compañía. El presente capítulo describe brevemente estas actividades filosóficas y explica el modo en que su grupo o su organización puede beneficiarse de ellas.

LOS CAFÉS FILOSÓFICOS

Europa cuenta ya con muchos cafés filosóficos, los cuales están ahora proliferando a lo largo y ancho de Norteamérica. Son pocos los requisitos técnicos para tales reuniones informales de carácter filosófico; todo lo que se necesita es un filósofo dispuesto a organizar las reuniones y moderar las discusiones cada semana, cada mes o de vez en cuando. En una sociedad tecnológicamente avanzada que progresa a un ritmo acelerado, la lujosa exploración ralentizada del mundo de las ideas se convierte en una atracción única. A todos los grupos que he dirigido o en los que he participado acudían toda clase de personas, pero su característica común era, a menudo, un sentimiento de alienación en la cultura de masas y la idea de que la reflexión y el debate se están convirtiendo en un arte perdido, ya que el valor de pensar por uno mismo está a la baja.

Si a usted le basta con la cultura sensacionalista (bustos parlantes en televisión, películas superficiales, libros inmediatos, vidas desechables) tiene preparada una dieta para no pensar, lista para su consumo diario. Pero si busca algo más, tiene que investigar mucho más a fondo. En el mundo de nuestros 57-canales-y-ninguno-bueno, esa búsqueda de algo mejor está desembocando, cada vez más, en los grupos de discusión filosófica informal. El intercambio de ideas es un valioso lujo (pese a no figurar en los listados de cotización de Wall Street) y es gratis en casi todos los casos. Los cafés filosóficos están devolviendo a la filosofía su cometido original de proporcionar alimento al pensamiento de las personas en la vida cotidiana, animándolas a profundizar en su vida. Sócrates practicaba la filosofía en los mercados públicos, desafiando a todos los oponentes, dispuesto a discutir en cualquier momento cualquier cuestión con cualquiera. Ésta es la tradición del café filosófico.

Yo desempeño la función de moderador en dos tertulias filosóficas mensuales, una en una librería de Manhattan y la otra en un famoso café de Greenwich Village. Hay muchos asiduos que acuden cada mes, pero también hay siempre caras nuevas. La gente que participa es una muestra representativa de Nueva York y, por consiguiente, una muestra representativa de la humanidad. Se trata, en su mayoría, de trabajadores y estudiantes. Aunque sea posible fijar un tema para una sesión determinada, yo prefiero dejar que la gente reunida los plantee y que el propio grupo marque los derroteros de la charla.

Se discute acerca de toda clase de temas, incluidos algunos tan conocidos como el significado, la moralidad, la fe y la justicia. He dirigido debates sobre el modo de superar la alienación, sobre el significado de la tecnología para la humanidad e incluso sobre cómo conocer más gente. Los temas que se han expuesto en la Segunda parte de este libro surgen a menudo en los grupos, así como en el asesoramiento particular. Algunos de los asiduos desearían discutir sobre sus temas favoritos en cada sesión, pero no importa el asunto que se elija, todo el mundo se beneficia al escuchar los puntos de vista de los demás. No se puede esperar alcanzar un acuerdo universal en un debate público, pero lo que se obtiene es igualmente útil: una oportunidad para desafiar los puntos de vista de otros, para que los propios sean desafiados y para aprender a reconciliar o tolerar puntos de vista opuestos. En última instancia, no importa si el desafío refuerza o destruye su posición, pues con ello su postura filosófica ganará, de todos modos, profundidad y solidez.

En mis grupos de discusión hay sólo una regla básica: la urbanidad. Si hay urbanidad, los miembros del grupo practican también otras virtudes al mismo tiempo: paciencia, atención, tolerancia. Independientemente del tema que se discuta, ejercitar estas virtudes es, de por sí, una lección filosófica. También desaconsejo que se citen nombres (es decir, hacer referencia a las obras filosóficas publicadas). La discusión filosófica fuera de la academia consiste en hablar de lo que usted piensa y de lo que piensan los demás miembros del grupo (no de lo que dicen los que han hecho carrera con el pensamiento). Si el grupo está debatiendo sobre la justicia, su materia prima son las experiencias particulares de justicia y de injusticia de los participantes y sus pensamientos más generales sobre la materia. No es preciso que se haya doctorado en filosofía para tener experiencias y pensar por sí mismo. Las personas que no hacen más que citar a otros o que tratan de impresionar a los demás con su erudición, no han comprendido lo que es un debate.

> Pues el hombre que piensa por sí mismo llega a familiarizarse con las opiniones de las autoridades sólo después de haberlas adquirido y meramente como una confirmación de las mismas, mientras que el filósofo de libro empieza con las autoridades en la materia, ya que construye su opinión reuniendo opiniones de otros: su mente, entonces, se compara con la de los anteriores, como un autómata se compara con un hombre vivo.
>
> ARTHUR SCHOPENHAUER

Las reglas de urbanidad son cruciales cuando se discuten temas candentes. Y debe creerme si le digo que nos adentramos en cuestiones más peliagudas que las que se discuten incluso en los programas más escandalosos de radio y televisión. En mis debates filosóficos no hay tabúes ni censura siempre y cuando se observen las reglas básicas, lo que nos ayuda a ejercitar la razón en tándem con la expresión apasionada. Los pensamientos impensables no existen (¡Trate sólo de pensar en un pensamiento que no pueda pensar!) Escogemos temas como la raza, el sexo, la justicia, la religión, la libertad, el dinero, las drogas, la educación y otros, que son cada vez más difíciles, si no imposibles, de examinar de forma abierta y sincera en una sociedad cada vez más políticamente correcta.

El propósito principal de estos grupos es discutir asuntos que, por ser delicados, complejos o las dos cosas a la vez, no se discuten habitualmente. Este libre intercambio de ideas es lo que se supone que es América; así pues, gracias a algunas librerías y cafés hemos puesto bajo vigilancia nuestro territorio mensual, en el que permanecemos dedicados a la libertad individual y a la libertad de expresión. Hasta el momento, los comisarios políticos no nos han molestado, la policía del pensamiento no ha efectuado ningún arresto y los ideólogos hipersensibles no nos han demandado por ofensa personal. Quizá tengamos que esforzarnos más.

Nos sienta muy bien escuchar simplemente las conclusiones de otras personas, sobre todo cuando se discuten temas puntillosos. Solemos relacionarnos con gente que piensa como nosotros; estoy seguro de que la mayoría de sus amigos comparte con usted los mismos puntos de vista. Estamos siempre dispuestos a ofrecer los dos céntimos que tenemos, pero a menudo nos enriquecemos más con los dos céntimos de otra persona. Escuchar otras perspectivas no le obliga necesariamente a cambiar de opinión, pero debería de hacerle pensar, al menos dos veces, de tanto en cuando. Hay que ejercitar la apertura de espíritu (la necesitará cuando su disposición filosófica actual deje de serle útil). Tenemos que tener opiniones, pero no siempre sabemos si son correctas o incorrectas. Si quiere mantener un alto rendimiento filosófico, debe afinarse periódicamente y estar dispuesto a introducir cambios en su discurso siempre que éstos sean necesarios.

Si está intrigado, espero que busque (o cree) un café filosófico en su vecindario. Proponga grandes temas como:

¿Existe algún límite a la tolerancia social? ¿Cuál es el propósito de la educación? ¿Cuál es el mejor modo de educar a los niños? ¿Poseen demasiado poder los medios de comunicación? ¿Se encuentra en decadencia nuestra cultura? ¿Cuáles son las consecuencias que trae la sustitución de la tradición escrita por la visual? ¿Qué significa vivir correctamente? ¿Cómo conocer la diferencia entre el bien y el mal? ¿Existen modos objetivos de juzgar lo que es bueno y lo que es malo? ¿Hay significado y propósito en la vida? ¿Existe Dios? ¿Es Dios hombre o mujer? ¿Es eso importante? ¿Se puede reducir la moralidad a la biología? ¿Es la moralidad una invención del hombre? ¿Qué es la belleza? ¿Qué es la verdad?

Si ha estado trabajando por su cuenta o con otra persona, quizás haya tocado alguno de estos temas, pero es muy probable que se haya centrado en intereses más personales e inmediatos. Aun así, las cuestiones grandes y pequeñas se superponen a menudo. El abordar temas más amplios reforzará su filosofía personal, lo que, a su vez, hará que su filosofía sea más persuasiva y útil en su vida diaria. Las grandes cuestiones no han dejado de ser grandes. Lo que se discutía en Atenas hace dos mil quinientos años sigue siendo un tema de actualidad. Ser capaz de discutir estos asuntos es parte de lo que significa estar vivo y bien.

EL DIÁLOGO SOCRÁTICO

Mientras las discusiones filosóficas empiezan a prosperar en Norteamérica, un método más formalizado y conocido como el diálogo socrático está también echando raíces. No debe confundirlo con el método Socrático (con el que tiene cierta relación), puesto que el diálogo socrático es un modo organizado de responder a algunas de las grandes preguntas. Leonard Nelson (un filósofo alemán con nombre inglés) esbozó el proceso a principios del siglo XX; después se fue perfeccionando poco a poco en manos de consejeros alemanes, holandeses y, más tarde, americanos.

Para dilucidar el título de este proceso, que puede prestar a confusión, debo explicar por qué se invoca en dos contextos diferentes el nombre de Sócrates.

La teoría de Sócrates sobre el conocimiento, como explica Platón, es que todos tenemos ese conocimiento de forma innata. Si le preguntan algo como «¿Qué es la justicia?», es probable que no sea capaz de dar una definición clara por iniciativa propia, pero con toda seguridad se le ocurrirán varios ejemplos de justicia que extraerá de su propia experiencia. No obstante, Sócrates diría que, si es capaz de dar un ejemplo de algo, ya conoce (implícita o explícitamente) lo que es ese algo. Ésta es la base del diálogo socrático de Nelson, un proceso fiable que le guía para definir de un modo explícito lo que ya sabe de un modo implícito.

Sócrates era también famoso por sondear a las personas, mediante una serie de preguntas, hasta arrancar de ellas sus contradicciones. Si ofreciera a Sócrates una definición irreflexiva de la justicia y si él, después, le llevara a admitir que su definición podría dar origen a la injusticia, se habría contradicho. En consecuencia, su definición no sería correcta. Este método se llama, desde un punto de vista técnico, Helénico, pero a menudo se le conoce como método Socrático. Observe que muestra sólo lo que algo no es, no lo que es. En resumidas cuentas, este método revelará un buen número de definiciones inservibles de la justicia (o de cualquier otro fenómeno) y ninguna útil.

Por contraste, el diálogo socrático apunta directamente a lo que algo es. Emplea la experiencia personal como base para encontrar una definición universal explícita y precisa del objeto examinado. Utiliza la duda individual y el consenso, tan difícil de alcanzar, para permitirle responder a preguntas como «¿Qué es la libertad?» o «Qué es la integridad?». Esto no es algo que pueda hacer mientras almuerza en el trabajo; en la práctica, la mayor parte de los diálogos socráticos se llevan a cabo durante todo un fin de semana. Se necesitan unos dos días para obtener resultados en un grupo pequeño dirigido por un consejero especializado. Dos días son, de hecho, casi insuficientes, teniendo en cuenta lo que está en juego. Me refiero a que podría dedicar toda una vida a saber con exactitud qué es la justicia, la libertad o la integridad y nunca lograrlo, a pesar de que fueran para usted temas de importancia crucial. En mi opinión, invertir un fin de semana en captar un primer plano fugaz de una de estas ideas, elusivas pero eternas, es utilizar bien el tiempo. Es como hacer un safari filosófico en el gran parque de atracciones de la mente.

El proceso

Los diálogos socráticos funcionan mejor entre cinco y diez participantes. Eso permite una variedad suficiente de experiencia personal, el tiempo suficiente para que participen todos los miembros del grupo y la posibilidad, muy real, de alcanzar un consenso. Con un número excesivamente reducido de personas no hay suficientes puntos de vista para enriquecer el proceso. Con un grupo demasiado grande, nunca conseguirá que se llegue a un acuerdo.

El primer paso en el diálogo socrático es decidir la pregunta que ha de responderse, lo que acostumbra acercarse con anterioridad. Esta parte del proceso puede, no obstante, ser una prolongación de la tarea educativa. Las mejores preguntas toman la forma de «¿Qué es X?», en la que X es la libertad, la integridad, la felicidad, la realización, la esperanza, el amor o cualquier otra idea principal pero inefable. Pueden funcionar asimismo otros formatos, pero con la formulación clásica no hay posibilidad de error.

El segundo paso consiste en que cada participante elija un ejemplo de su propia experiencia de la vida que encarne a X. Tiene que ser un ejemplo simple, que pertenezca al pasado, que no sea excesivamente emocional, para relacionarse con el mismo de un modo objetivo, y (si es necesario) con mucho detalle. Cada individuo ofrece una breve presentación de su ejemplo al resto del grupo.

A continuación, el grupo elige, por consenso, uno de los

ejemplos para analizarlo en profundidad. Éste será el vehículo principal para llegar a la definición, pero también podría hallarse analizando cualquiera de los ejemplos expuestos. Escoja uno con el que todo el mundo pueda identificarse de alguna manera, a fin de garantizar al máximo la comprensión de todos los participantes. El caso seleccionado se expone de nuevo con mucho más detalle y los miembros del grupo formulan cualquier pregunta que se les ocurra, para solventar alguna duda. No se permiten cuestiones hipotéticas. En este estadio, y durante casi todo el proceso, cuentan estrictamente «sólo los hechos, señora».

Después, todos juntos desglosan la historia en sus componentes más pequeños. Un hecho que en realidad sucedió, por ejemplo, en uno o dos minutos puede desarrollarse en varias docenas de etapas. En alguna parte de los detalles ordenados, pues, se encuentra exactamente lo que se busca. Puede encontrarse en una etapa determinada, o entre etapas, o en más de una etapa, o en una combinación de etapas. Indicar con precisión la ubicación de X sitúa al grupo a mitad de camino porque, cuando todos están de acuerdo sobre el lugar en donde ocurre X, pueden empezar a decidir qué es X. La idea es que, si se puede captar la experiencia real de algo, se puede identificar también ese algo. Todo esto quedará más claro cuando haya considerado el ejemplo que sigue.

A continuación, el grupo formula una definición (por lo general, sólo una frase) que corresponde al ejemplo examinado. La experiencia en la que el grupo se concentra proporciona un punto de referencia concreto para verificar la exactitud de la definición. Una vez satisfecho, el grupo contempla las otras experiencias personales, comprueba si encajan en la definición que se ha deducido y efectúa en la definición propuesta las modificaciones correspondientes. *Voilà!* Acaba de ser articulada una definición universal.

La etapa final es tratar de refutar la definición con otros ejemplos que no se encuentren entre los que ya se han presentado. Éste es el único estadio del diálogo socrático en donde se permite plantear situaciones hipotéticas. Si puede rebatir la definición, debe pulirla en consecuencia. Se sorprenderá cuando vea que su definición, elaborada con suma consideración, resiste incluso en esta fase libre del análisis.

¿Qué es la esperanza?

Con un ejemplo concreto comprenderá mejor el proceso. Un grupo que dirigí recientemente seleccionó el tema «¿Qué es la esperanza?» para nuestro curso de fin de semana. Para acelerar un poco el proceso, todos los participantes acudieron a la primera sesión del sábado con sus ejemplos personales seleccionados, así que empezamos por presentarlos.

Una mujer habló de su gran esperanza por alquilar un apartamento del que ella y su compañero habían quedado prendados desde el primer momento. Expiraba el contrato del apartamento que tenían entonces y el que habían visto parecía perfecto. Sin embargo, el papeleo los tuvo en suspense durante varios días, sin saber si lo obtendrían o no (finalmente lo consiguieron). Un hombre habló de su esperanza mientras aguardaba una carta de una mujer con la que había vivido un breve pero intenso romance; el caso es que hacía poco se había trasladado fuera de la ciudad. Ella le había dicho que le escribiría en cuanto estuviera instalada y él iba cada día a buscar ansiosamente el correo. La carta, empero, no llegó nunca. Una periodista dijo que ella había esperado que la biografía que había escrito, sobre una de sus personalidades favoritas, fuera seleccionada por la revista que consideraba más adecuada para su artículo (lo que ocurrió en último término). Un hombre explicó lo mucho que había esperado que todo el trabajo que había realizado como voluntario en su comunidad le llevara a conseguir un puesto remunerado. Al final, estableció su propio negocio. Y por último, una mujer que había abandonado su país para rehacer su vida en Estados Unidos (lo que había requerido un considerable sacrificio personal y profesional por su parte) expuso su esperanza de que su hija pudiera beneficiarse allí de los privilegios y las oportunidades que no eran accesibles en su país de origen.

Frente a estas posibilidades, el grupo se decidió por la experiencia del hombre que esperaba carta de su amada. Sam volvió a contar la historia, esta vez con más detalles, y respondió a todas las preguntas. Juntos, los miembros del grupo desglosaron después la historia en veintitrés etapas (1. En la escuela superior conocí a dos hermanas. 2. Los tres nos hicimos amigos. 3. Llevé a una de las hermanas al baile de gala... 6. Años después, la otra hermana se presentó en mi casa de forma inesperada... 21. Miraba el correo esperando tener carta de ella...) y seleccionaron las etapas precisas en las que había surgido la esperanza. En este caso, encontraron un sentimiento de esperanza en cinco etapas distintas, con inclusión de la etapa 21, arriba mencionada, y la 11: «Hicimos planes para pasar juntos una temporada el próximo verano.»

Una vez detectada la esperanza, nos planteamos la siguiente pregunta: «¿Qué es esperanza en este ejemplo?» Después de muchas deliberaciones, el grupo llegó a la siguiente definición: «La esperanza es actuar de acuerdo con la expectativa de un desenlace favorito que es compatible con la dirección actual de la vida del individuo.» De un ejemplo concreto emergió, de este modo, la tentativa de una definición universal.

Y seguidamente, revisamos los otros cuatro ejemplos presentados y modificamos nuestra definición, de forma que pudiera aplicarse a todos ellos, así como al ejemplo seleccionado. Teniendo en cuenta las complicaciones que surgieran, el grupo acordó que la definición era la siguiente: «Esperanza es mantener la expectativa de un desenlace favorito, que es compatible con la experiencia actual en la vida del individuo» (se había sustituido *«actuar»* por *«mantener»* y *«dirección»* por *«experiencia»*).

Esta definición podía aplicarse a cada uno de los ejemplos. Todos estaban satisfechos, a excepción de la mujer que esperaba que su hija tuviera oportunidades en Estados Unidos. Ella consideraba que la definición no podía aplicarse a su ejemplo. Todos estábamos de acuerdo en que no era lo mismo tener esperanza para uno mismo que tenerla para otro, pero pensamos que, en el segundo caso, bastaría con efectuar un ligero cambio en nuestra definición: «[...] Que es compatible con la experiencia actual de la vida de otra persona.»

A continuación, pusimos a prueba la definición planteando ejemplos hipotéticos, pero ésta resistió bien nuestro examen. El ejemplo hipotético que consideramos fue el de Cenicienta, que tenía la esperanza de llamar la atención del Príncipe Azul. El debate giró en torno a si tal sentimiento estaba dentro de la experiencia actual de Cenicienta y, por tanto, si era esperanza (en oposición a fantasía) y, en ese caso, si nuestra definición podía aplicarse a dicho ejemplo. Decidimos que sí, pues Cenicienta creía posible que sus esperanzas se hicieran realidad. Quizá si ella misma hubiera considerado imposible que una simple fregona atrajera los favores de un príncipe, su sentimiento hubiera estado más cerca de la fantasía. Para entonces, nuestro fin de semana había casi terminado pero, al menos hasta ese momento, nuestra definición había resistido con firmeza.

Durante nuestro diálogo, emergieron muchos temas secundarios que no pudimos resolver en el momento, como ocurre en cualquier diálogo socrático provechoso. La totalidad del proceso hace que reflexionemos a fondo sobre las propias experiencias y, como es natural, ello abre otras puertas. En este caso, tuvimos que tener cuidado de no salirnos del tema con interesantes preguntas como «¿Es necesario que la comprensión de la esperanza requiera un desenlace determinado (para bien o para mal)? ¿Puede comprenderse la esperanza sin saber lo que ocurre en última instancia? ¿Es importante conocer las probabilidades de que algo suceda para identificar la esperanza? ¿La esperanza puede durar de forma indefinida o tiene un límite temporal? ¿Es posible que el sentimiento de esperanza para otro refleje altruismo, o implica siempre un interés personal? ¿Cuál es la diferencia entre esperanza y fantasía?» Entre todos, decidimos dejar de lado estos temas, hasta concluir con el diálogo principal, y analizarlos después, si quedaba tiempo. (A pesar de nuestras esperanzas, no tuvimos tiempo para ello.)

Es instructivo comparar la definición consensual de la esperanza, a la que había llegado este grupo formado por gente de la calle (un escritor, un psicólogo, un maestro, un estudiante de licenciatura y un empresario), con las definiciones que ofrecen algunos filósofos famosos. Hobbes, por ejemplo, escribió: «Pues la sed de que triunfe una opinión se denomina esperanza.» Schopenhauer, para poner otro ejemplo, escribió: «La esperanza es confundir el deseo de algo con su probabilidad.» Recuerde que nuestro grupo escribió: «La esperanza es mantener la expectativa de un desenlace favorito, que es compatible con la experiencia actual en la vida del individuo.» Creo que el grupo lo hizo tan bien (si no mejor) que Hobbes, y mucho mejor que Schopenhauer, quien, obviamente, se dejó descarriar por un tema secundario que nuestro grupo había identificado: «¿Es importante conocer las probabilidades de que ocurra algo para identificar la esperanza?» El hecho de que un grupo de reflexión, integrado por individuos normales y corrientes, pueda formular una definición de la esperanza de categoría mundial durante un solo fin de semana es tanto un testimonio de la comprensión filosófica que yace dormida en la mente humana, como del poder del método de Nelson para despertarla.

A mi parecer, el diálogo socrático es un encuentro con la sabiduría viviente que todo el mundo debería experimentar, al menos una vez. No disfrutará de ello hasta que no esté personalmente preparado, pero no existe un modo mejor de llegar hasta algunas de las cuestiones más complejas que apuntalan su vida. La tendencia, en Estados Unidos, no hace más que comenzar (en Alemania, por ejemplo, puede matricularse en un diálogo de una semana en cualquier centro de vacaciones). Yo preveo un tiempo en el que cada estudiante universitario dedicará al menos un fin de semana (de los cuatro años de clases) a un diálogo socrático. Los diálogos se pueden organizar también en cualquier lugar donde se cuente con un grupo de personas dispuestas: centros cívicos, hogares de jubilados, escuelas, balnearios, centros humanitarios de desarrollo. Uno de mis colegas (Bernard Roy) está promocionándolos para una compañía de cruceros. Sol, mar y Sócrates. Matricúleme, por favor.

El trabajo del moderador filosófico es guiar al grupo a través de cada una de las distintas fases y, en particular, cerciorarse de que se alcance en cada estadio un consenso genuino, antes de pasar al siguiente. Las dudas que quedan sin plantear o sin responder aparecen siempre en estadios posteriores y, para entonces, el grupo podría haber tomado ya una dirección equivocada. El moderador funciona como el director de una orquesta, no tiene voz en la partitura general, pero se asegura de que todo el mundo toque bien, con armonía y al unísono.

Los participantes en un diálogo socrático descubren también algo que es prácticamente desconocido en Occidente, a saber, tomar decisiones por consenso. Hemos heredado otros muchos modelos para responder a las preguntas, pero la mayoría de ellos son profundamente defectuosos. Por ejemplo, la cadena de mando transmite sus instrucciones a los cargos inferiores y éstos han de obedecer sin tener en cuenta si las directivas recibidas son o no razonables. O el comité (el método favorecido por las academias) que decide toda clase de asuntos importantes basándose solamente en criterios razonables (porque es la hora de comer, por ejemplo) o llega a una solución intermedia con la que nadie está de acuerdo, con el único fin de evitar otra a la que se opone radicalmente un grupo de personas. Otro ejemplo: el punto débil de las elecciones por votación es que los votantes eligen un candidato escribiendo una X, en lugar de investigar lo que significa ser el mejor candidato para ese puesto. Muchos votan por hábito o bajo la influencia de una campaña difamatoria.

Ahora bien, en un diálogo socrático, el grupo llega al fondo de la cuestión, directamente a la esencia. Las decisiones son equilibradas y sopesadas de forma metódica. Hay consenso, pero no compromiso. Se obtiene la verdad desnuda o se agota el tiempo en el intento.

EL FILÓSOFO EMPRESARIAL

El apogeo industrial americano, conocido como la Era Dorada del capitalismo, se reveló bruscamente entre el fin de la Segunda Guerra Mundial y el principio de la fingida crisis de la energía de 1973. A los niños nacidos durante esa próspera era se los conoce como los niños del *baby-boom*, y muchos de nosotros alcanzamos la mayoría de edad en los años sesenta. Dicho período de prosperidad, sin precedentes en Estados Unidos, fue también testigo de la aparición de una profesión inesperada, que contribuyó a la plenitud de la época. La psicología de la conducta se unió a la industria manufacturera, lo cual dio origen a un híbrido: el psicólogo industrial. Mientras que la revolución industrial concentraba su energía en el desarrollo de la maquinaria y las cadenas de montaje cada vez más eficaces, a menudo explotaba y maltrataba sin piedad sus recursos humanos (como tan insistentemente nos recuerdan Charles Dickens y Karl Marx). Es entonces cuando interviene el psicólogo industrial del siglo XX, quien responde a estas preguntas: dados los modernos procesos de fabricación, ¿cómo producir empleados modernos? Podemos construir máquinas eficaces y diseñar productivas cadenas de montaje, pero ¿cómo motivar de un modo rentable a los trabajadores y directivos para que den el máximo de sí mismos?

La primera respuesta resultó ser algo como: «Pintad las paredes de verde y conectad el hilo musical.» E incluso aquellos que sienten rechazo por el color verde y por el hilo musical reconocen que el psicólogo industrial consiguió realmente una simbiosis entre la fuerza muscular de la industria y la ciencia de la motivación.

Echando una mirada retrospectiva, comprendemos que el psicólogo industrial era un precursor rudimentario del filósofo empresarial. Gracias a las multinacionales y a la civilización global, la economía norteamericana se desplaza desde la base de productos manufacturados a la de suministro de servicios. Antes, la conexión vital se establecía entre los cuerpos humanos y las sólidas máquinas, y la cuestión técnica era: «¿Cuál es el mejor modo de mecanizar el rendimiento humano?» «Contrata a un psicólogo industrial y él te dirá cómo hacerlo.» Ahora, la conexión vital ha cambiado: se establece entre las mentes humanas y las estructuras fluidas y a menudo amorfas, como el ciberespacio. Así pues, la cuestión técnica es: «¿Cuál es la mejor manera de sistematizar el rendimiento humano?» Respuesta: «Contrata a un consejero filosófico y él te dirá cómo hacerlo.» Éste es el cuadro general.

Es serio, real y actual. En Estados Unidos, Inglaterra, Europa y en otros países, los filósofos están trabajando como consultores en el gobierno, la industria, las profesiones (y, asimismo, en toda clase de disciplinas). Ahora, en las agencias gubernamentales, en las empresas y en las organizaciones profesionales, se están promocionando cursos de formación sobre el dilema, sobre la integridad, diálogos socráticos de corta duración, etc. Algunos consultores filosóficos (como mi colega Kenneth Kipnis) se han especializado en establecer objetivos y códigos de ética para las organizaciones y diseñar los talleres correspondientes a fin de ponerlos en práctica. Usted no puede enviar por fax (o correo electrónico) un código de ética a sus obreros y esperar que lo apliquen de forma automática. Los consejeros administrativos lo intentaron durante años: jamás funcionó. (También es útil saber algo sobre ética, lo que no ocurre normalmente en el caso de los consejeros administrativos.) Los empleados necesitan participar en ejercicios éticos concretos para comprender la aplicación de principios éticos abstractos y, también, para prever y resolver los conflictos potenciales entre sus moralidades personales y sus códigos de conducta profesional. Los consultores filosóficos proporcionan estos servicios y más.

En Estados Unidos la sumisión ética constituye un campo de creciente interés para las grandes empresas, ya que cada vez se las considera más responsables de los actos de sus empleados. Hay ciertas pautas federales de sentencia que los tribunales emplean en la indemnización por daños y perjuicios. Si su organización es sumisa desde un punto de vista ético (si ha llevado a cabo un taller de trabajo ético en el lugar de trabajo, por ejemplo), los daños financieros pueden verse reducidos de forma significativa. Si no lo es, se verán incrementados en gran medida. La siguiente pregunta es: «¿A quién debe contratar para evaluar, diseñar, llevar a cabo y supervisar su programa de sumisión ética?» Puede elegir entre el consejero administrativo, que no sabe apenas nada sobre ética, pero que reconoce una oportunidad de negocio en cuanto la ve, o el consultor filosófico, que sabe sobre ética más de lo que jamás necesitará saber y que puede evaluar, diseñar, llevar a cabo y supervisar el programa que necesita. La elección es evidente.

Aunque los cínicos puedan considerar que la sumisión ética es un seguro barato, yo la describiría como un poderoso incentivo para mejorar el ámbito laboral. Es obvio que las organizaciones virtuosas son más funcionales que las viciosas. Sin duda, puede llevar un negocio rentable con una ética de serpiente: toda clase de delincuentes, genios de la estafa y, de vez en cuando, abogados funcionan de ese modo. Pero todos ellos tienen que cubrirse las espaldas, eludir a la policía y a otros inspectores, estar preparados para las posibles represalias y no saber nunca cuándo o cómo recaerá sobre ellos el peso de sus malas acciones. Esa clase de vida no es ni buena ni envidiable. También puede dirigir un negocio rentable con una agenda ética innovadora, disfrutar de la buena voluntad de sus clientes y de la armonía de su ámbito laboral y ganar, además, la excelente imagen pública que confiere el hecho de ser ético. Ésta es una vida mucho más envidiable. La ética es buena para usted y buena para su negocio. El consultor filosófico construye una escalera que le permite salir del nido de serpientes.

La práctica filosófica a nivel organizativo incorpora, de hecho, todo cuanto hemos discutido en este libro. El filósofo empresarial de jornada laboral completa aconseja individualmente a los empleados para resolver problemas que interfieren en el cumplimiento del trabajo, facilita talleres con equipos de proveedores de servicios o de gerentes, a fin de intensificar su rendimiento, y consulta con los altos directivos para mejorar la ética y la dinámica de la compañía.

Los altos ejecutivos inteligentes pueden cuestionarse acerca de su responsabilidad en cuanto a proveer atención médica a sus empleados, por ejemplo, o sobre el modo más humano de abordar los despidos o la reducción de personal. Los empleados pueden consultar a un filósofo para resolver los conflictos que surgen en la plantilla (la intervención filosófica en la oficina podría haber ayudado a Vincent y a su colega cuando ésta se quejó del cuadro con que había decorado su despacho, por ejemplo). O un tema general sobre la mente de los trabajadores podría ser adecuado para una presentación filosófica. Yo dirijo talleres para grupos de mujeres ejecutivas interesadas en el «techo de cristal» y en el modo de atravesarlo. Dirijo talleres de trabajo contra la insensibilidad, para empleados que ya no son capaces de diferenciar entre ofensa y daño. Llevo talleres sobre integridad ética y dignidad moral, lo que ayuda a aliviar o prevenir conflictos derivados de la creciente diversidad étnica y sexual en la plantilla.

Estas actividades filosóficas son todas cruciales para obtener el máximo del trabajo y de la vida, con un mínimo de conflicto. Mientras alborea un nuevo milenio, hemos dejado muy atrás el tiempo en que nos bastaba con la pintura verde, el hilo musical, el grupo de terapia y los tranquilizantes. Puesto que los norteamericanos empiezan a manifestar una disposición para la filosofía, las empresas norteamericanas tienen que mantenerse a la altura. De hecho, creo que ya lo están haciendo.

UNA ÚLTIMA PALABRA

La libertad que tenemos depende tanto de nuestro sistema político como de nuestra vigilancia en la defensa de sus libertades. La duración de nuestras vidas depende tanto de nuestros genes como de la calidad de nuestro cuidado físico. El vivir bien (es decir, vivir con atención, con nobleza, con virtud, con alegría y con amor) depende tanto de nuestra filosofía como de nuestro modo de aplicarla a todo lo demás. Una vida examinada es una vida mejor, y le aseguro que está a su alcance. ¡Deje el Prozac y pruebe con Platón!

CUARTA PARTE

RECURSOS COMPLEMENTARIOS

Apéndice A

Grandes éxitos de los filósofos

Éste es un breve repaso de los sesenta y tantos filósofos y obras clásicas que se mencionan en el presente libro, cuyas ideas me parecen útiles para el asesoramiento filosófico.

Hay muchos otros que no he citado; aun así, aquí encontrará a algunos de los más importantes.

ARISTÓTELES, 384-322 a. de C.
Filósofo, científico y naturalista griego
Temas: lógica, metafísica, ética
Lema: La Dorada Mediocridad (evitar los extremos en los ideales y la conducta).
Grandes éxitos: *Metafísica, Ética nicomáquea*

Como estudiante de la Academia de Platón, la mayor preocupación de Aristóteles era el conocimiento, adquirido mediante la observación de los fenómenos naturales. Le encantaba categorizar las cosas (incluso escribió un libro titulado *Las categorías del discurso*). Puede decirse que inventó la lógica y que fue pionero en varias ciencias. También fue tutor de Alejandro Magno. Durante casi dos milenios, Aristóteles fue conocido como «El Filosófo».

SAN AGUSTÍN, 354-430
Filósofo y teólogo norteafricano
Tema: pecado original

Lema: La redención no es cosa de este mundo.
Grandes éxitos: *Confesiones, La ciudad de Dios*

San Agustín, obispo de Hipona y platonista, se encontraba en Roma cuando fue saqueada por Alarico en 410. Pero Roma ya se había convertido al cristianismo y, por consiguiente, se suponía que estaba bajo la protección de Dios. San Agustín reconcilió este problema inventándose la doctrina del pecado original. También es famoso por una oración que aparece en sus *Confesiones*: «Hacedme casto... pero aún no.»

MARCO AURELIO, 121-180
Emperador romano y filósofo estoico
Tema: estoicismo
Lema: No sobrevalores lo que los demás puedan arrebatarte.
Gran éxito: *Meditaciones*

«Incluso en un palacio es posible vivir bien.» Marco Aurelio no era un emperador completamente feliz y halló consuelo en la filosofía estoica. En general, cuando las personas hablan de «tomarse las cosas con filosofía», quieren decir estoicamente, es decir, con indiferencia ante el dolor y el placer mundanos.

FRANCIS BACON, 1561-1626
Filósofo y político británico
Tema: empirismo
Lema: Saber es poder.
Grandes éxitos: *Novum Organum, El avance del saber*

Bacon, padrino de la revolución científica, abogó por generalizar, partiendo de casos concretos de fenómenos observados para llegar a leyes o teorías científicas que pudieran probarse mediante experimentos. Murió víctima de uno de sus experimentos, al contraer neumonía después de intentar congelar pollos en Hampstead Heath.

SIMONE DE BEAUVOIR, 1908-1986
Filósofa y feminista francesa
Tema: existencialismo, feminismo
Lema: Responsabilidad moral, diferencias naturales entre los sexos.
Grandes éxitos: *El segundo sexo, La ética de la ambigüedad*

Simone de Beauvoir fue una defensora incondicional del existencialismo de Jean-Paul Sartre, además de su compañera sentimental. También escribió con una pluma elocuente y filosófica sobre las diferencias entre los sexos humanos y sus consecuencias sociales.

JEREMY BENTHAM, 1748-1832
Filósofo británico
Tema: utilitarismo
Lema: La mayor felicidad para el mayor número.
Gran éxito: *Introducción a los principios de la moral y la legislación*

Fundador del utilitarismo, el argumento principal de Bentham era que los actos son morales si aumentan al máximo el placer y reducen al mínimo el dolor de quienes se ven afectados por dichos actos. Es lo que se denomina el «cálculo hedonista». El esqueleto encerado de Bentham se exhibe vestido en el claustro del University College de Londres, del que fue fundador. Según su voluntad, cada año se trasladan sus restos al Senado, donde consta como «presente pero sin derecho a voto».

HENRI BERGSON, 1859-1941
Filósofo y humanista francés, premio Nobel de Literatura en 1927
Tema: vitalismo, dinamismo
Lema: *Élan vital* («fuerza vital» inexplicable para la ciencia).
Grandes éxitos: *La evolución creadora*

Bergson criticó las formas mecanicista y materialista de contemplar el mundo, y defendió una concepción más espiritual (aunque no necesariamente religiosa) de la vida.

GEORGE BERKELEY, 1685-1753
Filósofo y obispo irlandés
Tema: idealismo
Lema: Ser es ser percibido.
Grandes éxitos: *Tratado sobre los principios del conocimiento humano, Tres diálogos entre Hylas y Philonous*

Berkeley negaba la existencia independiente de las cosas materiales, argumentando que la realidad es fruto de las mentes y de sus ideas. Las cosas existen sólo en la medida en que son percibidas. Por consiguiente, Berkeley se aproximó al dogma budista de que los fenómenos son una creación de la mente.

BHAGAVAD GITA, 250 a. de C.-250 d. de C.
Antiguo poema épico indio, libro sexto del Mahabharata, autor anónimo (atribuido al sabio mítico Vyasa)
Tema: conciencia espiritual, extinción de los anhelos insanos, deber, karma
Lema: Atman igual a Brahma: el ama personal es parte del Alma divina.

El *Bhagavad Gita* está lleno de enseñanzas útiles sobre el sufrimiento humano, sus causas y sus remedios. Aúna la doctrina clásica de la reencarnación y el progreso por un camino espiritual hacia la conciencia cósmica.

BOECIO, hacia 480-524
Filósofo, teólogo y cónsul romano
Tema: platonismo, cristianismo, paganismo
Lema: El uso de la filosofía para ganar perspectiva sobre todas las cosas.
Gran éxito: *La consolación de la filosofía*

Boecio, aristócrata romano, alcanzó un poder considerable antes de caer en desgracia y ser condenado a muerte. Escribió su obra maestra mientras esperaba su ejecución en la cárcel, y ésta sigue siendo válida y una excelente fuente de inspiración.

MARTIN BUBER, 1878-1965
Filósofo y teólogo judío alemán
Tema: relaciones humanas y entre lo humano y lo divino
Lema: Yo-ello contra yo-tú.
Gran éxito: *Yo y tú*

Para Buber, las relaciones o bien son conexiones mutuas y recíprocas entre iguales, o una relación sujeto-objeto que conlleva cierto grado de control de uno sobre el otro. Las relaciones entre los seres humanos o entre los seres humanos y Dios deberían ser del primer orden (yo-tú en oposición a yo-ello).

BUDA (SIDDHARTHA GAUTAMA), 563-483 a. de C.
Sabio y maestro indio
Tema: budismo
Lema: Cómo superar el pesar.
Grandes éxitos: *La cuatro nobles verdades, Dhammapada,* y varias *Sutras* (enseñanzas) recogidas por sus pupilos y seguidores

Buda es un título que significa «el iluminado» o «el que ha despertado a la verdad». Siddhartha Gautama fue el fundador del budismo. Sus enseñanzas y prácticas, que comprenden una rama heterodoxa de la teología/filosofía india, muestran la forma más clara de llevar una vida con sentido, provecho, compasión y libre de pesar sin invocar a supersticiones religiosas. Sin embargo, algunas personas practican el budismo como religión. Sea como fuere, su corazón es puro.

ALBERT CAMUS, 1913-1960
Filósofo y novelista francés, premio Nobel de Literatura en 1957
Tema: existencialismo
Lema: Haz lo correcto aunque el universo sea cruel o carezca de sentido.
Grandes éxitos: *El extranjero, La peste*

Las novelas y ensayos de Camus exploran la experiencia de creer nada más que en los actos y la libertad individuales, y las implicaciones morales de esta línea de pensamiento.

THOMAS CARLYLE, 1795-1881
Hombre de letras, historiador y crítico social escocés
Tema: individualismo, romanticismo
Lema: Realización como individuo.
Grandes éxitos: *Los héroes y el culto de los héroes, Pasado y presente*

Calvinista no practicante, Carlyle rechazaba las formas mecanicista y utilitarista de ver el mundo, y abogaba por una visión dinámica. Creía en la moralidad individual del «hombre fuerte y justo» como opuesto a la voluntad de las masas y la influencia de los acontecimientos ordinarios. A modo de curiosidad, cabe decir que, en su opinión, ningún impostor podría fundar una gran religión.

CONFUCIO (KONGFUZI), 551-479 a. de C.
Filósofo, maestro y funcionario chino
Tema: confucianismo
Lema: Sigue el Camino mediante el ritual, el servicio y el deber.
Gran éxito: Las *Analectas*

Confucio defendía un gobierno basado en la virtud, no en la fuerza. En su opinión, la felicidad se alcanza persiguiendo la excelencia tanto en la vida privada como en la pública. Defendía la piedad, el respeto, el ritual religioso y la corrección como los componentes de una vida armoniosa. Su influencia sobre la cultura china es comparable a la de Aristóteles en Occidente, y puede que haya sido incluso mayor.

RENÉ DESCARTES, 1596-1650
Filósofo y matemático francés
Tema: escepticismo, dualismo
Lema: Pienso, luego existo.
Grandes éxitos: *Discurso sobre el método, Meditaciones metafóricas*

Siendo uno de los fundadores de la filosofía moderna, Descartes nos proporcionó la distinción definitiva entre la mente y la materia (dualismo cartesiano). Hizo hincapié en la importancia de la certidumbre, alcanzada mediante la duda, como base de todo conocimiento. Trató de unificar todas las ciencias en un único sistema de conocimiento. Fue tutor de Catalina, reina de Suecia.

JOHN DEWEY, 1859-1952
Filósofo, educador y reformador social estadounidense
Tema: pragmatismo
Lema: La investigación se corrige a sí misma.
Grandes éxitos: *La reconstrucción de la filosofía, La experiencia y la naturaleza, La busca de la certeza*

Dewey popularizó los ideales pragmáticos, científicos y democráticos. Trató de conseguir que los educadores valoraran el proceso de investigación en oposición a la memorización automática de conocimientos. La filosofía de Dewey fue llevada a extremos trágicos en la educación estadounidense de finales del siglo XX, con lo cual se acabó considerando demoníaco el conocimiento y se propició la memorización automática del barbarismo

ECLESIASTÉS, hacia el siglo III a. de C.
Un rey de Jerusalén (Koheleth en hebreo), que a veces se identifica con Salomón
Tema: la conducta y el propósito en la vida
Lema: Todo es vanidad, y perseguir el viento.
Gran éxito: *Eclesiastés* (libro del Antiguo Testamento)

Eclesiastés estaba preocupado por el egoísmo y la moralidad del hombre. Sus escritos pueden interpretarse de forma optimista o pesimista y, en ocasiones, fueron prohibidos por rabinos que los consideraron demasiado hedonistas. Eclesiastés ha proporcionado títulos a los novelistas (p. ej., *La tierra permanece*). Los Byrds se inspiraron en él en su éxito *Turn, Turn, Turn*. También nos legó un puñado de grandes aforismos («No hay nada nuevo bajo el sol» y «Arroja tu pan al agua») son dos de ellos.

EPICTETO, hacia 55-135
Filósofo y maestro romano
Tema: estoicismo
Lema: Apegarse sólo a las cosas que dependan completamente de tu poder (como la virtud).
Grandes éxitos: *Distersiones, Enquiridión*

Esclavo liberto y tutor de Marco Aurelio, Epicteto se centró en la humildad, la filantropía, el autodominio y la independencia de la mente. Se decía de él que era más sereno que el emperador al que servía.

EPICURO, 341-270 a. de C.
Filósofo y maestro griego
Tema: sabiduría práctica
Lema: Superioridad de los placeres contemplativos sobre los hedonistas.
Grandes éxitos: *De la naturaleza de las cosas* (fragmentos), *De Rerum Natura* (poema de Lucrecio que refleja la filosofía epicúrea)

Aunque el epicureísmo a veces se ha identificado erróneamente con el hedonismo («Come, bebe y sé feliz, pues mañana morirás»), de hecho Epicuro abogaba por los placeres moderados como la amistad y el deleite estético. Fundó una de las primeras comunas (El Jardín) y consideró a la filosofía como una guía práctica para vivir. Quizá fue el primer *hippie*.

JALIL GIBRAN, 1883-1931
Filósofo y poeta estadounidense de origen libanés
Tema: romanticismo árabe
Lema: Imaginación, emoción, fuerza de la naturaleza.
Gran éxito: *El profeta*

El hermoso libro de meditaciones y aforismos filosóficos de Gibran se ha convertido en el favorito por excelencia de los jóvenes contemporáneos.

KURT GÖDEL, 1906-1978
Filósofo, lógico y matemático checo-germano-estadounidense
Tema: teoremas de la incompletitud
Lema: No todo puede demostrarse ni rebatirse.
Grandes éxitos: *Über formal unentscheidbare Sätie der «Principia Mathematica» und verwandter System*

Kurt Gödel fue capaz de demostrar, en 1931, que no todas las preguntas lógicas y matemáticas tienen respuesta. Esto, efectivamente, puso punto final a la búsqueda racionalista del conocimiento completo y perfecto. Tras emigrar a Estados Unidos, Gödel trabajó junto a Einstein en el Instituto de Estudios Avanzados de Princeton y demostró que los viajes por el tiempo no son imposibles. Cuando estaba a punto de adquirir la ciudadanía estadounidense, Gödel encontró un fallo lógico en la Constitución que permitiría a un dictador tomar el poder con todas las de la ley. Su amigo Oskar Morgenstern le convenció para que no lo sacara a relucir ante el juez en la ceremonia de la toma de juramento.

THOMAS GREEN, 1836-1882
Filósofo británico
Tema: idealismo
Lema: Ser real significa estar relacionado con otras cosas.
Grandes éxitos: introducción a su edición de la obra de Hume *Prolegómenos a la ética*

Opuesto al empirismo, Green consideraba la mente como algo más que un depósito de percepciones, emociones y experiencias, a saber, como la sede de la conciencia racional, así como capaz de producir relaciones, intenciones y acciones. Su idea de que todas nuestras creencias son interdependientes anticipó la famosa «red de creencias» de Quine.

GEORG WILHELM FRIEDRICH HEGEL, 1770-1831
Filósofo alemán
Tema: historia, política, lógica
Lema: La libertad como conciencia de uno mismo en el seno de una comunidad organizada racionalmente.
Grandes éxitos: *La fenomenología del espíritu, Ciencia de la lógica, Enciclopedia de los saberes filosóficos, La filosofía del derecho*

Hegel fue y sigue siendo un filósofo muy influyente, con ideas de amplio alcance sobre la libertad, el progreso histórico, la inestabilidad de la conciencia de sí mismo y su dependencia del reconocimiento de los demás. Por desgracia, Hegel también influyó sobre Marx y Engels, y se convirtió en apologista inconsciente de las doctrinas totalitarias.

HERÁCLITO DE ÉFESO, muerto después de 480 a. C.
Filósofo griego
Tema: el cambio
Lema: Todas las cosas fluyen; uno no puede bañarse dos veces en el mismo río.
Grandes éxitos: *De la naturaleza* (fragmentos)

Heráclito abogó por la unidad de los opuestos y defendió el *logos* (razón o conocimiento) como la fuerza organizadora del mundo.

HILLEL, hacia 70 a. de C.-10 d. de C.
Rabino, catedrático y legalista de origen babilonio
Tema: moralidad, piedad, humildad
Lema: Lo que te resulte detestable, no se lo hagas a tu vecino.
Gran éxito: *Las siete reglas de Hillel* (aplicaciones prácticas de las leyes judías)

Hillel fue uno de los organizadores de la primera parte del Talmud y abogó por la interpretación liberal de las escrituras. Fue reverenciado como gran sabio, y sus estudiantes definieron el judaísmo durante muchas generaciones.

THOMAS HOBBES, 1588-1679
Filósofo británico
Tema: materialsmo, autoritarismo
Lema: Los seres humanos por naturaleza están en una guerra «de todos contra todos» y necesitan un poder común «para mantenerse a raya».
Gran éxito: *Leviatán*

Thomas Hobbes fundó los campos de la ciencia política y de la psicología empírica. Fue el filósofo más importante desde Aristóteles, y lo sabía. En su epitafio quería poner: «Aquí yace la auténtica piedra filosofal.» Su visión de los humanos como soberanamente egoístas, salvajemente apasionados, fácilmente descarriados, constantemente hambrientos de poder y, por consiguiente, seres altamente peligrosos, fue tremendamente impopular pero al parecer acertada. Sostenía que la política no tenía que ser una rama de la teología, y que sólo un gobierno fuerte puede evitar la violencia y la anarquía. Llevaba razón y se ganó muchos enemigos. Su filosofía anticipó la psicología freudiana y provocó la reacción romántica capitaneada por Rousseau. Fue profesor de geometría del príncipe Charles II en el exilio durante la guerra civil inglesa, pero tenía prohibido impartir lecciones de política.

DAVID HUME, 1711-1776
Filósofo escocés
Tema: empirismo
Lema: Todas nuestras ideas son copias de nuestras impresiones.
Gran éxito: *Tratado de la naturaleza humana*

Destacado escéptico empírico, Hume recibió el apodo de «el Infiel». Opuesto a Platón, creía que no hay ideas innatas. También negaba la realidad del ser, la necesidad de la causa y el efecto, y el concluir valores a partir de los hechos. Todo esto lo hizo muy impopular durante algún tiempo. También sugirió que todas las obras metafísicas deberían quemarse y se consolaba dando largos paseos, bebiendo y jugando.

Yijing (El libro de las mutaciones), hacia el siglo XII a. de C.
Antiguo libro de sabiduría china, anónimo
Tema: Tao, sabiduría práctica
Lema: Cómo elegir líneas de conducta sabias en lugar de necias.

El *Yijing* sostiene que las situaciones personales, familiares, sociales y políticas cambian según leyes naturales que los sabios comprenden y tienen en cuenta al tomar decisiones. Al actuar siguiendo el Tao, uno hace lo correcto en el momento correcto y, en consecuencia, saca el mejor provecho de toda situación. Llevo treinta años consultando el *Yijing* y no lo he lamentado ni una sola vez.

WILLIAM JAMES, 1842-1910
Filósofo y psicólogo estadounidense
Tema: pragmatismo
Lema: «Valor en efectivo» (una idea debería juzgarse por su productividad).
Grandes éxitos: *Principios de psicología, Las variedades de la experiencia religiosa*

James reveló su doble interés por la filosofía y la psicología al adoptar un enfoque práctico de la filosofía (el pragmatismo), creyendo que una idea es «cierta» si da resultados útiles. Hizo hincapié tanto en el enfoque experimental de la psicología como en la reflexión analítica de la experiencia.

CYRIL JOAD, 1891-1953
Filósofo y psicólogo británico
Tema: holismo, humanismo
Lema: El universo es más rico, más misterioso y, sin embargo, más ordenado de lo que imaginamos.
Grandes éxitos: *Guía del pensamiento moderno, Viaje a través de la guerra de la mente*

Joad, un filósofo que lamentablemente se ha tenido en poca consideración, creía en el enriquecimiento de la comprensión mediante múltiples y provechosas vías de investigación. Entre ellas, se contaban la lógica, la matemática y la científica, pero también la estética, la ética y la espiritual. Gran moralista y humanista, también le preocupaban la filosofía y la psicología de los conflictos humanos.

CARL JUNG, 1875-1961
Filósofo y psicoanalista suizo
Tema: inconsciente colectivo, sincronía
Lema: Viaje de desarrollo hacia un objetivo final (espiritual).
Grandes éxitos: *Tipos psicológicos, Psicología y alquimia*

Jung fue al principio el discípulo más importante de Freud y también su aparente heredero, pero sus caminos divergieron debido a una cuestión filosófica de orden mayor. Mientras que Freud postulaba una base biológica para toda neurosis o psicosis, Jung llegó a creer que los trastornos psicológicos son manifestaciones de crisis espirituales sin resolver. Jung escribio importantes introducciones al *Yijing* (edición de Wilhelm-Baynes) y al *Libro tibetano de los muertos* (edición de Evans-Wentz), por lo que aproximó estas grandes obras al público occidental.

IMMANUEL KANT, 1724-1804
Filósofo alemán
Tema: filosofía crítica, teoría moral
Lema: El imperativo categórico («Actúa sólo según la máxima que desees ver convertida en ley universal»).
Grandes éxitos: *Crítica de la razón pura, Prolegómenos a la metafísica de la moral*

Kant fue un racionalista muy influyente que trató de discernir los límites de la razón. Su teoría de la moralidad como deber a principios más elevados, no como anticipación de consecuencias, resulta convincente para los idealistas laicos.

SØREN KIERKEGAARD, 1813-1855
Filósofo y teólogo danés
Tema: existencialismo
Lema: Libre albedrío, elección individual.
Grandes éxitos: *Mi punto de vista, La enfermedad mortal*

Kierkegaard, el primer existencialista, rechazó la filosofía sistemática de Hegel, así como la religión organizada. Según su punto de vista, el juicio humano es incompleto, subjetivo y limitado, pero también somos libres de elegir y responsables de nuestras elecciones. Sólo si exploramos y llegamos a un acuerdo con las ansiedades fundamentales, podemos convertirnos en seres liberados dentro de nuestra ignorancia.

ALFRED KORZYBSKI, 1879-1950
Filósofo polaco-estadounidense
Tema: semántica general
Lema: Los humanos tienen una conciencia única del tiempo (animales «atados al tiempo»). El trato social y el lenguaje convencionales promueven conflictos innecesarios.
Grandes éxitos: *Science and Savity, Manhood of Humanity*

Korzybski, otro filósofo importante que prácticamente ha caído en el olvido, consideraba que el animal humano estaba todavía en su infancia colectiva y sugirió formas mediante las que con el tiempo maduraría como especie. Explicó cómo las estructuras del lenguaje y los hábitos de pensamiento condicionan y provocan emociones destructivas y buscó el modo de restructurar nuestro pensamiento.

LAOZI, hacia el siglo VI a. de C.
Filósofo chino
Tema: taoísmo
Lema: Complementariedad de los opuestos, consecución sin contienda, relaciones armoniosas.
Gran éxito: *Daodejing*

La identidad de Laozi y el siglo en que vivió siguen suscitando polémica, pero pese a ello sus ideas sobre llevar una vida en armonía con el

Camino siguen siendo convincentes e influyentes. Al parecer, fue un alto funcionario que escribió su filosofía al jubilarse, apócrifamente por orden de un guardia de fronteras que de otro modo no le habría permitido salir de su provincia. Redactó una guía filosófica de suma importancia, y de este modo fundó el taoísmo.

GOTTFRIED WILHELM LEIBNIZ, 1646-1716
Filósofo, matemático e historiador alemán
Tema: racionalismo
Lema: Éste es el mejor de los mundos posibles.
Grandes éxitos: *Ensayos de Teodicea sobre la bondad de Dios, La libertad del hombre y el origen del mal, Monadología*

Aunque Voltaire satirizó la creencia de Leibniz en que éste es «el mejor de los mundos posibles» mediante el personaje del doctor Pangloss en *Cándido*, Leibniz creía que todo sucede por motivos suficientes, muchos de los cuales no llegamos a comprender. Leibniz (al mismo tiempo que Newton) inventó el cálculo, así como los números binarios. Creía en el libre albedrío.

JOHN LOCKE, 16321704
Filósofo y médico británico
Tema: empirismo, ciencia, política
Lema: La experiencia es el fundamento del conocimiento; la mente humana es una *tabula rasa* (espacio en blanco) al nacer.
Grandes éxitos: *Ensayo sobre el entendimiento humano, Dos tratados sobre el gobierno*

Locke es uno de los empiristas británicos más importantes. Médico de profesión, salvó la vida del conde de Shaftesbury introduciéndole un tubo para drenar un absceso abdominal. Esto le ganó el favor de personas poderosas, que buscaron su consejo filosófico. En el terreno político, Locke defendió las libertades individuales y el orden constitucional, unas ideas innovadoras en la Inglaterra de aquel entonces, y ejerció una considerable influencia en el naciente pensamiento político americano.

MAQUIAVELO, 1469-1527
Consigliere italiano
Tema: filosofía política

Lema: Para triunfar como líder, hay que hacer lo que sea necesario, prescindiendo de la moral convencional.
Gran éxito: *El príncipe*

Con un realismo que resultaba chocante en sus tiempos, Maquiavelo declaró que el mundo no es un lugar moral y que la política, en particular, no es una empresa ética. Bertrand Russell llamó a *El príncipe* «manual para bandidos», pero yo diría que es más como un «despotismo para muñecos».

JOHN MCTAGGART, 1866-1925
Filósofo británico
Tema: idealismo
Lema: La realidad es algo más que material.
Gran éxito: *La naturaleza de la existencia*

McTaggart no creía en la existencia de Dios, pero sí en la inmortalidad individual. Su filosofía del tiempo (la serie B) proporciona un perdurable informe sobre la resistencia.

JOHN STUART MILL, 1806-1873
Filósofo, economista y político escocés
Tema: utilitarismo, libertarismo, igualitarismo
Lema: Libertad individual.
Grandes éxitos: *Sobre la libertad, El utilitarismo, Lógica, La servidumbre de la mujer*

Mill pensaba que las restricciones a la libertad individual sólo debían tolerarse para evitar hacer daño a los demás, y era un fervoroso defensor de la libertad de expresión, la responsabilidad individual y el igualitarismo social. Su versión del utilitarismo difería de la de Bentham en que Mill pensaba que el placer no era la única medida del bien. «Más vale un Sócrates insatisfecho que un cerdo satisfecho», sostenía.

GEORGE EDWARD MOORE, 1873-1958
Filósofo británico
Tema: filosofía analítica, idealismo
Lema: «La defensa del sentido común»; la bondad no puede definirse pero se comprende intuitivamente.
Gran éxito: *Principia Ethica*

Moore es más famoso por su presunta falacia naturalista, el error que afirma que cometemos cuando tratamos de identificar el bien con cualquier objeto o propiedad que exista en estado natural, o cuando tratamos de medirlo así. Sin embargo, Moore afirmó que los actos pueden ser buenos o malos, pese a que la bondad no pueda definirse.

IRIS MURDOCH, 1919-1999
Filósofa y novelista irlandesa
Tema: religión y moralidad
Lema: La reintegración del propósito y la bondad en un mundo fragmentado.
Grandes éxitos: *The Sovereignty of Good*

Murdoch revivió el platonismo como antídoto contra la falta de sentido y moralidad en el mundo del siglo XX. Expuso su filosofía, básicamente, en unas novelas cargadas de ingenio.

LEONARD NELSON, 1882-1927
Filósofo alemán
Tema: síntesis de racionalismo y empirismo
Lema: No podemos razonar partiendo de nuestras experiencias personales para llegar a la comprensión de universales.
Gran éxito: *Método socrático y filosofía crítica*

Nelson hizo una valiosa aportación a la filosofía práctica al desarrollar la teoría y el método del diálogo socrático. Cuando se aplica adecuadamente, el diálogo socrático nelsoniano proporciona respuestas definitivas a preguntas universales como «¿Qué es la libertad?», «¿Qué es integridad?» y «¿Qué es el amor?».

JOHN VON NEUMANN, 1903-1957
Filósofo y matemático húngaro-estadounidense
Tema: teoría del juego, informática, física
Lema: La toma de decisiones en situaciones arriesgadas, los conflictos de intereses o la incertidumbre pueden analizarse mediante la teoría del juego para hallar la mejor opción.
Gran éxito: *Theory of Games and Economic Behavior* (con Oskar Morgenstern)

John von Neumann destacó en varios campos, tales como la matemática, la teoría informática y la mecánica cuántica. Su invención (junto a Morgenstern) de la teoría del juego supuso el nacimiento de toda una nueva rama de la matemática, que tiene aplicaciones en filosofía, psicología, sociología, biología, economía y política, por no mencionar el asesoramiento filosófico.

FRIEDRICH NIETZSCHE, 1844-1900
Filósofo alemán
Tema: anticonvencionalismo extravagante
Lema: La volutad de poder, hombre contra superhombre.
Grandes éxitos: *Así habló Zaratustra, Más allá del bien y del mal, La genealogía de la moral*

Filósofo, poeta, profeta y sifilítico, Nietzsche nunca resulta soso. Despreciaba al grueso de la sociedad y acusaba al cristianismo de ser una religión para esclavos. Abogó por la revelación del superhombre, quien trascendería la moralidad convencional, idea de la que hicieron mal uso los nazis más tarde. Cabe señalar que su pensamiento también ha interesado a los posmodernistas, cuya política tiende hacia el otro extremo. Éste es el testamento del genio (o la locura) de Nietzsche. Redactó aforismos sentenciosos y cocinó muchos alimentos provocativos para la mente (p. ej., «Dios ha muerto» o «Sócrates era un canalla»).

CHARLES SANDERS PEIRCE, 1839-1914
Filósofo y científico estadounidense
Tema: pragmatismo
Lema: La verdad es una opinión en la que todos finalmente nos ponemos de acuerdo y representa una realidad objetiva.
Gran éxito: *Collected Papers*

Peirce fue el fundador del pragmatismo norteamericano, que luego fue ampliado y desarrollado de formas distintas por Dewey y James. Para diferenciar su versión de la de James, Peirce acuñó el término *pragmaticismo*, aunque con poco éxito. La filosofía de Peirce fue criticada por Russell por su aparente subjetividad, pero en realidad Peirce fue muy científico en sus observaciones.

PLATÓN, hacia 429-347 a. de C.
Filósofo y académico griego
Tema: esencialismo
Lema: Las esencias de la bondad, la belleza y la justicia pueden comprenderse sólo mediante un viaje filosófico.
Grandes éxitos: *Los diálogos de Platón* (con inclusión de *La república*)

Platón fundó la Academia (la universidad prototípica) en Atenas. Sus diálogos con su maestro Sócrates comprenden la mayor parte de lo que sabemos sobre la filosofía de Sócrates, por lo que resulta difícil separar las ideas de uno y otro. Platón se considera el fundador del estudio y el método filosóficos tal como se siguen haciendo en la actualidad.

PROTÁGORAS DE ABDERA, hacia 485-420 a. de C.
Filósofo y maestro griego
Tema: relativismo, sofismo
Lema: El hombre es la medida de todas las cosas.
Grandes éxitos: se le conoce sobre todo por los diálogos de Platón «Protágoras» y «Teeteto».

Protágoras creía que las doctrinas morales podían mejorarse, pese a que su valor sea relativo. También opinaba que la virtud puede enseñarse. Desarrolló métodos dialécticos y retóricos que luego Platón popularizó como método socrático. *Sofisma* ha ido adquiriendo una inmerecida connotación peyorativa. Los sofistas enseñaban a la gente, a cambio de unos honorarios, a ser persuasivos en las discusiones, fuera cual fuese el punto de vista que adoptaran, justo o injusto. Por consiguiente, los sofistas formaron a la primera promoción de abogados.

PITÁGORAS, nacido hacia 570 a. de C.
Filósofo y matemático griego
Tema: metempsicosis y matemáticas
Lema: Todas las cosas se basan en formas geométricas.
Grandes éxitos: teorema de Pitágoras, coma pitagórica

Se atribuyen a Pitágoras más cosas de las que se saben de él. Al parecer, enseñó la doctrina de la metempsicosis (la transmigración de las almas o reencarnación), y se abstenía de comer alubias. Se le atribuye el famoso teorema de la geometría euclidiana que lleva su nombre, así como el descubrimiento de que la escala musical de doce tonos (diatónica) no permite que los instrumentos afinen a la perfección. Con el tiempo, esta anomalía llevó a una sintonía de temperamento semejante en la época de J. S. Bach *(El clave bien temperado).*

WILLARD QUINE, 1908
Filósofo estadounidense
Tema: filosofía analítica

Lema: Todas las creencias dependen de otras creencias.
Gran éxito: *Desde un punto de vista lógico*

Quine es el filósofo norteamericano más importante de la segunda mitad del siglo XX. Sus aportaciones comenzaron en la teoría lógica y continuaron en teorías del conocimiento y sentido. Es famoso por desafiar a Kant, por distanciarse del positivismo lógico y por redefinir la idea de Green de que las creencias siempre se sostienen en conjunción con otras creencias.

AYN RAND, 1905-1982
Filósofa y escritora estadounidense de origen ruso
Tema: ética objetivista, capitalismo romántico (libertarianismo)
Lema: Las virtudes del egoísmo, los vicios del altruismo.
Grandes éxitos: *The Fountainhead, El manantial, Atlas Shrugged, The Virtue of Selfishness*

Ayn Rand es una original e importante pensadora que abanderó la integridad y la capacidad como claves para una sociedad productiva y próspera. En su opinión, el capitalismo sin explotación (el interés propio iluminado) es el mejor sistema; el socialismo con explotación (interés colectivo sin iluminación) es el peor. Todos los capitalistas ficticios de Rand han estudiado filosofía y son seres virtuosos.

WILLIAM ROSS, 1877-1971
Filósofo británico
Tema: teoría de las obligaciones *prima facie*
Lema: Hay deberes que deben cumplirse de un modo más estricto que otros; la prioridad depende de cada caso.
Grandes éxitos: *Lo correcto y lo bueno, Fundamentos de ética*

Ross señala que los deberes incurren en conflicto, en el sentido de que a menudo debemos satisfacer una obligación en detrimento de otra. Su teoría sugiere que debemos establecer prioridades con sumo cuidado, según la situación.

JEAN-JACQUES ROUSSEAU, 1712-1778
Filósofo suizo
Tema: romanticismo
Lema: El ser humano nace como «noble salvaje» y es corrompido por la civilización.

Grandes éxitos: *El contrato social, Discurso sobre el origen y los fundamentos de la desigualdad entre los hombres*

Rousseau se centró en la grieta que separa al hombre de la naturaleza y en la tensión entre el intelecto y la sensibilidad, y recomendó la naturaleza y la emoción como la más alta forma de ser. Aunque su romanticismo proporciona un contrapeso al autoritarismo de Hobbes, la filosofía de la educación de Rousseau es una receta que conduce al desastre.

BERTRAND RUSSELL, 1872-1970
Filósofo británico, premio Nobel de Literatura en 1950
Tema: realismo, empirismo, lógica, filosofía social y política
Lema: La filosofía es un intento inusualmente ingenioso de pensar engañosamente.
Grandes éxitos: *Principia Mathematica* (con Alfred North Whitehead), *Historia de la filosofía occidental, El conocimiento humano: su alcance y sus límites, Ensayos impopulares*

Russell publicó más de setenta libros a lo largo de su vida; sus análisis filosóficos abarcaron todos los temas imaginables. Fue un gran erudito que se comprometió con causas políticas y controversias sociales. Fue célebre la negativa de admitirlo en el City College de Nueva York después de que un tribunal del estado de Nueva York lo tachara de ser una influencia inmoral para la sociedad, sobre todo por sus entonces vanguardistas opiniones sobre el matrimonio abierto y el divorcio (que hoy son moneda de cambio). Así como los atenienses mataron a Sócrates porque supuestamente corrompía a la juventud, los estadounidenses negaron a Russell un empleo. Russell quizás habría admitido que ello implicaba cierto progreso social.

JEAN-PAUL SARTRE, 1905-1980
Filósofo y novelista francés, premio Nobel de Literatura en 1964
Tema: existencialismo, política, marxismo
Lema: Libre albedrío; «mala fe» (negar la responsabilidad de nuestros actos).
Grandes éxitos: *La náusea, El ser y la nada, El existencialismo es un humanismo*

Sartre fue el principal intelectual francés de su tiempo. Estudió con Husserl (el fundador de la fenomenología) y Heidegger (la figura central del existencialismo alemán). Marxista convencido, trató de fundar un partido político en Francia. Pese a su compromiso marxista, defendió con fervor la responsabilidad individual.

ARTHUR SCHOPENHAUER, 1788-1860
Filósofo alemán
Tema: volición, resignación, pesimismo
Lema: La voluntad está al margen del tiempo y el espacio, pero obedecer su dictado conduce a la desdicha instantánea.
Gran éxito: *El mundo como voluntad y representación*

Schopenhauer era un hombre cultivado, que hablaba varias lenguas europeas y clásicas, y que tuvo una difícil relación con su madre. Es famoso por su intento fallido de derrocar a Hegel, a quien consideraba un sofista y un embustero, de su influyente posición. Buscó refugio del sufrimiento emocional en la filosofía india. Escribió ensayos mordaces y aforismos acerbos y fue uno de los pocos filósofos que Wittgenstein leyó y admiró. Que esto hable bien o mal de Schopenhauer dependerá de si usted lee o admira a Wittgenstein.

SÉNECA, 4 a. de C.-65 d. de C.
Filósofo y estadista romano
Tema: estoicismo, ética
Lema: La filosofía, como la vida, debe centrarse ante todo en la virtud.
Gran éxito: *Cartas morales a Lucilio*

Séneca surgió de la oscuridad en la provinciana Córdoba para convertirse en tutor, lugarteniente y, finalmente, víctima del emperador Nerón. Séneca vivió y murió según los dictados morales del estoicismo, por lo que soportó la adversidad, el triunfo y la muerte con ecuanimidad. Se suicidó según la tradición romana, esto es, abriéndose las venas en un baño caliente, cuando así se lo ordenó el paranoico Nerón.

SÓCRATES, hacia 470-399 a. de C.
Filósofo y maestro griego
Tema: el método socrático
Lema: La vida buena es la vida examinada, dedicada a perseguir la sabiduría a toda costa.
Grandes éxitos: las ideas de Sócrates sólo se conservan en los diálogos de Platón, por lo que a veces resulta complicado distinguir entre su persona y su personaje, así como entre sus pensamientos y los del propio Platón.

El Sócrates histórico y el Platón histórico son más fáciles de separar. Sócrates (como Buda, Jesús y Ghandi) fue un sabio influyente que no tuvo un puesto o empleo oficial, pero cuya sabiduría atrajo a numerosos seguidores y que ha cobrado importancia después de su muerte. Sócrates se consideraba a sí mismo un crítico de la política, puesto que advertía constantemente a los atenienses de sus errores filosóficos. Permitió que el estado corrupto lo llevara a la muerte, ya que su argumento razonado le obligaba a permanecer en la ciudad pese a que sus amigos le habían organizado la huida. Por consiguiente, valoraba la filosofía más que la vida. Platón nunca perdonó a los atenienses que ejecutaran a Sócrates. Los cristianos creen que Jesús murió para redimir a la humanidad del pecado; podría afirmarse laicamente que Sócrates murió para redimir a los filósofos del desempleo.

BARUCH SPINOZA, 1632-1677
Filósofo y pulidor de lentes holandés
Tema: racionalismo
Lema: Todo conocimiento puede ser deducido.
Grandes éxitos: *Tractatus Theologico-Politicus, Ética*

Las opiniones de Spinoza le valieron la expulsión de la comunidad judía, y sus escritos también fueron atacados y prohibidos por los teólogos cristianos. Llegó a granjearse la hostilidad de la tolerante Holanda, donde buscó refugio filosófico. Spinoza creía que las pasiones humanas de conservación (apetitos y aversiones) conducían a actos predeterminados, pero que podemos devenir libres liberando a la razón de las garras de la pasión. Al igual que Hobbes, Spinoza pensaba que no nos gusta algo porque sea bueno, sino que llamamos bueno a lo que nos gusta.

SUN ZI, hacia el siglo IV a. de C.
Consejero militar chino
Tema: filosofía de la guerra
Lema: El ser inconquistable reside en el propio ser.
Grandes éxitos: *El arte de la guerra*

Sun Zi redefinió el conflicto como una forma de arte filosófica. Enseñó que la «cumbre de la excelencia» es subyugar al enemigo sin luchar. De forma análoga, su filosofía de la guerra puede aplicarse a muchas otras clases de conflictos humanos, desde las riñas maritales a la política de empresa.

HENRY DAVID THOREAU, 1817-1862
Filósofo, escritor y poeta estadounidense
Tema: el trascendentalismo de Nueva Inglaterra (libertarianismo)
Lema: La incuestionable capacidad del hombre de elevar su vida mediante un esfuerzo consciente.
Grandes éxitos: *Walden, Sobre la desobediencia civil*

Thoreau defendía la vida simple, la responsabilidad individual y la comunión con el entorno natural como claves para una buena vida. Vivió fiel a su filosofía. Su teoría de la desobediencia civil ejerció una gran influencia tanto en Gandhi como en Martin Luther King.

ALFRED NORTH WHITEHEAD, 1861-1947
Filósofo británico
Tema: empirismo
Lema: Las ciencias naturales deberían estudiar el contenido de nuestras percepciones.
Grandes éxitos: *Principia Mathematica* (con Bertrand Russell), *El concepto de naturaleza, Proceso y realidad*

Whitehead buscó una interpretación unificada de todo, desde la física hasta la psicología.

LUDWIG WITTGENSTEIN, 1889-1951
Filósofo austríaco
Tema: filosofía del lenguaje
Lema: El alcance y los límites de lenguaje; el lenguaje como instrumento social.
Grandes éxitos: *Tractatus Logico-Philosophicus, Investigaciones filosóficas*

Wittgenstein creía que la filosofía tiene como mínimo una tarea «terapéutica»: aclarar malentendidos e imprecisiones del lenguaje, las cuales dan pie a problemas filosóficos. Es uno de los filósofos más influyentes del siglo XX.

MARY WOLLSTONECRAFT, 1759-1797
Filósofa y feminista británica
Tema: igualitarismo
Lema: La función social no debería basarse en la diferencia sexual.
Grandes éxitos: *Vindicación de los derechos de la mujer*

Wollstonecraft se adelantó a su tiempo al defender los derechos de las mujeres. Escribió con claridad y persuasión sobre el igualitarismo. Su correspondencia con el gran conservador Edmund Burke es reveladora. Además, fue madre de Mary Shelley, la autora de *Frankenstein*.

ZHUANGZI, 369-286 a. de C.
Filósofo y sabio chino, segundo portavoz del taoísmo después de Laozi
Tema: taoísmo (comprensión del «camino», el orden natural de las cosas)
Lema: Aprender a alcanzar el *wuwei* (acción inactiva).
Gran éxito: *Obras completas de Zhuangzi*

Zhuangzi fue un taoísta ejemplar que jamás se habría llamado taoísta a sí mismo. Buscó la manera de llevar una vida correcta y benevolente, llena de humor, libre de disensión, y sin las ataduras de las convenciones civiles y sociales.

Apéndice B

Organizaciones de filosofía práctica

Organizaciones americanas:

American Philosophical Practitioners Association (APPA)
La APPA, fundada en 1998, es una organización docente sin ánimo de lucro que fomenta la aplicación de la filosofía y aboga por llevar una vida examinada. La filosofía puede practicarse mediante la acción personal, la orientación a clientes y a grupos, el servicio de consultoría a organizaciones o la programas docentes. Los miembros de la APPA aplican sistemas filosóficos y de penetración psicológica y métodos para el control de los problemas humanos y la mejora del estado de las personas. APPA es una organización abierta a nuevos miembros.

Miembros acreditados
Pueden acceder a la cualificación de miembros acreditados aquellos consejeros filosóficos con experiencia —consejeros individuales, asesores de grupos o consultores corporativos— que cumplan con los requisitos exigidos por la APPA. Los consejeros acreditados están incluidos en un directorio y cumplen los requisitos para que se les deriven casos y gozan de otros beneficios profesionales. Los miembros acreditados aceptan el código de ética profesional de la APPA y se han comprometido a mantener un ininterrumpido desarrollo profesional.

Miembros asociados
Se ofrece la cualificación de miembros asociados a reputados consejeros y consultores de otros campos (por ejemplo, medicina, psiquiatría,

psicología, trabajo social, derecho), que desean identificarse y conocer mejor la práctica filosófica, pero que no necesariamente pretenden obtener un certificado de la APPA. Los miembros asociados cumplen los requisitos para asistir a eventos, encuentros y talleres. Los miembros asociados con la cualificación necesaria pueden llegar a convertirse en miembros acreditados.

Miembros adjuntos
Se ofrece la cualificación de miembros adjuntos a los poseedores de un doctorado en Filosofía, o a aquellas personas con unos conocimientos filosóficos equivalentes. Los miembros adjuntos pueden participar en programas de enseñanza acreditados de la APPA, desde el nivel primario (nivel 1) al avanzado (nivel 2). La finalización de estos estudios los capacita para convertirse en miembros acreditados. Los miembros adjuntos cumplen con los requisitos necesarios para asistir a eventos, encuentros y talleres.

Miembros auxiliares
Se ofrece la cualificación de miembros auxiliares a partidarios de la práctica filosófica. Pueden ser miembros auxiliares todos aquellos que lo deseen, incluidos estudiantes, trabajadores o jubilados. No son precisas cualificaciones especiales, sólo la voluntad de llevar una vida examinada. Los miembros auxiliares reúnen los requisitos necesarios para asistir a eventos, encuentros y talleres.

Miembros corporativos
Se ofrece la cualificación de miembros corporativos a todo tipo de entidades (por ejemplo, corporaciones, instituciones y asociaciones profesionales) que deseen beneficiarse de las ventajas que supone la práctica filosófica. Los miembros corporativos reúnen los requisitos necesarios para participar en una serie de servicios proporcionados por los centros docentes de la APPA, entre los que se incluyen talleres sobre ética para empleados y seminarios para ejecutivos, así como asistir al discurso anual del presidente de la APPA.

Entre otras ventajas, todos los miembros de la APPA reciben el boletín de la asociación e invitaciones a actos.
La APPA es una organización abierta. Admite miembros acreditados, asociados y adjuntos exclusivamente en base a sus respectivas cualificaciones, y admite miembros auxiliares y corporativos exclu-

sivamente en función de sus intereses y apoyo a la práctica filosófica. La APPA no discrimina a los miembros o clientes en función de su nacionalidad, raza, etnia, sexo, edad, creencias religiosas, convicciones políticas u otros criterios profesional o filosóficamente irrelevantes.

Puede obtenerse información detallada y formularios de solicitud en el sitio web de la APPA o bien solicitándolo por fax, correo postal o electrónico a la APPA.

Por favor, dirija sus peticiones a:

APPA
The City College of New York
137th Street at Convent Avenue
New York, NY 10031
tel. 212-650-7827
fax. 212-650 7409
e-mail: admin@appa.edu
http://www.appa.edu

Presidente fundador: Lou Marinoff
Vicepresidentes fundadores: Vaughana Feary, Thomas Magnell, Paul Sharkey
Secretario tesorero: Keith Burkum

AMERICAN SOCIETY FOR PHILOSOPHY, COUNSELING AND PSYCHOTHERAPY (ASPCP)

La ASPCP (fundada en 1992) es una sociedad académica abierta, dedicada a explorar la relación entre filosofía, orientación psicológica y psicoterapia. Celebra reuniones anuales conjuntas con la American Philosophical Association (APA).

Para cualquier información, diríjanse a:

Vaughana Feary
President, ASPCP
37 Parker Drive
Morris Plains, NJ 07950
tel/fax: 973-984-6692

Organizaciones nacionales extranjeras

ALEMANIA

INTERNATIONAL SOCIETY FOR PHILOSOPHICAL PRACTICE
(ANTES, GERMAN SOCIETY FOR PHILOSOPHICAL PRACTICE)
Hermann-Loens Strasse 56c
D-51469 Bergisch Gladbach
Alemania
Gerd Achenbach, presidente
tel: 2202-951995
fax: 2202-951997
e-mail: Achenbach.PhilosophischePraxis@t-online.de

CANADÁ

CANADIAN SOCIETY FOR PHILOSOPHICAL PRACTICE
473 Besserer Street
Ottawa, Ontario K1N 6C2
Canadá
Stephen Hare, presidente interino
tel: 613-241-6717
fax: 613-241-9767

ESLOVAQUIA

SLOVAK SOCIETY FOR PHILOSOPHICAL PRACTICE
Department of Social & Biological Communication
Slovak Academy of Sciences
Klemensova 19, 81364 Bratislava
Eslovaquia
Emil Visnovsky, presidente
tel: 00421-7-375683
fax: 00421-7-373442
e-mail: ksbkemvi@savba.sk

FINLANDIA

FINNISH SOCIETY FOR PHILOSOPHICAL COUNSELING
Tykistonkatu 11 B 30
SF - 00260 Helsinki
Finlandia
Antti Mattila, presidente

HOLANDA

DUTCH SOCIETY FOR PHILOSOPHICAL PRACTICE
Wim van der Vlist, Secretary
E. Schilderinkstraat 80
7002 JH Doetinchem, Netherlands
tel: 33-314-334704
e-mail: W.vanderVlist@inter.nl.net
Jos Delnoy, presidente
Herenstraat 52
2313 AL Leiden, Netherlands
tel: 33-71-5140964
fax 33-71-5122819
e-mail: ledice@worldonline.nl

ISRAEL

ISRAEL SOCIETY FOR PHILOSOPHICAL INQUIRY
Horkania 23, Apt. 2
Jerusalem 93305
Israel
tel: 972-2-679-5090
e-mail: msshstar@pluto.mscc.huji.ac.il
http://www.geocities.com/Athens/Forum/5914
Shlomit Schuster, jefe de investigación

NORUEGA

NORWEGIAN SOCIETY FOR PHILOSOPHICAL PRACTICE
Cappelens vei 19c
1162 Oslo
Noruega
tel: 47-88-00-96-69
e-mail: filosofiskpraksis@bigfoot.com
http://home.c2i.net/aholt/e-nsfp.htm
Henning Herrestad, presidente
e-mail: herrestad@online.no
Anders Holt, secretario
e-mail: aholt@c2i.net
tel: 47-22-46-14-18
móvil: 47-92-86-43-47

REINO UNIDO

ANGLO-AMERICAN ALLIANCE FOR PHILOSOPHICAL PRACTICE (AAAPP)
Keynes House, Austenway
Gerrards Cross, Bucks SL9 8NW
Reino Unido
Anne Noble, secretaria
tel: 01753-981874
fax: 01753-889419
Copresidente, Reino Unido: Ernesto Spinelli
Copresidente, Estados Unidos: Lou Marinoff

SOCIETY OF CONSULTANT PHILOSOPHERS
The Old Vicarage
258 Amersham Road
Hazlemere nr High Wycombe
Bucks HP15 7P2
tel: 01494 521691
106513.3025@compuserve.com
Karin Murris, presidente
Elizabeth Aylward, secretaria

Apéndice C

Directorio de asesores filosóficos

Nota: La APPA forma y acredita consejeros filosóficos según criterios periódicamente actualizados. Los programas de formación son dirigidos o supervisados por los centros docentes de la APPA. La siguiente lista de profesionales acreditados por la APPA fue actualizada en el momento en que se imprimió este libro. Contacte con la APPA o diríjase a su sitio web (http://www.appa.edu) para obtener un directorio actualizado de consejeros acreditados por la APPA.

ESTADOS UNIDOS
Alabama:
James Morrow, Jr.
1055 W. Morrow St.
Elba, AL 36323
tel: 334-897-6522

Arizona:
Richard Dance
6632 East Palm Lane
Scottsdale, AZ 85257
tel: 480-945-6525
fax: 480-429-0737
e-mail:
rdance@swlink.net

Robert Nagle
8075 E. Morgan Trail. Suite #1
Scottsdale, AZ 85258
tel: 480-649-8430
tel: 480-905-7325
fax: 480-969-5322

California:
Peter Atterton
1566 Missouri Street
San Diego, CA 92109
tel: 858-274-2977
e-mail:
atterton@rohan.sdsu.edu

Wills Borman
22477 Highway 94
Dulzura, CA 91917
tel: 619-468-9693
wborman@mindspring.com
Harriet Chamberlain
1534 Scenic Avenue
Berkeley, CA 94708
tel: 510-548-9284
e-mail: think@flash.net

Sandra Garrison
758 S. 3rd Street
San Jose, CA 95112
tel: 650-937-2983
móvil: 408-893-5952
e-mail: sandrag@netscape.com

Julie Grabel
Academy of Philosophical
Midwifery
1011 Brioso Dr. #109
Costa Mesa, CA 92627
tel: 949-722-2206
fax: 949-722-2204
e-mail: julieg@deltanet.com

Pierre Grimes
Academy of Philosophical
Midwifery
1011 Brioso Dr. #109
Costa Mesa, CA 92627
tel: 949-722-2206
fax: 949-722-2204
e-mail: pierreg@deltanet.com

Sushma Hall
315 W. Radcliffe Drive
Claremont, CA 91711
tel: 909-626-2327
e-mail:
sushmahall@hotmail.com

James Heffernan
Department of Philosophy
University of the Pacific
Stockton, CA 95211
tel: 209-946-3094
e-mail: jheffernan@uop.edu

Gerald Hewitt
Department of
Philosophy University
of the Pacific
Stockton, CA 92511
tel: 209-946-2282
e-mail: ghewitt@uop.edu

Lou Matz
Department of
Philosophy University
of the Pacific
Stockton, CA 95211
tel: 209-946-3093
e-mail: lmatz@uop.edu

Jason Mierek
8831 Hillside St. #C
Oakland, CA 94605
tel: 510-777-0923
e-mail: jmierek@earthlink.net

Christopher McCullough
175 Bluxome St., #125
San Francisco, CA 94107
tel: 415-357-1456
e-mail: cmccull787@aol.com

Paul Sharkey
819 West Avenue H-5

Los Angeles, CA 93534
tel: 661-726-0102
móvil: 661-435-3077
fax: 661-726-0307
e-mail:
pwsharkey@email.msn.com

Regina Uliana
16152 Beach Blvd.
#200 East
Huntington Beach, CA 92647
tel: 714-841-0663
fax: 714-847-8685
e-mail: rlu@deltanet.com

Lawrence White
1345 Arch Street
Berkeley, CA 94708
tel: 510-845-0654
fax: 510-845-0655
e-mail:
LWWHITEMD@aol.com

Eleanor Wittrup
Department of Philosophy
University of the Pacific
Stockton, CA 95211
tel: 209-946-3095

Kritika Yegnashankaran
tel: 650-654-5991
e-mail: kritika@stanforda
lumni.org

Martin Young
1102 S. Ross Street
Santa Ana, CA 92707
tel: 714-569-9225
e-mail: mzyoung@uci.edu

Colorado:

Alberto Hernandez
1112 N. Wahsatch, Apt. A
Colorado Springs, CO 80903
tel: 719-448-0337
e-mail:
ahernandez@coloradocollege.edu

Distrito de Columbia:

Alicia Juarrero
4432 Volta Place NW
Washington, D.C. 20007
tel: 202-342-6128
fax: 202-342-5160
e-mail: ja83@umail.umd.edu

Florida:

Robert Beeson
1225 Osceola Dr.
Fort Myers, FL 33901
tel: 941-332-7788
fax: 941-332-8335
e-mail: rbsun@cyberstreet.com

Carl Colavito
The Biocultural Research
Institute
7131 NW 14th Avenue
Gainesville, FL 32605
tel: 904-461-8804
fax: 352-332-9931
e-mail: encc@aug.com

Maria Colavito
The Biocultural Research
Institute
7131 NW 14th Avenue
Gainesville, FL 32605
tel: 352-332-9930
fax: 352-332-9931
e-mail: diotima245@aol.com

Antonio T. de Nicolas
The Biocultural Research Institute
7131 NW 14th Avenue
Gainesville, FL 32605
tel: 352-332-9930
fax: 352-332-9931
e-mail: diotima245@aol.com

Georgia:
Mark M. du Mas
2440 Peachtree Road NW
Number 25
Atlanta, GA 30305
tel: 404-949-9113
fax: 404-846-0081
e-mail: mmdumas@msn.com

Illinois:
Avner Baz
5555 N. Sheridan Road
Chicago, IL 60640
tel: 773-784-4728
e-mail: abaz2@uic.edu

Montana:
Sean O'Brien
Davidson Honors Hall
University of Montana
Missoula, MT 59812
tel: 406-243-6140

Nevada:
Claude Gratton
Philosophy Department
University of Las Vegas at Nevada
4505 Maryland Parkway, Box 455028
Las Vegas, NV 89154
tel: 702-895-4333
voice mail: 702-897-3727
e-mail: grattonc@nevada.edu

Nueva Jersey:
Peter Dlugos
355 Lincoln Ave., Apt. 1C
Cliffside Park, NJ 07010
tel: 201-943-8098
e-mail: pdlugos@bergen.cc.nj.us
e-mail: pdlugos@aol.com

Amy Hannon
2 River Bend Road
Clinton, NJ 08809
tel: 908-735-0728
e-mail: ardea@csnet.net

Vaughana Feary
37 Parker Drive
Morris Plains, NJ 07950
tel/fax: 973-984-6692
e-mail: VFeary@aol.com

Jean Mechanic
1365 North Avenue, Apt. 9D
Elizabeth, NJ 07208
tel: 908-351-9605
e-mail: mechanicdr@aol.com

Nuevo México:
Jennifer Goldman
619 Don Felix St., Apt.B
Santa Fe, NM 87501
tel: 505-982-9189

Nueva York:
Barbara Cutney
782 West End Avenue, #81
New York, NY 10025
tel: 212-865-3828

Edward Grippe
117 Lakeside Drive
Pawling, NY 12564
tel: 914-855-0992
fax: 914-855-3997
e-mail: ejgphil@aol.com
Michael Grosso
26 Little Brooklyn Road
Warwick, NY 10990
tel: 914-258-4283
e-mail: mgrosso@warwick.net

George Hole
291 Beard Avenue
Buffalo, NY 14214
tel: 716-832-6644
e-mail: holeg@buffalostate.edu

Lou Marinoff
Philosophy Department
The City College
of New York
137th Street at Convent Avenue
New York, NY 10031
tel: 212-650-7647
fax: 212-650-7409
e-mail:
marinoff@mindspring.com

Bruce Matthews
531 West 26th Street, Loft 3R
New York, NY 10001
tel: 212-239-9223
e-mail: philobam@interport.net

Annselm Morpurgo
6 Union Street
Sag Harbor, NY 11963
tel: 516-725-1414
e-mail: morpurgo@msn.com

Julia Neaman
248 Tenth Avenue, #5A
New York, NY 10001
tel: 212-807-6371
e-mail: schoolia@aol.com

Bernard Roy
396 Third Avenue, #3N
New York, NY 10016
tel: 212-686-3285
fax: 212-387-1728
e-mail:
bernard_roy@baruch.cuny.edu

Charles Sarnacki
199 Flat Rock Road
Lake George, NY 12845
tel: 518-668-5397
e-mail: csarnacki@hotmail.com

Mehul Shah
66 Dogwood Lane
Irvington, NY 10533
tel: 914-591-7488
e-mail: mshah1967@aol.com

Wayne Shelton
P.O. Box 407
North Chatham, NY 12132
tel: 518-262-6423
fax: 518-262-6856
e-mail:
wshelton@ccgateway.amc.edu

Peter Simpson
College of Staten Island
2800 Victory Blvd. 2N
Staten Island, NY 10314
tel: 718-982-2902
fax: 718-982-2888
e-mail:

simpson@postbox.csi.cuny.edu
Manhattan address:
425 W. 24th St. #3C
New York, NY 10011
tel: 212-633-9366

Nicholas Tornatore
585 Bay Ridge PKWY
Brooklyn, NY 11209
tel: 718-745-2911
or 212-535-3939

Ohio:
Lynn Levey
1959 Fulton Place
Cleveland, OH 44113
tel: 216-651-0009
e-mail: lynnlevey@aol.com

Pensilvania:
G. Steven Neeley
900 Powell Ave.
Cresson, PA 16630
tel: 814-472-3393

Tennessee:
Ross Reed
3778 Friar Tuck Road
Memphis, TN 38111
tel: 901-458-8112
e-mail: doctorreed@yahoo.com

Texas:
Amelie Benedikt
3109 Wheeler Street
Austin, TX 78705
tel: 512-695-7900
e-mail: afb@io.com

Amy McLaughlin
6811 Daugherty Street
Austin, TX 78757
tel: 512-467-8049
e-mail:
a1mclaughlin@aol.com

Virginia:
Joseph Monast
Department of History
& Philosophy
Virginia State University
Petersburg, VA 23806
tel: 804-524-5555
fax: 804-524-7802
e-mail: jmonast@erols.com

Washington:
Britni Weaver
1715 W. Pacific #C
Spokane, WA 99204
tel: 509-838-4886
e-mail: britnijw@yahoo.com

CANADÁ
Stanley Chan
270 Old Post Road
Waterloo, Ontario
Canada N2L 5B9
tel: 519-884-5384
fax: 519-884-9120
e-mail:
stanleyknchan@hotmail.com

Wanda Dawe
P.O. Box 339
Crossroads
Bay Roberts, Newfoundland
Canada A0A 1G0
tel/fax: 709-786-3166
e-mail:
wanda.dawe@thezone.net

Sean O'Connell
1806, 8920-100 St.
Edmonton, Alberta
Canada T6E 4YB
tel: 780-439-9752
e-mail: phipsibk@netscape.net

Peter Raabe
46 - 2560 Whitely Court
North Vancouver, B.C.
Canada V7J 2R5
tel: 604-986-9446
e-mail: raabe@interchange.ubc.ca

FRANCIA

Anette Prins
43, Avenue Lulli
92330 Sceaux, France
e-mail: prins@aol.com
tel: 33-014-661-0032
fax: 33-014-661-0031

HOLANDA

Dries Boele
Spaarndammerplantsoen 108
1013 XT Amsterdam
tel: 31-20-686-7330

Will Heutz
Schelsberg 308
6413 AJ Heerlen
tel: 31-45-572-0323

Ida Jongsma
Hotel de Filosoof
(Philosopher's Hotel)
Anna Vondelstraat 6
1054 GZ Amsterdam
tel: 31-20-683-3013
fax: 31-20-685-3750

ISRAEL

Ora Gruengard
43 Yehuda Hanasi Street
Tel-Aviv, 69391 Israel
tel: 972-3-641-4776
fax: 972-3-642-2439
e-mail:
egone@mail.shenkar.ac.il

Eli Holzer
33 Halamed Heh Street
Jerusalem, 93661 Israel
tel: 972-02-567-2033
e-mail:
esholzer@netvision.net.il

NORUEGA

Anders Lindseth
University of Tromso
N-9037 Tromso, Norway
andersl@fagmed.uit.no

REINO UNIDO

Alex Howard
8 Winchester Terrace
Newcastle upon Tyne
UK, NE4 6EH
tel: 44-91-232-5530
e-mail:
consult@alexhoward.demon.co.uk

TURQUÍA

Harun Sungurlu
P.K. 2 Emirgan
Istanbul, Turkey 80850
e-mail:
sungurludh@superonline.com

Últimos profesionales acreditados

Atterton, Peter (Estados Unidos, California)
Baz, Avner (Estados Unidos, Illinois)
Beeson, Robert (Estados Unidos, Florida)
Benedikt, Amelie (Estados Unidos, Tejas)
Bizarro, Sara (Estados Unidos, Nueva York)
Boele, Dries (Holanda)
Borman, Wills (Estados Unidos, California)
Chamberlain, Harriet (Estados Unidos, California)
Chan, Stanley (Canadá)
Cutney, Barbara (Estados Unidos, Nueva York)
Colavito, Carl (Estados Unidos, Florida)
Colavito, Maria (Estados Unidos, Florida)
Combs, Clinton (Estados Unidos, California)
Dawe, Wanda (Canadá)
Dance, Richard (Estados Unidos, Arizona)
Dlugos, Peter (Estados Unidos, Nueva Jersey)
Du Mas, Mark (Estados Unidos, Georgia)
Feary, Vaughana (Estados Unidos, Nueva Jersey)
Garrison, Sandra (Estados Unidos, California)
Goldman, Jennifer (Estados Unidos, Nuevo México)
Grabel, Julie (Estados Unidos, California)
Gratton, Claude (Estados Unidos, Nevada)
Grimes, Pierre (Estados Unidos, California)
Grippe, Edward (Estados Unidos, Nueva York)
Grosso, Michael (Estados Unidos, Nueva York)
Gruengard, Ora (Israel)
Hall, Sushma (Estados Unidos, California)
Hannon, Amy (Estados Unidos, Nueva Jersey)
Heffernan, James (Estados Unidos, California)
Hernandez, Alberto (Estados Unidos, Colorado)
Heutz, Will (Holanda)
Hewitt, Gerald (Estados Unidos, California)
Hole, George (Estados Unidos, Nueva York)
Holzer, Eli (Israel)
Howard, Alex (Reino Unido)
Jongsma, Ida (Holanda)
Juarrero, Alicia (Estados Unidos, Distrito de Columbia)
Levey, Lynn (Estados Unidos, Ohio)
Lindseth, Anders (Noruega)
Marinoff, Lou (Estados Unidos, Nueva York)
Matthews, Bruce (Estados Unidos, Nueva York)
Matz, Lou (Estados Unidos, California)
McCullough, Christopher (Estados Unidos, California)

McLaughlin, Amy (Estados Unidos, Tejas)
Mechanic, Jean (Estados Unidos, Nueva Jersey)
Mierek, Jason (Estados Unidos, California)
Monast, Joseph (Estados Unidos, Virginia)
Morpurgo, Annselm (Estados Unidos, Nueva York)
Morrow, James (Estados Unidos, Alabama)
Nagle, Robert (Estados Unidos, Arizona)
Neaman, Julia (Estados Unidos, Nueva York)
Neeley, Stephen (Estados Unidos, Pensilvania)
Nicolas, Antonio de (Estados Unidos, Florida)
O'Brien, Sean (Estados Unidos, Montana)
O'Connell, Sean (Canadá)
Prins, Anette (Francia)
Raabe, Peter (Canadá)
Reed, Ross (Estados Unidos, Tennessee)
Roy, Bernard (Estados Unidos, Nueva York)
Sarnacki, Charles (Estados Unidos, Nueva York)
Shah, Mehul (Estados Unidos, Nueva York)
Sharkey, Paul (Estados Unidos, California)
Shelton, Wayne (Estados Unidos, Nueva York)
Simpson, Peter (Estados Unidos, Nueva York)
Sungurlu, Harun (Turquía)
Tornatore, Nicholas (Estados Unidos, Nueva York)
Uliana, Regina (Estados Unidos, California)
Weaver, Britni (Estados Unidos, Washington)
Wittrup, Eleanor (Estados Unidos, California)
White, Lawrence (Estados Unidos, California)
Yegnashankaran, Kritika (Estados Unidos, California)
Young, Martin (Estados Unidos, California)

Apéndice D

Lecturas complementarias

LIBROS

Achenbach, Gerd. *Philosophische Praxis*, Jürgen Dinter, Colonia, 1984.

Borman, William. *Gandhi and Non-Violence,* State University of New York, Albany, 1986.

Cohen, Elliot. *Philosophers at Work*, Holt, Rinehart & Winston, Nueva York, 1989.

Deurzen, Emmy van. *Paradox and Passion in Psychotherapy*, John Wiley & Sons, Nueva York, 1998.

Eakman, Beverly. *Cloning of the American Mind: Eradicating Morality through Education*, Huntington House Publishers, Lafayette, La., 1998.

Ehrenwald, Jan, ed. *The History of Psychotherapy*, Jason Aronson, Northvale, N.J., 1997.

Erwin, Edward. *Philosophy and Psychotherapy*, Sage Publications, Londres, 1997.

Evans-Wentz, W. ed. *Tibetan Yoga and Secret Doctrines*, Oxford University Press, Londres, 1958.

Frie, Roger. *Subjectivity and Intersubjectivity in Modern Philosophy and Psycoanalysis,* Rawand & Littlefield, Lauhan, 1977.

Grimes, Pierre. *Philosophical Midwifery*, Hyparxis Press, Costa Mesa, Calif., 1998.

Hadot, Pierre. *Philosophy as a Way of Life*, Blackwell, Londres, 1995.

Held, Barbara. *Back to Reality: A Critique of Postmodern Theory in Psychotherapy*, W. W. Norton, Nueva York, 1995.
Kapleau, Philip. *The Three Pillars of Zen*, Doubleday, Nueva York, 1969.
Kennedy, Robert. *Zen Spirit, Christian Spirit*, Continuum, Nueva York, 1997.
Kessels, Jos. *Socrates op de Markt, Filosofie in Bedrijf*, Boom, Amsterdam, 1997.
Koestler, Arthur. *The Ghost in the Machine*, Hutchinson, Londres, 1967.
Lahav, Ran, y Tillmanns, Maria eds. *Essays on Philosophical Counseling*, University Press of America, Lanham, Md., 1995.
McCullough, Chris. *Nobody's Victim: Freedom from Therapy and Recovery*, Clarkson Potter, Nueva York, 1995.
Morris, Tom. *If Aristotle Ran General Motors*, Henry Holt & Co., New York, 1997.
Nelson, Leonard. *Socratic Method and Critical Philosophy*, trad., Thomas Brown III, Dover Publications, Nueva York, 1965.
Nicolas, Antonio de. *The Biology of Religion: The Neural Connection Between Science and Mysticism*, International Buddhist Study Center, Tokyo Honganji, 1990.
Russell, Bertrand. *The Conquest of Happiness*, Garden City Publishing Co., New York, 1930.
Russell, Bertrand. *Historia de la filosofía occidental*, Espasa Calpe, Madrid, 1994.
Sharkry, Paul. *Philosophy, Religion and Psychotherapy: Essays in the Philosophical Foundations of Psychotherapy* (editor), University Press of America, Washington, 1982.
Sharkey, Paul. *A Philosophical Examination of The History and Values of Western Medicine*, The Edwin Mellen Press, Lewiston, 1992.
Spinelli, Ernesto. *The Interpreted World*, Londres: Sage Publications 1989.
Szasz, Thomas. *The Myth of Mental Illness*, Harper & Row, NY, 1961.
Thome, Johannes. *Psychotherapeutische Aspekte in der Philosophie Platons*, Hildesheim, Zúrich, Olms (*Altertumswissenschaftliche Texte und Studien*, Vol. 29), Nueva York, 1995.
Wallraaf, Charles. *Philosophical Theory and Psychological Fact*, University of Arizona Press, Tucson, 1961.
Wiseman, Bruce. *Psychiatry: The Ultimate Betrayal*, Freedom Publishing, Los Ángeles, 1995.
Woolfolk, Robert. *The Cure of Souls: Science, Values and Psychotherapy*, Jossey-Bass Publishers, San Francisco, 1998.

PUBLICACIONES ACADÉMICAS SOBRE PRÁCTICA FILOSÓFICA

Zeitschrift fur Philosophische Praxis (Journal for Philosophical Practice)
Michael Schefczyk, editor
Grabengasse 27
50679 Colonia
Alemania
(publicada en alemán e inglés)

Filosofische Praktijk
Dutch Association for Philosophical Practice (véase apéndice B)
(publicada en neerlandés)

International Journal of Applied Philosophy
Elliot Cohen, redactor jefe
Philosophy Program
Indian River Community College
3209 Virginia Avenue
Fort Pierce, FL 33454-9003

Journal of Applied Philosophy
Society for Applied Philosophy
Carfax Publishers, Abingdon, Oxfordshire, Reino Unido

Journal of the Society for Existential Analysis
Hans W. Cohn y Simon du Plock, redactores jefes
Society for Existential Analysis
BM Existential
Londres WC1N 3XX
Reino Unido

EDICIONES ESPECIALES SOBRE PRÁCTICA FILOSÓFICA

Journal of Chinese Philosophy
Chung-Ying Cheng, redactor jefe
Vol. 23, n.° 3, septiembre 1996
Asesoramiento filosófico y filosofía china

Inquiry: Critical Thinking Across the Disciplines
Robert Esformes, redactor jefe
Vol. 27, n.º 3, primavera 1998
Artículos seleccionados de la Tercera Conferencia Internacional sobre Práctica Filosófica

Apéndice E

Consultar el *Yijing*

> El *Yijing* insiste en el conocimiento de uno mismo. El método mediante el cual se alcanza está expuesto a toda clase de malos usos y, por consiguiente, no es para los frívolos y los inmaduros [sino] sólo para las personas serias y reflexivas a quienes gusta meditar sobre lo que hacen y les acontece [...].
>
> CARL JUNG

El *Yijing*, o *Libro de las mutaciones*, es anterior a Confucio y Laozi. Estos dos grandes filósofos hacen referencia a él, y su autor (o autores) es desconocido. Lleno de antigua y perdurable sabiduría, el *Yijing* a menudo se ha interpretado mal en Occidente, y ha sido traducido con fines muy diversos. Muchos lo utilizan como método de adivinación u oráculo. En realidad, es un tesoro de sabiduría filosófica y, si se usa como es debido, un espejo de lo que usted está pensando, aunque sea del subconsciente. El método de seleccionar palillos o echar monedas para dirigirle a un pasaje concreto es irrelevante a fin de obtener un claro reflejo de lo que albergan su corazón y su mente (cosas de las que quizás esté a punto de ser consciente, pero que aún no han emergido). Este apéndice resume brevemente la forma correcta de utilizar las monedas para dirigir la lectura.

Este componente interactivo es el que ha convertido al *Yijing* en un método de adivinación para muchos. Las monedas le dirigirán a una lectura y, según mi experiencia, el pasaje seleccionado a menudo tiene una notable capacidad de hablar con franqueza de los asuntos que atañen más directamente a la persona que lo consulta. Hay quien cree que existe una conexión mística entre el echar las monedas y las respuestas que éstas indican en el libro. No tiene por qué ser así. Si usted se limitara a abrir el libro al azar por cualquier página, es más probable que lo hiciera por la parte central que por uno de sus extremos. Sería menos probable que diera con los capítulos del principio o del final que con los de en medio. Las monedas no hacen más que igualar las apuestas. Pero no importa a qué capítulo vaya a parar, pues su mente consciente activa encontrará lo que tenga sentido y sea provechoso para sus pensamientos sumergidos. Habrá una resonancia entre la sabiduría del libro y la suya, ya que el *Yijing* refleja lo que hay en su corazón.

También podría leer el libro entero y seleccionar lo que mejor se aplicara a su caso. Pero tiene cientos de páginas, así que hacerlo le llevaría un buen rato. Sea como fuere, cada capítulo contiene densas revelaciones. Un capítulo le ofrecerá más que suficiente cada vez que desee consultar el libro.

Le recomiendo que utilice el *Yijing* siguiendo el método que se describe más abajo. Prefiero la traducción de Wilhelm-Baynes (es la única que utilizo), pero existen muchas ediciones entre las que podrá elegir en cualquier librería.

El *Yijing* se divide en 64 capítulos temáticos, cada uno de los cuales se identifica mediante un hexagrama, una figura compuesta por seis líneas. Cada una de éstas puede aparecer partida o entera. Las líneas partidas se consideran líneas yin (femeninas), y las enteras son yang (masculinas). Esta manera de categorizar las líneas nos recuerda que el yin y el yang no son opuestos, sino complementos, tal como se encarna el conocido símbolo taoísta. En la filosofía china, el equilibrio entre ambos es crucial.

Hay dos formas para seleccionar el hexagrama, y con él el capítulo que deberá consultar en cada ocasión. Una de ellas se basa en la manipulación de palillos, la cual conlleva una mayor dificultad, aunque basta usar tres monedas corrientes para llegar al mismo resultado. La tradición aconseja el uso de las monedas más humildes por deferencia al elevado consejo que usted busca, por lo que emplee las de menos valor (aunque todas son válidas). Tome tres monedas y échelas al aire, y le saldrá una de las cuatro combinaciones posibles: tres caras, tres cruces, una cara y dos cruces, o dos caras y una cruz. Por convención, las caras valen 2 y las cruces 3. Sume el valor de su combinación (3 caras igual a 6; dos caras y una cruz igual a 7; dos cruces y una cara igual a 8; tres cruces igual a 9). Así habrá traducido la tirada de monedas en un número, y ahora debe traducir los números en líneas: 6 y 8 indican una línea yin (partida); 7 y 9 indican una línea yang (entera). Cada línea yin o yang también puede ser «cambiante» o «inmutable». 6 y 9 son líneas cambiantes; 7 y 8 son líneas inmutables.

Eche las monedas un total de seis veces, y cada vez anote la línea yin (partida) o yang (entera) que obtenga en un papel. Indique también (con un asterisco u otra señal) las líneas cambiantes. Asegúrese de empezar por abajo e ir subiendo: la primera tirada es la línea inferior del hexagrama; la última tirada, la línea superior. En cuanto se familiarice con él, este proceso no le llevará más de un par de minutos.

JASON

Por ejemplo, Jason sirvió como voluntario durante un tiempo para una organización en cuya misión creía. Sus servicios fueron reconocidos como valiosos, y el consejo de dirección le invitó a asumir un puesto de considerable responsabilidad (siempre como voluntario) que Jason aceptó. La organización prosperó, pero no todos los miembros del consejo era amigos de Jason. Uno o dos de ellos se habían opuesto a su nombramiento, posiblemente por envidia o por algún otro problema personal. Uno de los opositores de Jason (a quien llamaremos George) hizo que un experto independiente investigara a Jason, sin su conocimiento, y le facilitara una selección de documentos sobre las actividades de Jason. Basándose en estas limitadas pruebas, el experto concluyó que Jason tenía un conflicto de intereses entre su trabajo voluntario para la organización y sus otros empeños profesionales. Jason deseaba conservar ambas relaciones: con la organización y con su profesión. Pero George quería que Jason dimitiera de la organización, y trató de utilizar el fruto de sus investigaciones para obligarle a hacerlo.

Jason estaba intentando decidir si defenderse contra aquel ataque inmerecido obra de George, o contraatacar pidiendo al consejo que se librara de George, entre otras cosas. Así pues, consultó el *Yijing* (y también con sus amigos del consejo). Éstas son las líneas que obtuvo: 8, 8, 7, 7, 9, 9. El hexagrama correspondiente presenta este aspecto:

——— *
——— *
———
———
— —
— —

Los asteriscos indican las líneas cambiantes: un 9 en el quinto puesto, y un 9 en el sexto puesto.

El hexagrama es el número 33, cuyo tema es «Retiro». (Encontrará el número correspondiente a cada hexagrama y su ubicación en el libro consultando la tabla que acompaña a la mayoría de ediciones.) Entre otras cosas, Retiro aconsejaba: «Huir significa salvarse bajo cualquier circunstancia, mientras que el retiro es un signo de fortaleza. [...] Por consiguiente, no nos limitamos a dejar el campo libre al oponente; le hacemos dificultoso el avance mostrándole perseverancia en actos aislados de resistencia. De esta manera nos preparamos, mientras nos retiramos, para el movimiento de contraataque.»

Jason entendió que esto significaba que no debía dimitir de inmediato de su puesto, que debía hacer frente a la acusación de «conflicto de intereses», pero que no debía contraatacar a George (al menos por el momento). Además, Retiro ofrecía importantes consejos sobre la actitud que debía adoptar Jason, así como sobre su conducta: «La montaña se eleva bajo el cielo, pero en virtud de su naturaleza llega un momento en que se detiene. El cielo, por otra parte, se retira hacia lo alto y permanece inalcanzable. Esto simboliza la conducta del hombre superior hacia el inferior que trepa; se retira en sus pensamientos mientras el hombre inferior avanza. No lo odia, pues el odio es una forma de participación subjetiva que nos vincula al objeto odiado. El hombre superior muestra fuerza (cielo) al llevar al hombre inferior a una parada (montaña) mediante su digna reserva.»

Aquello parecía bastante claro: las acusaciones de George nunca calarían en todos los miembros del consejo, de modo que Jason podría vencerlo sin enfrentarse a él ni odiarlo. (Consejo similar al de Mateo 5:39: «... No te resistas al mal.»)

Cuando se obtienen líneas cambiantes, como le sucedió a Jason en los puestos quinto y sexto, se cambian por sus opuestos (yin por yang, yang por yin), y de este modo se obtiene un nuevo hexagrama, cuyo fin es abordar la situación que sigue a la presente. Al cambiar los dos nueves de Jason por ochos, su nuevo hexagrama presenta este aspecto:

Éste es el hexagrama 62, «Preponderancia de lo pequeño». Proporcionó a Jason consejo sobre el futuro de su relación con la organización: «La modestia excepcional y la diligencia siempre son recompensadas por el éxito; no obstante, si un hombre no quiere desperdiciarse, es importante que no se conviertan en formas vacías y serviles, sino que se combinen siempre con una correcta dignidad en la conducta personal. Debemos comprender las exigencias del tiempo para hallar la compensación necesaria a sus deficiencias y deterioros.»

Así es cómo el *Yijing* ayudó a Jason a conservar su relación con la empresa y mantener a raya la mala conducta de otros sin esperar más retribución para sí mismo.

Cuando consulte el *Yijing*, tómese el tiempo necesario para ponderar la lectura que le salga y descubrir la sabiduría que encierra en relación con la situación que le ataña. Una vez que esté satisfecho con al menos sus primeras impresiones, es cuando entran en juego las líneas «cambiantes» y las «inmutables». Éste es el *El libro de las mutaciones*, al fin y al cabo, de modo que esta parte es crucial. Si no le salen líneas cambiantes, significa que su situación de momento es bastante estable. Por otra parte, si todas las líneas le salen cambiantes, significa que le están sucediendo muchas cosas. Lo más frecuente es que se quede en un punto medio (igual que Jason). En todo caso, nunca hay un marco de referencia temporal; los cambios pueden suceder ahora, o la semana que viene, o dentro de cinco años. Usted sabrá desentrañar el significado. Es usted quien determina el grado de cambio. Cada capítulo presenta un comentario aparte para cada línea cambiante.

Cualquier hexagrama puede convertirse en cualquier otro. De modo simbólico, éste es el corazón de esta filosofía: cualquier situación puede convertirse en otra. En la práctica, esto significa que el *Yijing* no aborda sólo 64 situaciones concretas, sino muchas más. Dentro de cada hexagrama existen 64 combinaciones posibles de líneas cambiantes e inmutables (a saber, todas cambiantes, todas inmutables, y todas las posibilidades intermedias). También hay 64 hexagramas diferentes, lo que por consiguiente suma 64 veces 64, o 4.096 situaciones posibles. Además, cualquier hexagrama con líneas cambiantes (es decir, cualquiera de las 4.032 situaciones cambiantes posibles) puede cambiar a cualquier otro hexagrama (64 situaciones posibles). Así pues, el *Yijing* aborda un total de 4.032 veces 64, o 258.048 situaciones posibles. (En cambio, el horóscopo diario sólo aborda 12.)

El *Yijing*, como la filosofía china en general, no depende del destino. Su importancia radica en que saca lo mejor de cada situación dada. Se centra en el papel que a usted le corresponde bajo cada circunstancia, y en la mejor forma de desempeñarlo. Su presente se convertirá en uno de sus muchos futuros posibles, pero usted podrá engendrar salidas deseables y evitar las indeseables asumiendo su responsabilidad y siendo prudente. Lo que usted piense, diga y haga es cosa suya. El *Yijing* le guía para pasar de una mala situación a una buena situación, o de una buena a otra mejor, y le ayuda a evitar pasar de una mala a otra peor. Vea si no este pasaje del hexagrama 15, «Modestia»: «Los destinos del hombre están sujetos a leyes inmutables que deben verse satisfechas. Pero el hombre tiene la facultad de dar forma a su destino, puesto que su conducta lo expone a la influencia de fuerzas benefactoras o destructivas.»

Mientras que gran parte de la filosofía occidental comienza en el sentido común pero termina en paradoja, gran parte de la filosofía china comienza en una paradoja pero llega al sentido común.

Tras echar las monedas y proceder a la lectura, quizá se asombre que ésta se aplique de un modo tan específico a lo que usted tenga en mente, tal como ocurrió en los casos de Sarah y Jason. No sabría explicar por qué este libro suele dar en el clavo, aunque acepto encantado el resultado. Llámelo pragmatismo místico. Jung lo llamó «sincronía», una correspondencia no fortuita entre dos secuencias de acontecimientos sin relación, en apariencia. Usted busca consejo, echa unas monedas y el *Yijing* le da una guía experta puramente al azar. No acaba de cuadrar, pero da resultado. Hume pensaba que «azar» era una palabra vulgar, que sólo expresaba nuestra ignorancia. La fiabilidad del *Yijing* sugiere que Hume tenía razón.

También puede que le salga un hexagrama cuyo consejo no resulte tan obvio. En cualquier caso, la cuestión es utilizar lo que lee como un trampolín hacia la contemplación. Platón aprobaría esta premisa: el conocimiento ya está en su interior, aunque quizá necesite algo de ayuda para sacarlo a la superficie.

Yo contemplo el *Yijing* como una ventana que ofrece una vista de lo que uno realmente piensa sobre las cosas. Los psicoanalistas y los psicólogos también tienen sus ventanas para asomarse a la mente. Las técnicas freudianas de asociación libre de palabras (el analista dice una palabra, luego usted dice la primera palabra que le pasa por la cabeza), y la interpretación de los sueños, son dos maneras de llegar a sus pensamientos y sentimientos más profundos. Esto también puede hacerse de forma no verbal, como con los tests de Rorschach (los de las manchas de tinta). Consultar el *Yijing* es una manera filosófica de pescar en esas aguas profundas. Pero en lugar de encontrar algo malo en usted, le ayuda a obrar correctamente. Y ésa es la gran diferencia.

Índice

PRIMERA PARTE
LOS NUEVOS USOS DE LA SABIDURÍA ANTIGUA

SEGUNDA PARTE
CÓMO ARREGLÁRSELAS ANTE LOS PROBLEMAS COTIDIANOS

TERCERA PARTE

MÁS ALLÁ DEL ASESORAMIENTO AL CLIENTE

CUARTA PARTE

RECURSOS COMPLEMENTARIOS

OTROS TÍTULOS
DE LA COLECCIÓN

MUCHOS CUERPOS, UNA MISMA ALMA

BRIAN WEISS

En su célebre obra *Muchas vidas, muchos maestros*, el doctor Brian Weiss relataba su investigación sobre el poder curativo de la regresión a vidas anteriores. Ahora, en este libro fascinante e innovador, nos revela que así como todos hemos vivido existencias anteriores, todos viviremos otras en el futuro. Lo que hagamos en esta vida influirá sobre nuestras reencarnaciones futuras, a lo largo del camino de evolución hacia la inmortalidad. Ésta es una obra revolucionaria, que ahonda en los descubrimientos del doctor Weiss sobre el pasado para transportar a sus millones de lectores hasta un futuro individual y colectivo de cuya creación son responsables ellos mismos. Por el camino, sus vidas quedarán transformadas profundamente y encontrarán más paz, más felicidad y soluciones a sus problemas.

HASTA EL CIELO – DIOS EN UNA HARLEY: EL REGRESO

JOAN BRADY

Por su aspecto sexy, nadie diría que Heather Hurley se siente inquieta e insatisfecha, ni que sufre ataques de ansiedad. Cuando encuentra a Joe en un bar cerca de su pueblo natal, comprende que su vida va a cambiar para siempre... Él le enseñará el significado del verdadero amor y la ayudará a descubrir sus verdaderos sueños. De nuevo, en *Hasta el cielo*, encontramos una historia de búsqueda, mágica e inolvidable.

Ha pasado mucho tiempo desde que Dios visitara a Christine, bajo la insólita apariencia de un joven montado en una Harley. Pero ahora, ella siente que su amor por Jim se desvanece y percibe que la vida se le escapa de las manos. Ha olvidado que tiene un amigo que nunca la abandonará, y que responderá a su llamada silenciosa...

Con *Dios en una Harley: El regreso*, Joan Brady nos sorprende con otra historia llena de humor y ternura.

EL MANUAL DEL MESÍAS

RICHARD BACH

Richard Bach, en su viejo biplano, había dejado atrás el campo de Iowa en el que había conocido a Don Shimoda, aquel inesperado mesías. En algún lugar de ese campo, además de sus recuerdos, quedó aquel libro que tanto le había apasionado y divertido, y que abandonó en un arrebato de rabia tras la muerte de su amigo.

Dos décadas más tarde, un labrador que conocía la historia del aviador y el extraño hombre con poderes mágicos encuentra el libro perdido y se lo devuelve a su dueño. Con los ojos cerrados, Richard coge el Manual una vez más y le formula una pregunta silenciosa. Elige una página al azar, abre los ojos, lee la respuesta y sonríe.

Esta vez, en lugar de tirarlo o de mantenerlo en secreto, te lo ofrece para que lo abras siempre que lo desees, y escuches lo que tiene que susurrarte.